小学生

语文核心素养评价

XIAOXUESHENG YUWEN HEXIN SUYANG PINGJIA

李 琼 著

全国百佳图书出版单位
时代出版传媒股份有限公司
黄 山 书 社

图书在版编目(CIP)数据

小学生语文核心素养评价/李琼著. —合肥:黄山书社, 2018.7
ISBN 978-7-5461-7642-0

Ⅰ.①小… Ⅱ.①李… Ⅲ.①小学语文课-教学研究
Ⅳ.①G623.202

中国版本图书馆 CIP 数据核字(2018)第 177270 号

小学生语文核心素养评价 李琼 著

出品人 王晓光
责任编辑 高 杨
责任印制 戚 帅 李 磊
装帧设计 钱 昆
出版发行 时代出版传媒股份有限公司(http://www.press-mart.com)
黄山书社(http://www.hspress.cn)
地址邮编 安徽省合肥市蜀山区翡翠路 1118 号出版传媒广场 7 层 230071
印 刷 安徽联众印刷有限公司
版 次 2018 年 7 月第 1 版
印 次 2018 年 7 月第 1 次印刷
开 本 700mm×1000mm 1/16
字 数 380 千字
印 张 23
书 号 ISBN 978-7-5461-7642-0
定 价 42.00 元

服务热线 0551-63533706
销售热线 0551-63533761
官方直营书店(https://hsss.tmall.com)

序

得知李琼主任写了一本关于“小学生语文核心素养评价”的书，既感觉有些意料之外，又觉得是在情理之中。意料之外，是因为“评价”素来是教育改革的瓶颈，是教育发展的“牛鼻子”，老师们不敢碰，专家们不愿碰，家长和业外人士更是不知如何去碰。虽说也有不少关乎评价的研究成果，但鲜有广泛的认同，多的是指摘、冷眼，甚至批判。要动“评价”这块“奶酪”，需要的是非同寻常的实力、担当和勇气。没有想到李主任会选择评价——这一“风险巨大”的领域闯出一片天地，推出一批成果，形成一部专著！但细一想，这也在情理之中。多年来，她主持的合肥市包河区教研工作既扎实，又不乏新意。最重要的是，她一直致力于小学语文评价的改革。她领衔的包河区这场改革不是从概念到概念，从构想到构想，而是依托于校情殊异的区属各小学，基于一线教师真实的语文教学实践，从全区层面顶层设计，整体推进。为了让这项工程更具有专业性，她主持“小学生语文口语评价策略的研究”，并获得省级课题立项，取得了丰硕的成果。看到这本书的题目，我仿佛看见李主任带领着她的团队紧盯评价改革不放的坚毅表情，看到他们愿坐冷板凳，敢啃硬骨头，勇做弄潮儿的动人群像。想到这儿，心头着实地为之一振！有这样的信念和坚守，相信这部著作是可以立得起来的！

当我徐徐开启这本书的内容，立时感觉耳目为之一新。首先，她的思想是新的。她是站在新时代语文教育的前沿，将评价的目标直接指向小学生语文核心素养。评价具有很强的导向作用。我们完全有理由相信,老师们会就此更加关注小学生的语文核心素养,会在教学工作中认认真真地将核心素养的发展落到实处。其次,她的评价方式是新的。她不仅注重纸笔的检测,同时还注重多种方式的检测。如分项考评就包括了口语交际、朗读背诵和语文综合性学习的评价。有很多学校还尝试"无纸化"测试,在富有情境性和趣味性的游戏中检测学生的语文综合素养。再次,她的评价手段也是新的。评价中,信息技术的介入,语音识别的参与,让评价更高效,更立体,更客观,也更有针对性。评价后,她和她的团队老师开发出相应的软件,利用检测到的大数据,分级分项地作出分析,给出结论,提出建议,达到以评促教的目的。其中,关于课外阅读的分析与反馈更是让人眼前一亮,欣喜不已。由此可见,李主任评价的视野是宏阔而完整的,操作是科学而有效的。她在理论的天空和教学的大地之间展望、沉思和行走。她在力求诊治评价中"重知识,轻能力素养""重课内,轻课外实践""重量化,轻质性评价""重'唯一答案',轻学生个性"等诸多弊病。她在力求实现评价由重"甄别"走向重"学生发展",由重"知识"走向重"学习表现",由"人工"评价走向"互联网+"评价……

我有幸多次参与包河区的教研活动,让我印象尤为深刻的就是李主任带领老师们所做的关于评价的探索。记得一次全区的师生作文比赛,我看到了老师与学生一起奋笔疾书的场景,也看到了随后在报纸上发表的教师"下水文"和学生优秀习作。老师们在文字的世界里与孩子们同甘共苦,惺惺相惜,互相砥砺,相约成长。在习作教学中,教师只有"下得了水",才能真正品得了味,把得了度,用得了法。李主任借助这样的评价,在全区大力倡导教师写"下水文"。此举无疑为习作教学水平的提升注入了一股强大的力量,开出了一剂独特的良方。将对教师的评价和对学生的评价整合起来,双线推进,协同发展,不仅是教研工作方式的一大创新,还是对评价规律的又一重大发现和顺遂。

我特别欣赏的还有这部著作的叙述风格。没有故作高深的理论阐释,没有洋洋自得的成果炫耀，有的只是平和的语调，平易的诉说和平静的呈现。这使得读者可以尽可能地排除雕饰的干扰，而直接去拾取那些最有价值的“珍宝”——独到的思想和大量而实用的评价案例。低调的叙述，让这些“珍宝”愈发地奢华，也让这本书的份量愈发地厚重。我想，这也是我们撰写学术著作时应该有的状态吧。

这本书中有很多评价的工具，检测的量表，其丰富性超过了同类的大部分著作。这些量表对小学生语文核心素养和《语文课程标准(2011 年版)》中规定的学生语文素养作了全面的细化，更为难得的是，对操作方法也作了“无微不至”的提示。因此，这本书可以视作学校破解语文素养评价难题的一部秘籍，也可以当作如何实施语文素养评价的一份指南。建议老师们在阅读这部著作时，随时与自己的教学实际相勾连，在提供的资源中找寻到适合自己的评价工具和行动策略。当然，也可以在此基础上进行因地制宜的改造和创新，形成个性化的评价变式。如果真能这样，那必将引发一场更为深远和多样化的小学语文评价研究热潮。这大约是这本书所具有的潜在的更大的价值吧。

真的希望这本书能成为学校和老师们开展评价工作的重要案头书。这样，我们就可能离有意义的评价更近，离教学的优化更近，离理想教育的境界更近了。期望如此！

吴福雷

2018 年 5 月 16 日

目　录

第一章　小学生语文核心素养与评价改革

第二章　小学生识字写字素养评价

第三章　小学生阅读素养评价

第四章　小学生口语交际素养评价

第五章　小学生习作素养评价

第六章　小学生语文综合性学习素养评价

第一章 小学生语文核心素养与评价改革

第一节　小学生语文核心素养

一、语文核心素养内涵

1.什么是“核心素养”?

核心素养是指学生应具备的适应终身发展和社会发展需要的必备品格和关键能力。2016 年 9 月 13 日上午,北京师范大学举行了中国学生发展核心素养研究成果发布会,正式发布了《中国学生发展核心素养》,明确“中国学生发展核心素养”由文化基础、自主发展、社会参与三个方面组成,综合表现为人文底蕴、科学精神、学会学习、健康生活、责任担当、实践创新六大素养,具体细化为国家认同、社会责任、国际理解、人文积淀、人文情怀、理性思维、批判质疑、勇于探究、乐学善学、勤于反思、信息意识、珍爱生命、健全人格、自我管理、技术运用、问题解决、劳动意识等十八个基本要点。

2.什么是语文核心素养?

2006 年上海市颁布的《上海市中小学语文课程标准》,最早提出“核心素养”的概念,并把语文学科的核心素养界定为“语言素养”,同时指出“语文课程重在培养学生的语言素养。语言素养是在语言实践活动中形成的,以听说读写能力为核心,体现语感、思维品质、审美能力和思想认识水平的综合素养。它主要由三方面构成:“在语言实践过程中获得的语言知识,适应时代发展要求的听说读写能力和由此形成的思想文化修养”。其要素包括语言知识、听说读写能力及思想文化修养。

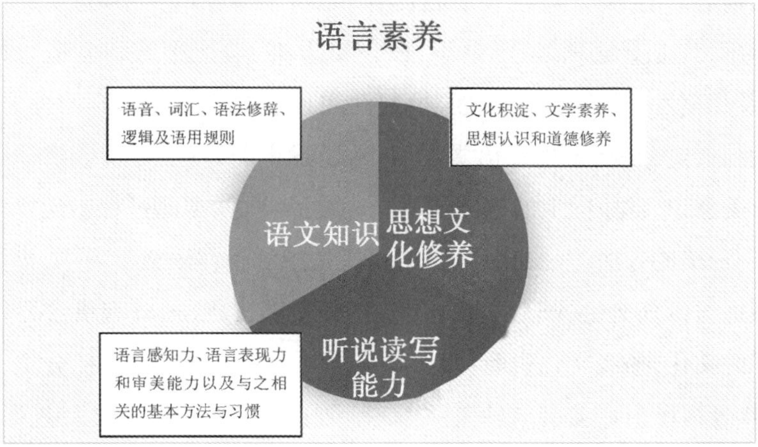

3.《义务教育语文课程标准(2011 年版)》关于语文素养

《义务教育语文课程标准(2011 年版)》(以下简称《语文课程课标》)明确提出:“九年义务教育阶段的语文课程,必须面向全体学生,使学生获得基本的语文素养。语文课程应激发和培育学生热爱祖国语文的思想感情,引导学生丰富语言积累,培养语感,发展思维,初步掌握学习语文的基本方法,养成良好的学习习惯,具有适应实际生活需要的识字写字能力、阅读能力、写作能力、口语交际能力,正确运用祖国语言文字。语文课程还应通过优秀文化的熏陶感染,促进学生和谐发展,使他们提高思想道德修养和审美情趣,逐步形成良好的个性和健全的人格。”

4.《普通高中语文课程标准(2017 版)》关于语文学科核心素养

2017 年版《普通高中语文课程标准》明确指出:“语文学科核心素养是学生在积极的语言实践活动中积累与构建起来,并在真实的语言运用情境中表现出来的语言能力及其品质;是学生在语文学习中获得的语言知识与语言能力,思维方法与思维品质,情感、态度与价值观的综合体现。主要包括‘语言建构与运用’‘思维发展与提升’‘审美鉴赏与创造’‘文化传承与理解’四个方面。”其中,“语言建构与运用”是指学生在丰富的语言实践中,通过主动的积累、梳理和整合,逐步掌握祖国语言文字特点及其运用规律,形成个体言语经验,发展在具体语言情境中正确有效地运用祖国语言文字进行交流沟通的能力。“思维发展与提升”是指学生在语文学习过程中，通过语言运用，获得直觉思维、形象思维、逻辑思维、辩证思维和创造思维的发展，以及深刻性、敏捷性、灵活性、批判性和独创性等思维品质的提升。“审美鉴赏与创造”是指学生在语文学习中，通过审美体验、评价等活动形成正确的审美意识、健康向上的审美情趣与鉴赏品位，并在此过程中逐步掌握表现美、创造美的方法。“文化传承与理解”是指学生在语文学习中，继承和弘扬中华优秀传统文化、革命文化、社会主义先进文化，理解和借鉴不同民族和地区的文化，拓展文化视野，增强文化自觉，提升中国特色社会主义文化自信，热爱祖国语言文字，热爱中华文化，防止文化上的民族虚无主义。

5.专家学者关于语文学科核心素养

关于语文核心素养的内涵，许多专家学者都有自己的理解和阐释。钱梦龙先生认为，语文素养是指学生平时在语文方面的修养，包括对祖国语文的思想感情、语言的积累、语感、思维，也包括一些语言能力，如识字写字能力、阅读能力、口语交际能力和习作能力，另外还有品德修养和审美情趣等。钱先生给语文素养划定了一个大致的边界：①必要的语文知识；②较强的语文能力（读、写、口语交际）；③对民族语的深厚感情和正确态度；④健康的文学欣赏趣味；⑤较宽的文化视野。在这里，语文能力是核心，在“听、说、读、写”的四种基本能力中，“读”又是最重要的。

人民教育出版社编审顾之川先生在《论语文学科核心素养》中指出：“语文核心素养应包含以下四个方面内容 ：一是必要的语文知识，包括语言文字、文学审美、人文素养等知识；二是具有较强的识字写字、阅读与表达（包括口语与书面语）能力；三是语文学习的正确方法和习惯；四是独立思考能力、强烈的好奇心、丰富的想象力与强烈的创新欲望。”王宁教授在《语文教育与核心素养——语文核心素养与语文课程的特质》中说：“语文核心素养是学生在积极主动的语言实践活动中构建起来，并在真实的语言运用情境中表现出来的个体言语经验和言语品质；是学生在语文学习中获得的语言知识与语言能力、思维方法和思维品质，是基于正确的情感、态度和价值观的审美情趣和文化感受能力的综合体现。”

二、小学生语文核心素养内涵

崔峦老师将小学生语文核心素养的培养概括为五个方面:人格雏形的培养,"听、说、读、写、书"能力的养成,培养阅读素养,有一定的自学能力和独立思考能力,积淀文化提高审美。崔峦老师认为,小学语文学科核心素养培养具体体现为八项具体内容:有一定的识字量、词汇量,认识3000字,掌握7000词;能写一手好字;读懂一篇文章,包括读懂一本书;能写一篇有内容有情感文从字顺的文章;有一副好口才;养成一种读书看报的习惯;有一定的独立思考能力;有一颗博爱的心。吴忠豪教授强调培养学生的阅读能力和良好的读书习惯,毫无疑问是语文核心素养的重要构成部分。

陈先云先生从理解、运用、思维与审美四个维度,列出小学生语文核心素养清单:一是语言理解能力。能读懂文本的主要内容,了解文本表达上的特点;知道积累优美的、有新鲜感的语言材料,具有初步的语感。二是语言运用能力。能根据具体语境和任务要求,在口头和书面语言表达中尝试着运用自己获得的言语活动经验,交流顺畅,文从字顺。三是思维能力。能在阅读、表达等言语活动中,主动思考;能运用想象与联想,形成对客观事物的初步认识,对语言和文学形象的初步认识,具有初步的评判意识。四是初步审美能力。感受到汉字之美,具有热爱祖国语言文字的情感;感受到人性之美,具有初步的审美体验。语言理解与运用,是处于语文核心素养整体结构的基础层面;语言的发展与思维的发展是相辅相成的,思维能力和审美能力的培养,是以对语言的理解与运用为基础,是在培养、提升语言理解与运用能力的过程中实现的。

笔者认为,小学生语文核心素养包括识字写字素养、阅读素养、习作素养、口语交际素养、语文综合性学习素养,可以概括为"语言建构与运用""思维发展与提升""审美体验与创造""文化传承与理解"四个方面。

第二节　小学生语文核心素养评价问题透视

《义务教育语文课程标准(2011年版)》指出:语文课程评价的根本目的是为了促进学生学习,改善教师教学。语文课程评价应准确反映学生的学习水平和学习状况,全面落实语文课程目标。

一、小学生语文核心素养评价的发展趋势

随着《中国学生核心素养》发布,小学语文课程评价引起了越来越多的人的重视,许多专家、学者、校长、语文教师和教研员纷纷探索核心素养背景下小学生语文评价的发展趋势。通过学习和实践探索,笔者认为核心素养背景下小学生语文评价的发展趋势,呈现以下六个特点。

1.由"量化评价"走向"量化评价与质性评价互补"

随着教育评价理论与实践的不断深化,人们认识到量化取向的语文评价无法兼顾到小学生学习的整体性与发展性,而质性评价恰好能弥补这个缺陷。量化评价将事实和价值相分离,强调评价要素需要严格控制,评价方法主要是对成功或失败、好或坏的量化,强调精确度、信度、效度。它主要用观察、实验、调查、统计等方法进行评价,对评价的严密性、客观性提出了严格的要求,力求得到绝对客观的事实。质性评价不追求适用于一切的普遍规律。它的目的在于把握学习质的规定性,通过对学习过程的广泛细致分析,深入理解,进而从参与者的角度来描述课程的价值和特点。质性评价是为了增强课程规划的有效性,并使参与的每一个学生受益。无论是质性评价还是量化评价,二者均有其优势与不足。在小学生语文评价中,单独使用某一种评价方法会从一个极端走向另一极端。综合把握两种取向的评价,充分认识并发挥二者各自的优势,才能实现语文评价的最终目标。

2.由重"结果"走向重"学习过程和结果"

传统学习评价只要求小学生取得较为优异的学业成就,往往忽视对学

生学习过程即学习活动的评价，而且往往把学生在知识、技能方面的考试分数作为衡量学生的唯一标准。核心素养背景下语文评价强调多维度评价，关注小学生学业活动和过程本身，关注学生参加学习活动的主动性，关注学生搜集信息、资料和分析运用信息、资料的活动过程及其表现，关注学生与同伴交流合作过程中的表现，关注学生情感、态度和价值观，也关注学习的结果。

3.由重“甄别”走向重“学生发展”

传统学习评价过分强调甄别、选拔、淘汰的功能，希望通过甄别选拔类的考试，把学生按照所谓的“智力水平”层层筛选、评价学生，这样的评价只是选择“适合教育的儿童”，是以选拔为目的的。新课改主张进行发展性评价，以促进学生全面、和谐、可持续的差异性发展为目的。学生的全面、和谐发展就是学生自身各方面的和谐发展，但是这不等于平均发展。每个学生都应该发展自己的特长和兴趣，充分挖掘自己的潜能，形成有个人特色的知识技能结构，能力结构，情感、态度和价值观体系。学生的全面、和谐发展就是学生学会“认知”“做事”“共同生活”和“生存”，形成良好的学业情感和浓厚的学习兴趣，具备终身学习的能力和分析解决实际问题的能力。

4.由重“知识”走向重“学习表现”

传统学习评价过度重视学生对知识的掌握，忽视小学生的情感、体验的发展。教师习惯于对学生的知识和技能进行量化考核，通常把基础知识和基本技能从课程中剥离出来，让评价内容从学生的学习活动中游离出来，进而设置一定的评价层次要求，诸如“理解”“记忆”“应用”“分析”等。然后，依据这些内容和要求进行客观性试题编制和量化测试。新课改的表现性评价是通过评价学生在完成实际任务过程中特有的表现，对学生的知识应用能力、实践创新能力、学习的情感水平和价值观等做出评定。它关注的不是知识与技能的记忆和再现，而是学生对知识的应用能力和实践能力，评价的是学生的思维水平、创造能力、情感态度和价值观的发展状况和趋向。在教师教学和学生学习的过程中，“活动表现”的评价要求建立学生学业活动表现的档案袋，教师根据学生的档案及时激发小学生主动学习和反思学习的行为,从而调整学习态度、学习动机、学习策略和学习方法。

5.由“单一标准化”走向“新颖多样评价”

核心素养背景下语文评价的发展趋势,将由原来使用比较多的单一的标准化评价,逐步走向以学生发展为本、以学习为中心的形式多样的评价方式,如表现性评价 、真实性评价和以学习为中心的评价等等。这些评价试图抓住小学生的知识整合情况和批判性思考,要求评价任务本身是技能或学习目标的真实例子,而不是替代物,期望小学生通过思考生成答案而不是在多个选项中选出标准答案。

大家清楚,教学真实和理想的价值,不仅在于小学生在教室里学到了什么,更在于学生在教室之外的真实世界是如何表现的,是否具备了解决真实问题的能力。真实性评价强调评价的任务要来自于教室之外的真实情境,这是让小学生在真实情境中表现其所知所能的一类评价形式。学习科学理论认为,一切知识都是个体在认知过程的基础上,与经验世界对话中建构起来的。不同的学习环境会影响小学生不同的思维和行为。课堂教学发生在真实的情境中,教师、小学生在一定的物质环境和心理氛围中互动、沟通,进行精神交流,从而完成特定的教学任务。课堂教学评价必须立足于一定的情境,在情境中进行。情境的真实性、不可模仿性,保证了课堂学习评价持久的生命力和内在价值。

那么,应该创设以小学生为中心的学习环境,优化学习环境中蕴含的丰富资源,以便为小学生提供丰富的学习资源,满足小学生独特的学习兴趣和需求。评价者依据符合该环境特征的评价标准,采取与之相匹配的个性化评价方法,对教师教学和学生学习的质量和效果进行深入评价,而不是局限于所谓的“客观标准”“整齐划一”的方法进行评价。这样,师生在课堂学习评价中便真正地实现了自身完整和自我认同,真正地成为评价的主体而非纯粹的、被动的客体,课堂学习评价才会得到师生的深刻认同而不会流于形式,其价值也才能得以彰显。课堂学习评价应当而且必须重视自身的情境化特征,创设适宜的物质环境保证课堂教学评价的高效开展。课堂学习评价要保证环境的真实性,使师生以真实的面貌出现,而不是成为表演者或是作秀者。

新时期语文评价不再被看成是学习过程终结之后的一个环节，或凌驾于学习过程之上的活动。倡导体现“促进小学生学习”的评价理念，倡导采用多种新型的评价方式。这些评价是关注小学生学习层面的评价，注重小学生参与的多元评价。用评价“促进每个小学生学习”已经成为许多学校学业评价的核心理念。

6.由“人工”评价走向“互联网+”评价

所谓互联网+评价，就是采用先进的信息技术，设计一些计算机软件评价系统，将其应用到课堂教学或学业发展的形成性评价中，以诊断学生已有的认知方式和思维方式，从而找到学生错误概念背后的原因，为概念转变提供科学依据。

二、小学语文考试评价的现状与问题

多年来，我国小学语文考试评价存在诸多问题，一直困扰着学校、老师和学生，并在一定程度上制约着语文课程改革的步伐。主要表现在以下十点：

1.重知识，轻能力素养

当下不少学校的语文考试评价，过于注重考查学生对“知识与能力”维度中的书本知识的掌握，而较少关注对学生口语交际能力、阅读理解能力、语文综合性学习能力和思维能力等的考查，对于语文课程的“过程与方法、情感态度价值观”等维度的目标考查更是少之又少。

2.重课内，轻课外实践

不少学校在考试内容的选择上，过于注重课内知识，而忽视课外阅读的考查，忽视语文综合实践活动和研究性学习的考查；在考试形式与空间上仅局限于课堂，走向社会、走向自然的实践型的评价相对较少。

3.重笔试，轻口语素养

不少学校和老师，对学生的评价方法比较单一，都是以书面纸笔测试为主，而较少关注学生口头表达能力的考查。如口头测试、动手操作、技能展示、方案设计、实践活动等考试形式较少。

4.重量化，轻质性评价

多数学校考试以量化评价为主，评价结果往往以分数论英雄，缺少一些质性评价、分层评价。如个性化的评语、弹性化的量分或等级评定等。

5.重结果，轻学习过程

考试过于强调终结性评价，而忽视形成性评价。过于注重考试结果，而忽视了学生语文学习过程的评价。二次评价、延迟评测等方式更是少有运用。

6.重甄别，轻诊断激励

当下不少地区学校小学语文考试只是注重甄别，把小学生分出三六九等、谁优谁劣。过多关注横向之间的比较，而较少关注学生个体的纵向发展、考试评价的激励导向和反思促进等功能，考试与教学经常隔离。另外老师“为考而教”，学生“为考而学”的现象仍然较为普遍。长此以往，学生必将成为考试的机器，创新意识与实践能力的培养更是无从谈起，探索并构建核心素养背景下小学语文考试评价的新机制已刻不容缓。

7.重分数，轻学生健康

很多老师和家长特别关注学生的考试分数，可谓分分计较，甚至不顾学生的承受能力。另外由于目前多数以笔试为主，因而，教师平时不重视学生的听、说、读的训练，而是在考试前搞突击，让学生死记硬背，或是在考试前组织学生集中复习，搞“题海战术”，大量做习题。这样不仅使学生的语文知识学得死，思维僵化，分析问题、解决问题的能力变差，也大大加重了学生课业负担。同时，学生课外活动时间被剥夺，影响了学生身心的发展。因此，探究小学生语文评价改革迫在眉睫。

8.重教学，轻检测诊断

不少地方重视语文教学和语文教学研究，但不注重语文过程性和阶段性的测试评价，更不重视语文评价测试的研究和改革。有的学校经常半年都没有一次检测，老师、家长不知道孩子的语文素养到底如何，学生也不明晰自己的努力方向。

9.重“拿来”，轻命题研究

现在不少老师奉行“拿来主义”，经常从市场购买试卷，不加选择地让学生考，导致不少老师不会命制题目。不少老师喜欢出难题，出题时喜欢给学生设置思维障碍；有些老师直接从网上下载试题，没有依据课程标准，结合语文教学和学生实际，研制难度适中、题量适宜的评价试卷。不少地区缺少命题团队，对命题质量缺少科学、系统、及时的监管和指导。

10.重“唯一答案”，轻学生个性

很多考试题目的答案都是唯一的，制约了学生的发散思维。例如“写出古代表现思念家乡的诗句”，答案只有“独在异乡为异客，每逢佳节倍思亲”这一句才算正确，其实，“举头望明月，低头思故乡”及“君自故乡来，应知故乡事”等诗句都是正确的。这种强调答案唯一性的出题思路，一定程度反映了出题老师的知识闭塞和思维僵化。还有一些阅读理解中的答案也是如此。

第三节　小学生语文核心素养评价实践指南

一、九年义务阶段语文课程目标与内容

课程目标从知识与能力、过程与方法、情感态度与价值观三个方面设计。三者相互渗透，融为一体。目标的设计着眼于语文核心素养的整体提高。

（1）在语文学习过程中，培养爱国主义、集体主义、社会主义思想道德和健康的审美情趣，发展个性，培养创新能力和合作精神，逐步形成积极的人生态度和正确的世界观、价值观。

（2）认识中华文化的丰厚博大，汲取民族文化智慧。关心当代文化生

活，尊重多样文化，吸收人类优秀文化的营养，提高文化品位。

(3)培育热爱祖国语言文字的情感，增强学习语文的自信心，养成良好的语文学习习惯，初步掌握学习语文的基本方法。

(4)在发展语言能力的同时，发展思维能力，学习科学的思想方法，逐步养成实事求是、崇尚真知的科学态度。

(5)能主动进行探究性学习，激发想象力和创造潜能，在实践中学习和运用语文。

(6)学会汉语拼音。能说普通话。认识3500个左右常用汉字。能正确工整地书写汉字，并有一定的速度。小学阶段认识3000个左右常用汉字。

(7)具有独立阅读的能力，学会运用多种阅读方法。有较为丰富的积累和良好的语感，注重情感体验，发展感受和理解的能力。能阅读日常的书报杂志，能初步鉴赏文学作品，丰富自己的精神世界。能借助工具书阅读浅易文言文。背诵优秀诗文240篇(段)。九年课外阅读总量应在400万字以上。小学阶段课外阅读总量应在145万字以上。

(8)能具体明确、文从字顺地表达自己的见闻、体验和想法。能根据需要，运用常见的表达方式写作，发展书面语言运用能力。

(9)具有日常口语交际的基本能力，学会倾听、表达与交流，初步学会运用口头语言文明地进行人际沟通和社会交往。

(10)学会使用常用的语文工具书。初步具备搜集和处理信息的能力，积极尝试运用新技术和多种媒体学习语文。

二、小学生语文核心素养评价目标与价值取向

语文课程评价的根本目的是为了促进学生学习，改善教师教学。语文课程评价应准确反映学生的学习水平和学习状况，全面落实语文课程目标。应充分发挥语文课程评价的多重功能，恰当运用多种评价方式，注重评价主体的多元与互动，突出语文课程评价的整体性和综合性。要根据不同年龄学生的学习特点，按照不同学段的课程目标，抓住关键，突出重点，采用合适方式，提高评价效率。语文课程评价应该改变过于重视甄别和选拔的状况，突出评价的诊断和发展功能。

1.促进学生语文素养全面发展

传统的教学评价目的多在于了解师生的教学结果，确定学生在群体中的位置，为师生的奖励或惩罚、晋级或升学提供依据。基于小学生核心素养发展的语文课程评价，不仅在于检验学生的学习结果，更在于引领学生的学习过程，不仅应反映学习的效果，还应反映学习的情态动机和方式过程；该评价强调从“知识和能力、过程和方法、情感态度和价值观”三个维度，尽可能全面真实地动态地反映学生语文学习情况，坚持面向全体学生，有利于促进语文核心素养的养成。

2.充分发挥语文课程评价的多种功能

语文课程评价具有检查、诊断、反馈、激励、甄别和选拔等多种功能，其目的是为了考察学生实现课程目标的程度，检验和改进学生的学习和教师的教学，改善课程设计，完善教学过程。应发挥语文课程评价的多种功能，尤其应注意发挥其诊断、反馈和激励的功能，有效地促进小学生的发展。

3.恰当运用多种评价方式

形成性评价关注学习过程，有利于及时揭示问题、及时反馈、及时改进教与学活动。终结性评价关注学习结果，有利于对教学活动作出总结性的结论。形成性评价和终结性评价都是必要的。应加强形成性评价，注意收集、积累能够反映小学生语文学习与发展的资料，可采用成长记录袋等各种方式，记录学生的成长过程。对小学生语文学习的日常表现，应以表扬、鼓励等积极的评价为主，采用激励性的评语，从正面加以引导。

要坚持定性评价和定量评价相结合，全面反映小学生语文学习的状态及水平。评价方法除了纸笔测试以外，还有平时的行为观察与记录、问卷调查、面谈讨论等各种方法。语文学习具有重情感体验和感悟的特点，更应重视定性评价。学校和教师要对小学生的成长记录和考试结果进行分析，评价结果的呈现方式除了等级或分数以外，还可用代表性的事实客观描述学生语文学习的进步，并提出建议。

各种评价方法都有其一定的适应性，在评价的客观性和深刻性上也各有差别，因此，评价设计要注重可行性和有效性，力戒繁琐，防止片面追求形式。

4.注重评价主体的多元与互动

应注意将教师的评价、小学生的自我评价及学生之间的相互评价相结合，加强小学生的自我评价和相互评价，促进小学生主动学习，自我反思。评价要理解和尊重学生的自我评价与相互评价。要尊重学生的个体差异，有利于每个学生的健康发展。根据需要，可让学生家长、社区、专业人员等适当参与评价活动，争取社会对学生语文学习的更多关注和支持。

5.突出语文课程评价的整体性和综合性

语文课程评价要体现语文课程目标的整体性和综合性，全面考察小学生的语文素养。应注意识字与写字、阅读、写作、口语交际和综合性学习五个方面的有机联系，注意知识与能力、过程与方法、情感态度与价值观的交融、整合，避免只从知识、技能方面进行评价。

第四节　小学生语文核心素养评价实践探索

一、小学生语文核心素养评价的思考与变革

小学语文是孩子深入学习和终生发展的基础课程。然而，很多孩子不喜欢语文，多数语文教师觉得语文教学任务繁重，社会各界人士对语文教学的微词和指责也颇多。到底是什么原因呢？笔者进行了深入调研。结果显示，不仅仅有语文教师素质的问题，有课堂效率的问题，更有考试评价的问题。

多年来，小学语文考试都是偏重基础知识的考查，把掌握语文基础知识作为衡量学生语文素养的主要目标。许多学校以统一的一张试卷和标准来评判学生，忽视学生个性发展，这不仅无法体现评价的发展性、激励性功能，还容易导致学生心理受挫，丧失信心，惧怕考试，以致造成学习困难。从考

试内容来看，试卷多沿用多年不变的题型，以考查学生对语文基础知识的掌握为主，层面单一，很难充分体现对小学生的学习兴趣、态度、情感的关注，忽视能力的考查，无法全面评价学生的语文素养。再加上受社会功利思想的影响，老师们为了让学生考出“理想”的成绩，多迎合历年试卷的思路，在茫茫题海中反复演练，以提高学生的应考能力。教师考什么，学生就练什么，陷入了死记硬背和机械训练的苦海……

可见，传统的“一张试卷定优劣”的语文考试，考查的主要是学生的语文基础知识，是笔试能力，而那些能为小学生的终生发展打下重要基础的语文综合实践能力和口语交际等能力，则无法进行考查。这种单一的考评方式，造成现在的许多小学生听话抓不住要点，说话语无伦次，写字马虎潦草，读书不得要领，语文综合实践能力弱等等，从而导致学生厌恶母语、语文教学质量滑坡等不容忽视的问题。那么，小学语文评价，如何贯彻落实语文课程评价新理念，如何凸显语文核心素养的评价，更好地促进教师转变教学理念和教学方式，促进学生改变学习方式呢？

笔者认为，语文课程的评价目的不仅是为了考查学生达到学习目标的程度，更是为了检验和改进师生语文教学现状，改善课程设计，完善教学过程，从而有效地促进学生语文核心素养的发展。小学语文考试改革作为课程评价改革的重要组成部分，是语文课程改革的重点和难点，应引起广大师生乃至社会各界的关注和重视。下面结合我区实际，围绕为什么考、考什么、怎么考谈谈我的思考和探索。

1.以语文核心素养为导向

语文课程是一门学习语言文字运用的综合性、实践性课程。小学语文课程应使小学生初步学会运用祖国语言文字进行交流沟通，吸收古今中外优秀文化，提高思想文化修养，促进自身精神成长，从而全面提高学生的语文素养。小学语文的考试评价目的是考查学生“运用祖国语言文字为核心的语文素养”。同时我们明晰了语文核心素养的概念，它是语言能力、语文知识、语言积累、思想情感、思维品质、审美情趣、学习方法和学习习惯等的融合，具有较强的综合性，主要应包括“识字与写字、阅读、写作、口语交际、综合性学习”等五个方面。因此，语文考试的命题应从以上五个方面入手，加强知识与能力、过程与方法、情感态度与价值观三个维度之间的整合，努力在考查学生的语文知识和语文能力的同时，反映学生的思维方式、学习态度和人生观等深层次的素养。如三年级第一学期语文期末考试，我们不仅有语言积累、语文与生活、阅读理解、习作等内容的考查，还有听力测试。

2.遵循八条命题原则

我们坚持小学语文考试试卷要以区域内小学生为本，面向全体学生，做到难易适度，份量适中，遵循科学性、基础性、综合性、生活性、开放性、人文性、趣味性和灵活性的原则。评价试题力求充分发挥学生的主动性和积极性，注重学生实践能力和创新精神的培养，试题力求能对课堂教学起积极引导作用，真正让试卷成为展示小学生学习状况的载体和平台，促进小学生语文核心素养的全面提高。

(1)基础性。小学语文考试的内容要考查小学生最基本的语文知识、能力和习惯。语文最本质的基础性内容究竟有哪些？笔者认为基础性内容包括“识(识字)、写(写字)、读(阅读)、背(背诵积累)、说(说话和口语交际)、作(习作)、习(良好习惯)”七个方面。这七个方面中的基础知识、基本技能、基本能力、基本态度、基本习惯就是小学语文的根 。

(2)综合性。即评价的内容要能体现出学生综合运用语文知识的能力，以及以语文能力为核心的包括各类边缘性、交叉性甚至跨学科的知识和能力。综合性具体体现以下三点：一是知识点的整合，包括课内知识点的融合、课内与课外知识点的融合、语文知识与其他知识的融合。二是积累与运用的整合，引导学生加强积累，以此为基础，进行语言迁移运用，重组仿造，提高语言感悟、理解、表达能力。三是能力与方法的整合，既考查学生的语文能力，同时又考查学生的学习方法。

(3)生活性。语文源于生活，又广泛用于生活。语文学习的外延等于生活的外延。因此命题的价值取向要努力实现书本知识与人类生活世界的沟通，与小学生经验世界和成长需要的沟通。引导学生“关注生活、关注社会”，试题要强化小学生在生活中学语文、用语文的意识，培养小学生在生活中学语文、用语文的能力。因此命题的内容要和小学生的生活紧密联系,凸出真实性和情境性,强化小学生在生活中学语文、用语文的意识,养成良好的习惯,提高小学生对现实生活的领悟能力、解释能力和创造能力。

(4)开放性。命题的设计要具有相当的开放性和多元化,包括内容的开放和答案的多元,给学生充分展现自我的空间,让每一个学生放飞思想,有个性的发展。让学生对问题有自己的情感体验、有自己的见解。

(5)人文性。在试题命制中,我们应该在试卷与学生之间建立起一个相互沟通的平台,采用洋溢关怀、充满情趣的形式,给予学生人文关怀。如在试题旁边加上一些鼓励的、提醒的亲切话语,提醒学生要把字写好:“字不仅要写得端正,还要写得漂亮一点!”阅读题前给一个委婉的要求:“愿你读得仔细,答得认真!”习作前既有要求,又有鼓励:“把你想到的写下来,很容易哦!” 还可以设计卷首开考寄语,如:“同学们,经过六年小学语文的学习,你一定有不少的收获吧! 下面的题目会让你对自己的学习有一个客观的评价,仔细审题,认真答题,你就会有出色的表现,相信自己的实力,祝你成功!”这些举措使学生能够在相对和谐、宽松的环境中提高自信,最大限度地释放自己所有的能量。

(6)趣味性。增强题型的趣味性,试题由常式改为变式,能起到意想不到的效果,促使小学生产生探求谜底的欲望,客观上提高了小学生参与的积极性。

(7)灵活性。命题要立足教材,立足基本知识和基本能力,但并不意味着命题要指向死记硬背。命题要注重灵活性,因为试题的灵活性要求教师教得活,学生学得活。

(8)科学性。试题必须保证内容的正确性,不能出现知识性的错误,不能与所学的语文知识、文学常识、概念、原理等相悖,否则将有碍于考生正确概念的形成,不利于评价学生的语文素养。在编制试题的同时,应当合理地制订评分标准,力求使评分简便、准确,有效地排除无关因素干扰,而且在分数的分配、给分的标准方面务求科学合理。

3.创新考试形式

笔试是小学语文考试传统的重要形式,也是最便捷最常用的一种方式,但一张试卷不可能适应全面考查学生的语文素养的需要。几年来我区大胆尝试,积极创新考试形式和内容。我们根据小学语文学科的性质和小学生的心理特点,采取以笔试考查为主、分项考评辅助的评价方式,对小学生进行综合全面地评价。分项考评主要包括口语交际、朗读背诵和语文综合性学习。其中口语交际和综合性学习的试题,由区教研室组织一线骨干教师和教研员研究拟定;试题提前一周或更长时间告诉学生,让学生提前准备。朗读背诵内容为某学期要求感情朗读和背诵的课文片段。学校可以在开学初就布置朗读和背诵任务,在教学中途或期末,语文教师可以将要求感情朗读和背诵的片段做成纸条签,让学生现场抽取,当场感情朗读或背诵。分项考评一般分若干小组现场测评,根据学生表现评定优秀、良好、合格、待合格四个等级。分项考评结果均记入学生成绩报告单。

在具体进行考查和评价时,我们让学生根据语文学科整体评价标准和专项考查项目自行确定自己的阶段性考查内容。如口语交际和综合性学习的考查,我们每学期给不同年级提供2~5个话题,让学生自由选择。比如在本学期五年级期末考试中,我们设计了五个综合性学习的题目给学生自由选择并进行测评,题目分别是:A.搜集资料,办一份手抄报;B.剪贴画册,配上诗句或优美的文字;C.设计一份广告,自撰精炼优美、朗朗上口的广告词;D.根据自己喜欢的课文创作或改编一首歌曲;E.根据自己的阅读,推介一本新书。在实际操作中,学生兴趣盎然,个个表现出色。有的实验校还尝试由学生自行提出语文学科评价方案中没有开设的项目进行考查。比如有的学生提出“快速查字典”“办一期黑板报”“表演一个课本剧”等语文实践活动内容作为自己的特长来申请考查。这样从考查的项目上让学生自行确定,在考试的内容上对学生最大限度地开放,充分调动了学生自我考查的积极性、主动性,发挥了考试的有效激励功能。

总之,我们小学语文考试通过分项考评与笔试相结合、集中与分散相结合、课内与课外相结合、知识与能力相结合的考评方式,既考查了学生理解和掌握基础知识的情况,又考查了学生的动口、动脑、实际操作能力,特别是创新能力,也关注了学生的情感和价值观,从而对学生的综合素质作出较全面科学的评价。

4.改革考试内容

我们认为语文考试的主要功能是有效测评小学生语文学业水平，其内容、结构以及权重分配等都应突显语文课程的核心内容。考试内容设计要体现对“正确理解与运用语言文字为核心的语文素养水平”的考查。

首先，我们进一步明确了选择考试内容的主要依据。我们认为把握小学各年级语文学业质量测试内容，一要依据语文课程性质和基本理念，二要依据语文课程标准的目标要求，三要依据教材及教学要求，四要依据小学生实际的语文水平。命题时不能盲目选择或东抄西凑。

其次，改进试卷结构和权重。据统计，以往考试第一学段语文基础知识测验题的权重一般占70%以上，第二、三学段占50%~60%以上，远远超过阅读理解和习作部分的考查。近年来，我区小学语文笔试主要在试卷结构和权重上把关，突显语文课程的核心内容。其中“积累与运用”部分主要考查学生语言材料的积累和运用水平，一、二年级权重一般为20%~25%，三至六年级权重一般为15%~20%。“阅读理解”部分主要考查学生的阅读理解能力，权重一般为30%~40%。“语文与生活”部分，主要考查小学生语文综合性学习的实践能力，权重一般为10%~15%。“习作部分”着重考查学生恰当运用语言文字，文从字顺地表达真情实感的能力，同时考查学生书写的情况，一、二年级权重一般在10%~20%，三至六年级权重一般为25%~40%。这样，真正改变了过去偏重考查语文字词句等基础知识的问题。

第三，改变“重字词，轻阅读”现象 。据统计，重视字词句等基础知识、轻视阅读理解能力考查的试卷非常普遍，有的试卷即使考题以“阅读理解”形式出现，但在阅读短文之后的考题还是以考查语文基础知识为主，如考读音，考词句（找近义词或反义词、比喻句、反问句等），考查字典，考改写仿写句子等等。即借了“阅读理解”考查的名义，考的还是语文基础知识，而真正考查学生阅读能力的题目则很少。近年来，我们强制要求阅读部分主要考查学生的四种能力：即提取信息的能力，整体感知的能力，形成解释的能力，做出评价的能力。要求命题者结合文本内容，围绕这四个方面设计题目，且分值必须达到30~40分。这样切实改变了“重字词，轻阅读”的现象，加大阅读理解和运用能力考查的分量，特别是增加了非文本阅读能力的评价。

5.创新试题设计

我们认为试题设计主要包括试题考查目标设计、内容设计和形式设计等。试题设计的各方面要素是有机整体，不可偏废。为了提高试题的信度和效度，试题考查目标指向要明确，一般一题不要承载多项考查目的；试题内容应充分反映考试目的，并为实现考查目的服务；试题形式要具体体现考查目的与内容的有机整合，富有操作性和表现性。如我们一般将认读字音与认清字形的考查分开，考查学生书写和掌握字词情况；对于造句、仿写句子的题目，多提供语言环境让学生去写句子，或提供语言大意让学生生动描述；关于阅读题，多设计小学生阅读的感悟或新发现等方面题目。

6.转变评价理念

小学语文是"非理性"学科，具有"人文性"特点。试题命制过程中可设置一些鼓励性的语言、温馨提示等来刻意营造轻松和谐的氛围，缓解考试压力。在试卷中努力做到图文并用、语言通俗、编排科学、分量得当等，来体现对学生的人文关怀。

(1)命题设计活泼新颖，体现趣味性。长期以来，小学生不爱做语文试题，其中很重要的原因是题目机械、呆板，没有趣味，使学生提不起劲来。那么，试题命制时就要遵循儿童的认知特点和心理特征，采用形象活泼，趣味浓郁的语言引导学生进入答题的愉悦状态，从而更好地展现学习状况。比如，"改病句"练习，有位老师设计了这样的提示语："请你给下列句子动个小小的手术，使它恢复健康。"把一条条病句比喻成病人，把小学生比喻成小医生，做题目的过程成了一次献爱心的过程。小学生在充满人文关怀的氛围中自觉完成任务。如在考查低年级识字写字时，我们利用孩子形象思维发达、喜欢看图的特点，画一颗树，一个人靠在树旁，让学生写出会意字"休"；画一手搁在眼睛上方张望，让学生学写"看"字……类似这样孩子喜闻乐见的题目，可以调动学生对考试的积极主动性，并感受祖国语言文字的丰富内涵，培养小学生热爱祖国语文的情感，在发展语言能力的同时发展思维能力，激发想象力和创造潜能。

(2)命题语言亲切生动,融入人文性。一份试卷就是一组问题的情境。试卷情境的表述语言对儿童的考试成绩有着重要的影响。亲切生动、颇具人文性的话语对于儿童充分展示课程三个维度的目标有着十分重要的意义。因此,对于一套试卷,我们可以从情境的创设、表述入手。一是卷首设计开考寄语,打消应试的顾虑,激起儿童应试的积极性与主动性。例如:又是一个丰收的季节,沉甸甸的果实正躲在树丛后面笑吟吟地望着你,愿你努力攀爬,细心采摘,到时那最美、最甜的硕果肯定会让你感受到收获的喜悦!二是卷中设计鼓励语,激励学生战胜自我,鼓励学生树立努力完成试卷的信心。一份试卷往往需要一个小时甚至更长的时间完成,对于低年级的儿童来说,坚持这么长时间还是有难度的,为了解决这个问题,我们在卷中设计鼓励语。如:相信你是最棒的。好孩子,任何困难都难不倒你。三是卷尾设计小结提示语,引导学生学会检查与反思,体验考试成功与失败。为了进一步激起学生的考试兴趣,发现自己的成功,体验成功的乐趣,我们在卷尾又设计了小结提示语。如:小朋友,做了试卷,你一定发现自己进步了吧?不过要想取得更好的考试成绩,还得仔细地检查哟!如果发现自己有困难的问题,可得耐心地思考思考啊!

小学语文考试改革是课程评价改革的重要组成部分,在探索小学语文考试改革之路上,我们有艰辛有收获,更多的是思考和实践。通过考试改革,使多数学生体会到语文就是生活,语文是生动而有趣的;通过语文考试改革,引导学生主动参与,主动发现和探索问题,积极地为解决问题去搜集信息、整理资料,锻炼了学生的合作与动手能力。

然而小学语文考试改革是一项艰巨的系统工程,许多老师的命题思想与语文课程基本理念还有差距,小学语文考试改革研究还缺乏理论指导,不少试卷考题内容繁杂,学生语文课业负担还比较重.....

探索小学语文考试改革,实施科学高效教学,是我们执着的追求!

二、H 市 B 区某小学语文核心素养评价探索

(一)某小学三年级语文素养分项评价细则

1.指导思想

坚持以生为本，遵循评价的发展性、多元化及反思性原则，力争客观、全面、公正地评价学生，客观评价每一位学生的语文素养发展过程，让每一位孩子都能看到自己的进步，并快乐、自信地成长。

2.各项考评安排及评价标准

（1）平时表现

内容：课前准备、课上听讲、课后作业、单元测试。

形式：学生自评与师评相结合。

评价标准：

课前准备：A.有自觉预习的习惯，课前能将书本摆放好，自觉安静坐好；B.会预习，课前能在纪律委员督促下将书本摆好，安静坐好；C.基本会预习，课前偶尔没有将书本摆放好或没有安静坐好；D.不会预习，课前经常没有将书本摆放好或没有安静坐好。

课上听讲：A.听课专心，积极参与小组合作，大胆发言，善于倾听；B.听课专心，有时能参与小组合作，有时能大胆发言，有时能注意倾听；C.不做小动作，有时能参与小组合作，但发言不够积极或不太会倾听；D.好做小动作，不参与小组合作，很少发言或不会倾听。

课后作业：A.按时完成并上交作业，字体端正、整洁，写作业不磨蹭；B.按时完成并上交作业，字体不够端正整洁或写作业磨蹭；C.基本能按时完成并上交作业，字体不够端正整洁或写作业磨蹭；D.不能按时完成并上交作业，字体马虎或写作业磨蹭。

单元测试：A.扎实地掌握并灵活运用基础知识，测试时仔细审题能做到及时检查，测试后能认真分析错误原因并给予订正；B.较好地掌握并运用基础知识，测试时会审题、会检查，测试后能分析错误原因并给予订正；C.基本掌握基础知识，测试时能大体按要求答题，在老师的引导下检查试卷，测试后在家长的帮助下能分析错误原因并给予订正；D.不能掌握所学基础知识，测试时不会审题，不能及时检查。

具体等级确定：（以 8 个单元计算）A.6A 以上且无 C；B .不足 A 等级且

C 不超过 1 个同时无 D；C .不足 B 等级和 D 不超过 1 个；D .不足 C 等级均为 D。

（2）识字

考查内容：苏教版小语第 5 册生字表，一类生字及绿色通道内的生字。

评价标准：A.正确率达 90%（335 个字）以上；B.正确率达 80%（298 个字）以上；C.正确率达 70%（260 个字）以上；D.正确率在 70%（260 个字）以下。

考查形式：此项考查内容因涉及本册所应掌握的 372 个生字（一类生字 226 个，二类生字 146 个），考虑到要生生通过，字字必读，实施多元评价方式，分别采取小学生自评、同桌互评、教师评价，同时委托家长于规定时间在家里进行测试，第二天早上统一将反馈表交至语文老师处。

考查时间：元月 10~16 日

（3）写字

考查内容：本册所学的一类生字（226 个）及新词 110 个；听写内容为：古诗《枫桥夜泊》可划分为 10 个词；总计 120 个词组。

评价标准：A.能在规定时间内，认真、规范地书写，笔画清晰，间架结构匀称，正确率达 90%（108 个词）以上；B.能在规定的时间内，规范地书写，汉字的间架结构较适中，正确率达 80%（96 个词）以上；C.能较规范地书写、汉字的结构不够紧凑、美观，书写速度较慢，正确率达 60%（72 个词）以上；D.不能在规定的时间内完成写字内容，对所学的生字掌握不扎实，书写马虎、随意，正确率达 60%（72 个词）以下。

考查形式：规定 60 分钟，课堂上统一测试。

考查时间：元月 20~23 日。

（4）朗读

考查内容：儿童诗《做一个最好的你》、美文《秋雨刷刷》，学生也可以自由选择一篇课文作为朗读内容。

评价标准：A.能正确、流利、有感情朗读课文；不指读，不加字、改字、丢字，没有错字；B.能较正确、流利、有感情地朗读课文，出现个别加字、改字、丢字、错字现象；C.朗读文章缺乏感情，语调、停顿、重音掌握不理想，加字、改字、丢字、错字现象较严重；D.朗读文章缺乏感情，多处停顿不够流畅、语感欠缺，加字、改字、丢字、错字现象严重。

考查形式：由学生提前准备，临时抽签测试。监考老师根据学生的实际朗读水平（是否正确、流利、有感情）酌情给予适当的等级。

考查时间：元月22~25日。

（5）口语交际

考查内容：1.我喜爱的玩具；2.好书与你分享。

评价标准：A.能正确使用普通话，口齿清楚，态度大方，说话内容符合情境。专心倾听，能认真听别人发言，积极参与；B.能较正确使用普通话，语句连贯。能较认真听别人发言，基本明白对方的意思，能够应答；C.能注意使用普通话，语句较连贯。能听别人发言，初步明白对方的意思，参与不够积极；D.不能很好地用普通话交流，语意表达不清。不会倾听别人，发言也不参与。

考查形式：任选一题，学生以四人为一小组，在组内进行交流，教师依据交际情况评等级。

考查时间：元月26~28日。

（6）课外阅读

考查内容：本学期必读书目和选读书目。

评价标准：A.学生能按时按量阅读，阅读总量达到25万字以上；B.学生能按时按量进行阅读，阅读总量达到20至25万字；C.学生基本能完成阅读任务，阅读总量达到18万字；D.学生不能按时按量完成阅读任务。

考查形式：此项检测通过课外阅读反馈表和平时的家长签字记录来评定。

考查时间：元月25日前。

（7）综合实践

考查内容：通过查阅资料和调查访问，加深对水果了解，培养学生收集、整理资料，并根据资料总结、分析问题、解决问题的能力。

活动评价：①评价主体的多元化。强调评价的多元主体参与，对有关项目有所侧重地引导学生、家长、教师参与评价；②评价方法的多样化。评价要结合学生的实际情况，结合所研究的主题，采取多样的、有趣味的评价方式。如:成果汇报式、作品评价式、展示与交流等;③评价形式的趣味化。可以采取形式多样、生动活泼的评价方式。

考查时间:元月 25 日前。

考查形式:自评、互评、家长评和师评。

(8)经典诵读

考查内容:本学期必背篇章。

评价标准:A.非常流利地背诵(或熟读);B.基本能正确背诵(或熟读);C.基本能正确诵读,不够流利;D.不能正确诵读,非常生疏。

考查形式:学生自查、互查、家长检查与老师抽查相结合。

考查时间:元月 21~25 日。

3.学期总评等级确定

A.达到 9A 及以上且无 C、D;双基不得为 B 及以下;

B.不足 A 等,得 C 不超过两个;

C.不足 B 等,且 D 不超过 2 个;

D.不足 C 等。

4.几点说明

(1)识字、写字、朗读、口语交际、课外阅读、经典诵读、综合性学习的测试需要家长的协助和配合,应提前一周告知学生和家长,明确考查的内容和要求,在元月 29 日前完成测试。

(2)测试由学校统一安排本年级组语文教师换班监考。

(3)测试卷由本年级语文教师集体流水阅卷,以统一的标准确定等级。

(二)某小学语文核心素养测试实施方案

为更好地促进教师的教和学生的学,促使教师树立正确的学生学业评价观,了解和掌握科学的评价理论和方法,改变教学行为方式,同时帮助学生明确学业发展的方向,科学制订自己的学业发展目标,实现自我认识、自我教育和自我发展,特制订语文学科素养测试方案。

1.测试原则

(1)以学生的发展为本,既关注学习结果,更关注学习的过程。

（2）评价内容多维化，从小学生学业的知识与技能、过程与方法、情感态度与价值观三个维度进行综合评价。

（3）评价主体多元化，教师、学生、家长和社会相结合。

（4）评价方式多样化，定量与定性评价相结合，书面考试与口语测试、实践应用相结合，形成性评价和终结性评价相结合。

2.测试内容和维度

语文学科测评从识字、写字、阅读（含课内朗读与课外阅读）、经典诵读、口语交际、习作等方面进行。

3.测试时间

每学期最后一个月新课结束时进行。

4.测试维度评价建议

测试结果以等级形式呈现。

测试维度	等级标准			
	A	B	C	D
识字	通过复习，正确熟练地认读所学生字，正确率达到95%以上。	通过复习，正确认读所学生字，正确率达到80%以上。	通过复习，正确认读所学生字，正确率达到70%以上。	通过复习，所学生字不能正确认读，正确率在70%以下。
写字	正确、规范、整洁地书写所学生字，正确率达95%以上。	正确、规范地书写所学生字，正确率达80%以上。	能正确地书写所学生字，正确率达70%以上。	对所学生字掌握不够，正确率70%以下。
课内朗读	普通话标准，发音正确。朗读流利，不唱读，不回读，标点停顿和句中停顿恰当。能根据课文内容、情感需要确定朗读的速度和音调。仪态大方、自然，有自信。声音响亮，吐字清晰。	普通话较标准，发音比较正确，错字、添字、漏字在3个以内。朗读流利，不唱读，回读和不恰当停顿不超过3处。能做到有感情地朗读，速度适中。仪态比较大方、自然，有自信。声音响亮，吐字清晰。	普通话基本标准，发音基本正确，错字、添字、漏字在4个以上6个以内。基本能做到有感情地朗读，速度适中。仪态比较大方、自然，声音还算响亮。	普通话非常不标准，错字、添字、漏字超过7个。朗读结巴不流利，唱读，回读和不恰当停顿非常严重，已超过7处。朗读没有感情，读书只有一个声调，读不出不同的语音、语速、语气的变化。仪态不自然，不自信，声音非常小，吐字不清晰。

续表

测试维度	等级标准			
	A	B	C	D
课外阅读	依据各年级“阅读手册”评定。			
经典诵读	坚持每天诵读《日有所诵》和《我爱吟诵》。愿意朗读或背诵其他经典诗文。对所学习内容非常熟悉，能背诵篇目达 90%以上。	坚持经常诵读《日有所诵》和《我爱吟诵》。比较愿意朗读或背诵其他经典诗文。对所学习的内容比较熟悉，能背诵篇目达75%以上。	坚持诵读《日有所诵》和《我爱吟诵》。能朗读或背诵其他经典诗文。对所学习的内容能背诵篇目达60%以上。	坚持诵读《日有所诵》和《我爱吟诵》。朗读或背诵其他经典诗文。对所学习的内容能背诵篇目达 不到60%。
口语交际	依据各年级“口语交际手册”评定。			
习作	依据各年级“笔试习作”评定。			

（三）H 市 B 区某小学无纸化测试方案

案例一　2016~2017 第二学期一年级无纸化测试方案

一、目的意义

本次“无纸化”测试是我校对学生阶段性学习检测的又一次尝试，旨在让学生在“玩中学”“玩中测”，摆脱一张试卷定高低的局面，积极地调动学生的学习兴趣，感受学习与生活的联系，体会知识的应用价值。

二、活动时间：2017 年 4 月 22 日。上午：8：30-11：50；下午：1：10-3：30。

三、活动地点：校园广场。

四、活动具体安排

游戏名称	游戏规则	评分细则	考官
拼音对对碰	1.学生从盒子里任意抽取纯拼音词语认读。拼音词语有两个字、三个字、四个字的。 2.每人抽取三次。	优秀：三个拼音词都读对。 良好：读对两个。 加油：读对一个或者都不对。	2 位语文教师

续表

游戏名称	游戏规则	评分细则	考官
词语开心大闯关	学生抽一张字条,一边读词语一边做动作。每个学生两次机会。	优秀:两个都对。 良好:答对一个。 加油:两个都不对。	2位语文教师
字形小魔术	每人从汉字魔法屋中抽取一张字卡,然后添加一笔使之成为一个新字。每人可抽取两次。	优秀:两个汉字都加一笔成为新字。 良好:加对一个。 加油:两个都不对。	2位语文教师
乐读天地	从箱子里随便抽取一张卡片,如果卡片上面是短文,请正确读出短文内容。如果你能读得流利、有感情就更棒了。如果卡片上是图画,请你说说你看到什么,注意说话要完整哦!	朗读优秀:正确、流利,有感情。 良好:正确,流利。 加油:无法做到以上三点。 说话优秀:完整,连贯。 良好:完整。 加油:无法做到完整和连贯。	2位语文教师
一起来拼搭	学生在1分钟内用以下图形拼成一个图形或图案,说出拼的图形的名字(图形或图案都可以)和所用图形的个数。	优秀:1分钟内自己独立完成并能够正确说出图形个数。 良好:学生在考官指导下完成或说错图形个数。 加油:在考官指导下都未完成者或者1分钟内未拼出任何图形者。	2位语文教师
我们的串串吧	一名评委将两串串好的珠子(同样规律)放置在桌上,中间部分用盒子罩住,学生两列纵队同时进行,回答出盒子里珠子排列的规律。	优秀:一次答对罩住的珠子颜色和数量。 良好:二到三次机会(第三次机会可以不连续使用)回答对的。 加油:三次机会没有回答出来的。	2位教师

案例二:2017~2018第一学期一年级无纸化测试方案

一、目的意义

本次“无纸化”测试是我校对学生阶段性学习检测的又一次尝试,旨在让学生在“玩中学”“玩中测”,摆脱“一张试卷定高低”的局面,积极地调动学生的学习兴趣,感受学习与生活的联系,体会知识的应用价值。

二、活动时间

2017年12月16日。上午:8:30-11:50;下午:1:30-3:30。

三、活动地点

学校乒乓馆。

四、活动具体安排

游戏名称	游戏规则	评分细则	考官
兔子的家——拼音直通车	1.从声母、韵母、整体认读音节盒中各抽出一张卡片，共抽取三张。 2.在30秒内，学生将三张卡片上的声母、韵母、整体认读音节分别读出来。 3.每人一次机会。	优秀：三个拼音全部读准确。 良好：准确读出2个拼音。 加油：准确读出一个拼音。	2位语文教师
浣熊的家——超级辨辨辨	考官从众多音节或生字卡片中任意选取三张，学生能够在一分钟内找出相对应的生字卡片或音节。	优秀：三张音节或生字卡片都能对应上。 良好：两张音节或生字卡片都能对应上。 加油：只能对应上一张音节或生字卡片。	2位语文教师
蝉的家——我拼我秀	1.自己抽取一张拼音卡片，一边拼读出词语，一边做动作。 2.每人两次机会。	优秀：两个都对。 良好：答对一个。 加油：两个都不对。	2位语文教师
蚂蚁的家——拼读乐园	1.从拼音盒中抽一张拼音卡片。(卡片上出示一个拼音短句) 2.一分钟之内学生按照从左到右的顺序读出拼音组成的短句。 3.每人一次。	优秀：能够正确流利读出短句内容。 良好：基本能正确读出短句，错了1至2个。 加油：错了3个或3个以上。	2位语文教师
刺猬的家——认识位置	1.飞镖靶上有各种颜色的飞镖，让学生说出谁在谁的上边，谁在谁的左边，谁在谁的右边。 2.每人3次机会。	优秀：在10秒内答对3次。 良好：答对2次。 加油：答对1次。	2位语文教师
蜥蜴的家——探索比较	1.学生抽取图片，说出图案中事物的轻重、大小、高矮、长短。 2.每人两次机会。	优秀：2次全对。 良好：答对1次。 加油：都不对。	2位语文教师

第二章

小学生识字写字素养评价

第一节　小学生识字写字素养评价理论引航

汉字是中华传统文化的国粹,它是世界上唯一一种生生不息、历久弥新的文字。有人说,汉字是我们中国的第五大发明。考古科学发现,六千多年前的半坡遗址就有可以称为汉字的刻画符号。可以毫不夸张地说,汉字书写了中华民族的历史,承载了光辉灿烂的中华文化。汉字在加强中华民族凝聚力、维系中华文明数千年延绵不断向前发展中起了巨大的作用。认识常用的汉字及其背后深厚的文化,学会书写一手好字,具备初步的书法鉴赏能力,是现代公民应有的基本素养。

小学生识字写字素养是其终身学习的基础,也是小学生语文核心素养的重要内容。小学生认识汉字、学习汉字书写,是学习母语最重要的内容。在弘扬传统文化教育的今天,汉字背后强大的文化内涵和魅力无疑有着巨大的奠基作用,尤其是能给小学生的语文核心素养打下坚实底子。另外书写汉字不仅能巩固学习的生字,培养小学生的写字能力,还可以锻炼意志,培养注意力、观察力和审美能力,养成一丝不苟的学习习惯和为人处世的方法。小学阶段是一个人识字写字素养形成的重要阶段。新课程改革以来,教育部曾多次颁发关于加强写字的文件。如 2002 年颁发的《关于中小学加强写字教学的若干意见》,2011 年颁发了《教育部关于中小学开展书法教育的意见》,2013 年又下发了《中小学书法教育指导纲要》。《义务教育语文课程标准(2011 年版)》也明确指出:识字、写字是阅读和写作的基础,是小学第一学段的教学重点,也是贯穿整个义务教育阶段的重要教学内容。这些文件和“课标”对识字写字教学，特别是写字教学的要求越来越细致，越来越明确，可见小学生识字写字素养的奠基作用。

识字写字素养评价有助于汉语书面语言的建构与运用，也有助于思维品质的培养与发展，更有助于综合技能的培养与审美的熏陶。

一、汉字的演化

汉字是世界上最古老的文字之一，已有六千多年的历史。根据字体的构形及书写风格，汉字的字体演变主要经历了甲骨文、金文、小篆、隶书、楷书、草书、行书几个发展阶段。

现存最早可识的汉字是殷商的甲骨文和稍后的金文，在形体上逐渐由图形变为笔画，象形变为象征，复杂变为简单；在造字原则上从表形、表意到形声。除极个别的例外，都是一个汉字一个音节。汉字经过了几千年的演变，逐渐形成了“汉字七体”，即：甲骨文、金文、篆书、隶书、草书、楷书、行书。

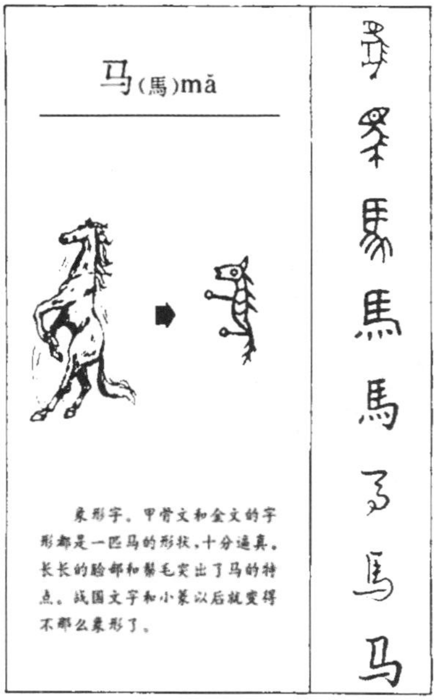

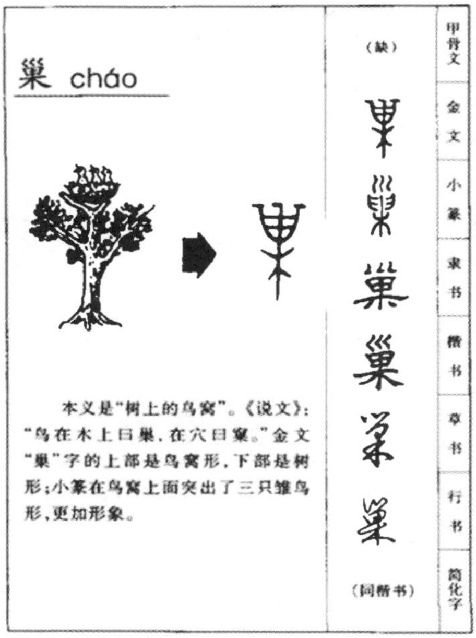

1. 甲骨文

甲骨文是刻写在"龟"甲和兽骨上的文字，因为其最早是在殷墟发现的，又叫"殷墟文字"，又因其是以记录占卜之事为主的，又称为"卜辞"。其形体特点基本上是象形性强、异体繁多、笔画细劲方折、结构颀长。1959 年，在山东大汶口出土了一些陶器，上边刻有一些符号，可以看成是早期(约公元前 4300 年)的雏形文字。但如今看到的，已经初具规模、比较完备的文字是殷商时期的甲骨文。

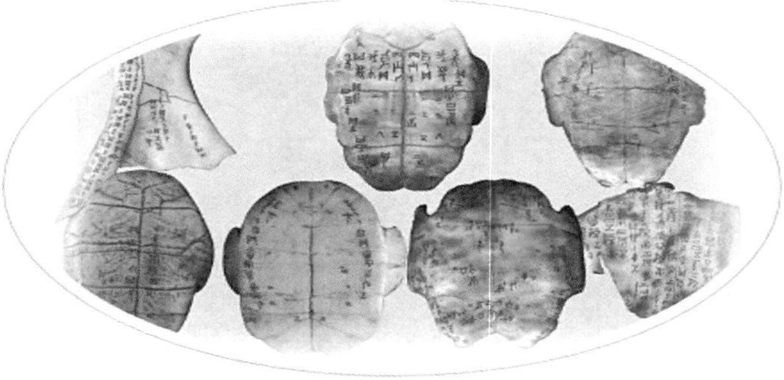

2. 金文

随着社会的发展，字体也不断地在演变。从殷商到秦统一之前的金文，就是在甲骨文的基础上发展而来的。金文是商周时代刻铸在青铜器上的文字，又叫"钟鼎文"。金文笔画比甲骨文丰富多了，大小匀称，也有了行款，并有了一定的装饰性。其早期与甲骨文相近，象形性强，其后期则装饰性强，与小篆相近。

3.篆书

到了西周后期，汉字发展演变为大篆。大篆的发展使汉字产生了两个特点：一是线条化，早期粗细不匀的线条变得均匀柔和了，它们随实物画出的线条十分简练生动；二是规范化，字形结构趋向整齐，逐渐离开了图画的原形，奠定了方块字的基础。春秋战国时，诸侯争战，也造成了语言异声，文字异形，直到秦始皇统一六国后，才将文字统一为小篆。小篆除了把大篆的形体简化之外，并把线条化和规范化达到了完善的程度，几乎完全脱离了图画文字，基本上成为整齐和谐、十分美观的长方形的方块字体；其特点是笔画粗细如一、圆转均匀、折笔圆中寓方。

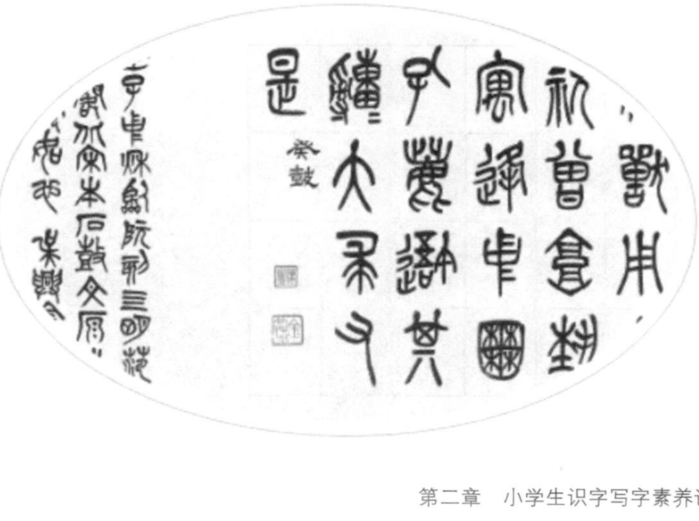

4.隶书

小篆虽然规范，看起来也漂亮，但写起来并不容易，应用时不能令人满意。于是在小篆的基础上又产生了新的字体——隶书。相传隶书的创始人是程邈，他因得罪了秦始皇，下了监狱，在狱中用了十年的工夫，整理出一套应用简便的新字体，被后人称为隶书。到了汉代，隶书逐渐成熟，占据了主要地位，这时由于人们审美意识的提高，隶书已写得相当美观，留下了许多名碑。隶书可以分成秦隶和汉隶。隶书的发展，为后来楷书的出现奠定了基础，成为汉字发展史上的一个重要转折点。

5.楷书

楷书是汉朝末年出现，由隶书演变而成的一种字体，一直通行到现在。楷书有楷模、范式的意思，也叫“真书”“正书”。楷书字形方正端庄，结构严谨，笔画平直、规范有度。据载，三国时期的钟繇在楷书加工整理上有巨大的贡献，到了唐朝，书法也发展到了顶峰，出现了一大批擅长写楷书的名家，像欧阳询、虞世南、褚遂良、颜真卿、柳公权等。

6.草书

草书并不是在楷书出现以后才有的。“草”是初步、草率的意思。无论哪种字体写得潦草，都可算作草书。作为一种专门的字体，是汉代才有的。到汉末，草书才大为风行，先为章草，又为今草，最后发展为狂草，还有小草。草书种类繁多，初学者不宜学。

7.行书

行书是介于楷书和草书之间的一种字体，产生于东汉末年。真正繁荣时期是东晋，“书圣”王羲之的代表作《兰亭序》就是行书。由于行书比较实用，书写比楷书更为便利，又不像草书那样难认，所以直到今天仍是最常用的字体。

二、汉字“六书”

“六书”是古人分析汉字结构后提出的一种造字理论。所谓“六书”，也就是六种造字方法。这个名称最早见于《周礼·地官·保氏》。但《周礼》只提到“六书”，而没有提到“六书”的具体名称。“六书”的具体名称，最早见于班固的《汉书·艺文志》，把“六书”之名定为“象形、象事、象意、象声、转注、假借”。后来，许慎在《说文解字》中把“六书”之名定为：“指事、象形、形声、会意、转注、假借”，而且还对“六书”进行具体解释，并根据“六书”的原理编成字书。

古人并不是先有“六书”才造汉字，“六书”是后来的人分析汉字而归纳出来的系统。然而，当有了“六书”这系统以后，人们再造新字时，都以此为依据。一般认为，“六书”中象形、指事、会意、形声属于造字之法，转注、假借则属于用字之法。

三、小学生识字写字素养内涵与价值

（一）识字内涵与价值

1.识字的内涵

识字即认识文字，指如何把具象化的事物在脑中与抽象化的文字联系起来。中国汉字承载着六千多年的中华文明,仿佛一条源远流长的大河,壮阔而美丽,灌溉和滋养着中华民族。中国汉字是中华民族的智慧结晶和无价瑰宝。每一个汉字都是古人经过观察自身、自然,联系生活实践创造出来的,所谓"近取诸身、远取诸物",是古人智慧的结晶。每个汉字都是一幅画,都是一个文化符号。汉字成了中华民族文化的化石,包含着历史和文化的元素与密码。成千上万的汉字,其实就是成千上万的作品,它们构成了一座蕴含丰富的中华民族历史文化宝库。在几千年的发展历程中,汉字以顽强鲜活的生命力,在求异求新中始终保持表意文字的特征。

2.识字的意义

常言道:"人生聪明识字始""为学必先识字"。识字历来都是启蒙教育乃至基础教育阶段的一个重点。小学生识字是学习文化的开始,小学生在识字过程中初步领悟汉字的文化内涵。古今的大量教学实践证明,充分考虑汉字的特点,即依据字理识字,能让学生快速形象地识记汉字,且能领悟汉字蕴含的文化内涵。脑科学、心理学研究也表明,童年是记忆最强、认字最快的时期,六岁左右的孩子早识字,提前阅读是有可能的,也具有一定的优势。

识字能力是学习能力的基础,它不仅是阅读和写作的基础,也是文化素质养成和提高的第一步,特别是低年级学生的识字能力,还关系到开发儿童的智慧潜能、发掘他们的创造能力和创新精神,这就决定了识字教学是小学语文教学的重点,也是我们一直在探索研究的重要课题。小学生识字方法很多,如字理识字、随文识字、情境识字、环境濡染识字、生活识字、游戏识字、看图识字、自编谜语识字、动作演示识字等。

针对语文课程标准对识字的要求和新教材的特点,在识字教学过程中,我们要努力激发学生识字的兴趣、探索识字方法、拓宽识字途径、提高识字效率,同时引导小学生感悟汉字的文化内涵,传承优秀传统文化。

(二)写字的内涵与价值

1.写字的内涵

由百度检索,写字是人类表达思想的原始的基本方式之一。在明朝,

"写字"还指明代职司抄写的低级官员，在古埃及，"写字"是指为人写信的人。陶弘景著有《授陆敬游十赉文》："赉尔大砚一面，纸笔副之，可以临文写字，对真受言。" 这里的"写字"指书写文字。明朝王琼《双溪杂记》："以此有不待缺而升者，如……医士出身升至太医院使，写字出身，在内阁书办，升至编修。"这里的"写字"指明代职司抄写的低级官员。

从《新华字典》查看，"写"解释为用笔作字。在汉代以前人们用"书"来表示写字，汉代以后则"书""写"并用。所以一般意义上的"写字"也可称作"文字书写"，是使用各种笔类的书写工具书写文字的活动。而"汉字书写"则是特指使用书写工具书写汉字的活动。

从书法术语看，"写字"则是指个体使用软笔（毛笔）或硬笔（钢笔、铅笔、粉笔等）根据一定的书写技法，艺术地书写汉字的文化活动。其讲究书写姿势、执笔姿势和书写方法，是一种创造性、个性化的艺术活动。

从教育学角度来说，"写字"是语文教育的一个组成部分，是语文学科的一个学习领域。"写字"在古代也称"开笔"，是小学生学习规范书写的开端。写字的要求有三点：正确，不写错别字；美观、整洁、匀称、清晰，让人一望而知；迅速，能适应各种应用的需要。

从心理学角度看，"写字"是一个看上去简单而实际上复杂的心理过程。根据美国教育心理学家罗伯特・米尔斯・加涅的学习结果分类理论，"写字"属于动作技能领域的学习，有着复杂的心理机制和动作技能形成过程。目前，关于"写字"本质的探讨还缺乏较为系统的理论研究。《小学语文教学心理学导论》指出，"写字是一种视觉和动觉协调活动，它包括一系列的动作：坐的姿势、握笔的姿势和运笔的姿势。就写字的要求来说，要做到正确、端正、有一定的速度，行款整齐。

在小学语文教学中，则可从书写工具和书写内容两个维度来揭示写字的本质。写字是指小学生使用铅笔、钢笔、毛笔等书写工具书写汉字的活动过程。它是小学语文教学的重要组成部分。根据《义务教育语文课程标准（2011 版）》的要求，写字须正确、规范、美观，并有一定的书写速度。

从写字与书法的关系看，郭沫若先生说："培养中小学生写好字，不一定要人人成为书法家，但总要把字写得合乎规格，比较端正、干净、容易认。"在日常生活中,人们常常将“写字”与“书法”混为一谈。其实,写字与书法既有相同之处,又存在着一定的差异。写字与书法都要求书写及执笔姿势正确,把字写正确、规范、整洁。“书法”在《新华字典》中的解释为:“我国传统的艺术之一,指用毛笔书写篆、隶、正、行、草各体汉字的艺术,在技法上讲究执笔、用笔、点画、结构、章法等。”由此可以看出,写字训练是书法训练的基础。前者是基本标准的汉字书写训练,后者更侧重于汉字书写艺术的训练,因此不能将写字教学与书法教学混为一谈。

2.写字的价值

写好汉字是终生学习与发展的一项必备技能,从小培养孩子书写规范的习惯,对孩子的成长以及未来发展都有着重要的作用。写字的过程就是培养学生一丝不苟、持之以恒的良好习惯的过程。练字过程也是磨练意志的途径和过程。

《义务教育语文课程标准(2011 年版)》在“教学建议”部分对写字教学提出了更为明确具体的要求——“每个学段都要指导学生写好汉字。要求学生写字姿势正确,指导学生掌握基本的书写技能,养成良好的书写习惯,提高书写质量。”同时指出:“练字 的过程也是学生性情、态度、审美趣味养成的过程。” 强调了写字教学的综合功能以及对学生语文素养形成的积极作用。第一学段“识字写字”目标第 3 条指出“初步感受汉字的形美”。小学生写字,不仅能培养写字能力,而且还紧密配合课文的识字学习,具有巩固汉字的作用。同时,在掌握各种笔画、结构、书写方法的过程中,可以锻炼意志,培养注意力、观察力和审美能力,养成一丝不苟的学习习惯和为人处事的方法,受到美的熏陶。统编本语文一年级上册教材写字的编排体现书写规律,由易到难,由简单到复杂,降低初入学的学习难度。在一年级起步阶段,要加强写字指导,打好写字基础。

四、小学生识字写字教学指南

(一)识字的基本原则

识字是学习书面语言的良好开端,是阅读和写作的基础。识字教学要注意儿童特点,将小学生熟识的语言因素作为主要材料,结合小学生的生活经验,引导他们利用各种机会主动识字,力求识用结合。要运用多种识字教学方法和形象直观的教学手段,创设丰富多彩的教学情境,提高识字教学效率。语文教学中如何抓好识字教学呢? 应遵循以下原则。

1.要遵循汉字音形义统一的规律

汉字是由音、形、义三个基本因素构成的统一体。音形义三者的结合是汉字的结构方式,也是汉字本身的字理规律。识字,就意味着汉字的音、形,义三个基本因素之间联系的形成,能够相互沟通。小学生每学一个字都要求能读准字音,认清字形,了解字义,三个因素缺一不可,否则,就不能说掌握了这个字。为了尽快地形成汉字音、形、义的统一联系,提高识记效果,教学中必须从小学生对音、形、义三个因素已知水平出发。一般地说,由于儿童在识字前已经掌握了二三千个口头词语,初入学的儿童对教材中出现的大部分汉字的音和义是比较熟悉的,而且一般低年级识字配有图画,了解字义并不困难。但小学生空间知觉能力较差,辨认能力不强,识记字形较困难,这就需要着重培养学生辨认字形的能力,并且把对字形的掌握和读准字音、理解字义联系起来。因为只有重视笔画、笔顺、偏旁部首的教学,指导学生认清字形,同时兼顾字音和字义教学,学生才能对汉字进行准确而完整的感知、理解,进而牢固地记忆。学生在认读过程中,见到字形,读不出字音,当字的读音和字形联系不能沟通时,教师只要插入字义的提示,以形成形、义、音的联系,学生就比较容易地从字形过渡到字音的再现。由此看来,小学生识记汉字必须把音、形、义三方面统一起来,成为认识的整体,才能收到良好的效果。

2.要遵循儿童认知事物的规律

小学生认识事物的特点:一是从无目的、无计划向有目的、有计划方向发展;二是无意注意仍起重要作用,仍占主要地位;三是从具体形象思维为主要形式,逐步过渡到以抽象逻辑思维为主要形式;四是对认识内容的掌握由不精确、分不清主次、不系统、表面化逐步向精确、系统化发展,逐渐认识事物的主次和内涵;五是认识活动受情绪影响大,和兴趣关系密切。根据小学生上述这些特点,教学中要遵循由浅入深、由远及近、由简到繁、由易到难、由感性到理性、由具体到抽象的认识规律。具体应注意以下四点:一是识字教学要有直观性和形象性。低年级小学生天性活泼好动对直观的、形象的事物容易理解。教学时可以借助实物、图画、动作、表情引导小学生了解字义、词义;可以借助课件演示词句的意思;还可以利用象形、会意的特点,进行形象化的教学,如借用直观形象的图示,教“册”“龟”“男”“尘”等字。这些教学方法符合低年级学生的认知规律,既能引起学生的学习兴趣,又能起到化难为易的作用。二是要进行联想和类推。如教“冰”字时,知道“冰”是由水冻结而成,两点水是部首,表示“冰、冷”的意思,以后在学习“凉”“冻”“凛冽”等词时引导学生去联想,知道它们都和寒冷有关。三是要对比辨析。在汉字中有许多字在字形上相近、在读音方面相同或相近,在小学生明白了形声字的造字规律后,还可以结合形近字教学生字。教学时一般不让小学生单独去学一个字,而是把字形相近的字一起出示,引导小学生在比较中识字,在联系中区别。如学习“体”字时,可与“休”字相比较,学习“外”字,可与“处”相联系比较,并引导小学生总结。教学中可以引导学生把一批形近字、同音字、多音字、近义词、反义词等作对比分析,在辨析中识字。

3.要遵循识字与认识事物相结合的规律

从理解字义来说,识字即学词。小学生通过识字和学习词语,把汉字和所表达的具体事物联系起来,才能正确理解汉字的意思,同时学会运用。因此,在识字教学中,要尽可能地采用实物标本、模型、图画、多媒体、录音、动作、表情或语言描绘等手段让学生去观察或去演示,引导他们进行思考。这样,把字词和具体事物联系起来,使抽象的概念变成学生看得见、摸得着、听得见的东西;让学生的眼、耳、鼻、舌、手等感官都参与获得新知识的实践,从而获得清晰、明确的概念。

4.要遵循识字与听说读写相结合的原则

识字的质量不单从会认、会默写多少字词体现出来,更重要的是通过“听、说、读、写”体现出来的。从低年级教学要求来看,除了要识一定数量的汉字以外,还要学习词和句子,培养学生阅读、听话、说话、写话的能力。另一方面,阅读、说话和写话的基本功训练,也有利于巩固识字成果和培养识字能力。字词只有落实到课文中去，才能起到表情达意的作用。因此，小学生识了字以后，就要指导他们认真反复地朗读课文，要求眼、口、脑并用，一边读，一边思考，把每个字音读准，把词句的意思真正搞懂。这样，生字在朗读中反复出现，会得到巩固。复述课文时，要求学生注意运用学过的字词。随着学生识字量的逐步增加和语言的不断丰富，可以指导学生运用词语口头或书面造句，指导学生在看图说话的基础上，练习观察图画或事物，写词语、写句子、写短文、写日记等。此外，开展课外阅读，可以巩固识字。实践证明，生字的“复现率”越高，识记的效果就越好；有了生字的高频率复现，就能牢固地掌握所学的字词，而且能促进学生主动去识字，学到大量的课堂上没有教过的字词。从这一点来看，课外阅读又是培养学生识字能力的一种重要手段。中高年级还可以开展丰富多彩的语文课外活动，把课内和课外结合起来，这对于巩固字词也是大有裨益的。

5.要遵循识字和写字相结合的原则

写字和识字的关系非常密切。教小学生写字不是为写字而写字，是为了掌握字，使用字。小学生的空间辨认能力差，识字后如果不指导他们书写，就很容易遗忘。因此，小学生在初步掌握了字的音、形、义之后，还需要认真指导他们写字。启发学生在用眼看、用耳听和用脑记的基础上，从半独立写到独立写，最后检查、核对后再写。小学生的视觉、听觉等多种器官都协同活动起来，生字的音、形、义三因素才能迅速建立，并得到强化，即使是较难写的字或容易写错的字，通过这样循序渐进的练习，学生也能写对、写好、记牢。这样，识字和写字相辅相成，互相促进，从而达到最好教学效果。

（二）写字的规则

小学生学写汉字是语文学习的重点，也是难点。低年级小学生要掌握汉字的基本笔画和常用的偏旁部首，能按笔顺规则用硬笔写字，注意间架结构。初步感受汉字的形体美。努力养成良好的写字习惯，写字姿势正确，书写规范、端正、整洁。

1.练字先练姿

常言道，磨刀不误砍柴工，书写姿势正确与否，不仅仅影响写字质量，更影响孩子的健康。在一年级刚开始练习握笔写字时，正确姿势非常重要。教师要反复示范、指导，训练小学生握笔方法：一是右手拇指在笔杆的左侧，比食指稍靠后些，两指紧紧夹住笔杆，中指在食指下面，用第一个关节托住笔杆，无名指和小指在中指之后自然地弯向掌心，使掌心虚圆，感觉掌心内可以握一个小球；二是笔杆向右后方倾斜，紧贴在食指第三关节与虎口之间，注意笔杆与作业本要保持 60 度左右的倾斜；三是食指与大拇指捏笔时中间呈椭圆形；四是手掌与手臂呈直线；五是捏笔手指与笔尖的距离约为 2.5~3 厘米。写字时要引导学生把握铅笔（或钢笔）的四个着力点：一在拇指指尖；二在食指指根骨节凸起处；三在食指指尖；四在中指第一关节与指甲边垂中间的位置。老师还可以引导学生把正确坐姿和握笔的要点编成儿歌，在欢快地吟唱儿歌的同时训练书写姿势。

常用笔画名称表

笔画	名称	例字
一	横	土 五
丨	竖	中 上
丿	撇	天 禾
㇏	捺	人 尺
丶	点	头 下
㇀	提	虫 把
㇕	横折	口
㇇	横撇	子 水
㇖	横钩	你
㇗	竖折	山 牙
㇙	竖提	长 比

笔画	名称	例字
㇄	竖弯	四 西
亅	竖钩	小 可
㇁	弯钩	了 手
㇂	斜钩	我
㇜	撇折	去 东
㇃	卧钩	心
㇛	撇点	女
㇆	横折钩	力 月
㇟	竖弯钩	儿 巴
㇈	横折弯钩	几
㇉	竖折折钩	马 鸟

2.写字守规则

引导低年级小学生利用教育部2016年审定的最新的《常用偏旁名称表》和《常用笔画名称表》，学习掌握汉字的基本笔画和常用的偏旁部首，能按笔顺规则用硬笔写字，且注意间架结构。

常用偏旁名称表

偏旁	名称	例字	偏旁	名称	例字
刂	立刀	到	氵	三点水	江 洞
亻	单人旁	作 们	忄	竖心旁	快
八	八字头	公	宀	宝盖	它 家
人	人字头	会 金	辶	走之	远 边
⺈	斜刀头	色 兔	女	女字旁	好 妹
勹	包字头	包 句	纟	绞丝旁	红 绿
亠	京字头	衣 高	王	王字旁	玩
冖	秃宝盖	写	木	木字旁	树 桃
讠	言字旁	说 课	日	日字旁	明 晚
扌	提手旁	把 挂	攵	反文旁	放 数
艹	草字头	莲 芽	月	月字旁	朋
口	口字旁	叶 吗	灬	四点底	点 黑
囗	国字框	国 回	目	目字旁	睡
彳	双人旁	得 很	禾	禾木旁	和 秋
彡	三撇	彩 影	鸟	鸟字边	鸭 鸦
犭	反犬旁	猫 狗	穴	穴宝盖	空 穿
夂	折文	夏 冬	虫	虫字旁	蛙
门	门字框	闪 问	⺮	竹字头	笔 笑

汉字间架结构表

结构方式	间架比例	例字
独体结构	方方正正	米、日
品字形结构	各部分相等	品、森、炎、磊
上下结构	上下相等	思、华
	上小下大	霜、花
	上大下小	基、想

上中下结构	上中下相等	意
	上中下不等	褒、裹
左右结构	左右相等	村、联
	左窄右宽	伟、搞
	左宽右窄	刚、郭
左中右结构	左中右相等	街、坳
	左中右不等	滩、傲
全包围结构	全包围	圆、国

书写汉字，要遵循汉字书写基本规则和补充规则。如先横后竖，先撇后捺，从上到下，从左到右，先外后里，先中间后两边等原则。

汉字笔顺规则表

汉字规则			例字	笔画序列
基本规则		先横后竖	十	一丨
		先撇后捺	人	丿㇏
		从上到下	亏	一一㇉
		从左到右	孔	𠃍丨㇀乚
		先外后里	月	丿𠃌一一
		先外后里再封口	日	丨𠃍一一
		先中间后两边	小	亅丿丶
补充规则	带点的字	点在正上及左上先写点	门	丶丨𠃌
		点在右上后写点	犬	一丿㇏丶
		点在里面后写点	瓦	一𠄌㇈丶
	两面包围结构的字	右上包围结构，先外后里	勺	丿𠃌丶
		左上包围结构，先外后里	庆	丶一丿一丿㇏
		左下包围结构，先里后外	近	丿丿一丨丶㇋㇏
	三面包围结构的字	缺口朝上的，先里后外	击	一一丨𠃊丨
		缺口朝下的，先外后里	内	丨𠃌丿丶
		缺口朝右的，先上后下再右下	区	一丿丶𠃊

第二节　小学生识字写字素养评价问题透视

一、小学生识字教学问题透视

识字教学是小学阶段语文教学的重点和难点。在树立大语文教育观的今天,小学阶段的识字教学越来越受到人们的关注,这不仅仅因为识字是小学生阅读和习作的基础,还因为汉字本身就是一种文化。就基础性而言,只有解决了识字的问题,才能帮助学生更早、更顺利地进行阅读,并逐步学会阅读方法,进行情感体验,丰富积累,理解、鉴赏文学作品,完成《语文课程标准》规定的阅读任务。之所以说是难点,是因为小学阶段的识字教学任务是艰巨的。

识字是阅读和写作的基础,是第一学段的教学重点,也是贯串整个义务教育阶段的重要教学内容。识字教学要注意儿童特点,将小学生熟识的语言因素作为主要材料,结合小学生的生活经验,引导他们利用各种机会主动识字,力求识用结合。然而,目前小学生的识字量多数不达标,日常识字教学效果也不佳,究其原因主要有以下几点。

1.教学方法单一

现行教材中,拼音识字、看图识字、归类识字、随文识字、字理识字等形式多样,但有些教师在教学中为了省事,仍较多地采用集中识字的形式,完全让小学生死记硬背,很少能在语言环境中识字。《语文课程标准》提倡结合上下文和联系生活实际了解课文中词句的意思,在阅读中积累词语。这些教学要求没有引起部分教师的足够重视,部分教师也没有领悟和运用此理念，他们的识字教法脱离文本，小学生学得费力甚至产生厌烦，影响了识字的兴趣，识字教学的效果不理想。

2.忽视小学生自主识字

识字是阅读和写作的基础，是低年级语文教学的重点。《语文课程标准》对小学生的识字量也有明确规定。为完成识字目标，教师大多更注重在教法层面，研究教师如何让小学生多识字、快识字。很少从学法层面研究如何给小学生创设足够的学习汉字的空间，让小学生自主合作、探究识字。同时，在识字教学活动中，往往教师的讲解占用时间过长，而小学生自己观察分析比较识字的过程少、时间短，小学生识字的竞争意识、动手实践能力较弱。大部分小学生由于没有掌握科学有效的识字方法，还未养成良好的独立识字的习惯，加上工具书运用不熟练，有的小学生甚至对常用的检字法也很陌生。虽然小学一至六年级识字教学都是语文教学的重点，识字教学也占了相当多的课时，可许多小学生到毕业时还未完成应有的识字量，对中国汉字文化也了解甚少；不少孩子没有获得读书、读报的基本能力。

3.阶段特点不明晰

"新课程标准"要求，掌握汉字的基本笔画和常用的偏旁部首，能按笔顺规则用硬笔书写，注意间架结构。教学生识字应从"笔画分析到部件分析"，这样循序渐进。调查中发现有些教师一味强调笔画分析，对那些含有小学生所熟悉的部件的生字，还在作笔画分析，这样学生会一直处于较低水平的识字阶段，学生也就不会把生字和熟字联系起来，生字得不到很好地学习，而熟部件、熟字也得不到及时巩固，识字教学阶段性不分明。部分老师一味重视教生字的过程，渐渐走入了"死灌硬教"的窠臼，忽视了对小学生识字方法的培养和识字潜能的开发，小学生只懂得加部首、去部首、换部首等几种简单的识字方法，导致他们再遇到其他生字时无法识别。

4.教学重点不突出

众所周知，汉字是由音、形、义三个因素构成的。调查中发现，有些教师在教学时，面面俱到的现象较严重，老师总是不放心，不管小学生自己能不能独立自学，总是对每一个生字的音、形、义都要进行详细地分析讲解，眉毛胡子一把抓，识字教学重点、难点不突出。有的老师教生字时，只关注生字的读音，不能根据生字本身的特点和小学生的实际，确定生字教学的重难点，存在普遍忽视字义理解的现象。

5.多媒体运用不好

现代教学媒体几乎已经普及到每所学校的每个班级。但仍然有不少教师在教学中不能充分借助先进教学媒体进行识字教学，仍旧使用传统的教学手段，这样不仅费时费力效果低下，而且不能激发小学生的识字兴趣。少数教师滥用多媒体，识字课变成了多媒体课件的展示课，精美图片的炫酷课，学生眼花缭乱，识字效果同样不好。

6.忽视学生年龄特征

心理学研究证明，小学生，特别是低年级小学生，他们共同的心理特征是：好动、爱玩，不能长时间专注某事物，喜欢接触形象、具体的、有趣的东西，记忆力比较强，但易记也易忘。根据小学生的思维记忆特点，他们对汉字的识记属于机械记忆，通常通过字形的分析或对汉字进行整体记忆。虽记得快，但对汉字之间很难形成有效的联系，组成有机的知识结构，因而也容易忘却。学生们记得快，忘得也快，学习汉字时的回生率较高。许多老师在进行识字教学时，没有结合小学生的心理特征，遵循小学生认识事物的规律，采用形象、具体、有趣的方式进行识字教学。同时结合小学生的遗忘规律，采用形式多样的方法，及时复习巩固已学的生字。

7.部分教师汉字素养不高

每一个汉字都具有特定的中国文化内涵，其独有的以形表义特点和规律本身成为一种独特的智慧和文化。识字教学要求语文教师要具有严谨的治学态度，精通语文学科的专业知识，并在教学过程中引导小学生传承中华优秀传统文化。因此，教师掌握所教字的科学知识和文化内涵，不仅是教育之必须，也是教学有效性的基础。但是现在部分小学语文教师自身的汉字素养不高，这对识字教学产生了一些不可忽视的负面影响。

中国的汉字，是我们的先人在生活实践中创造的，蕴含着深厚的民族文化，也遵循着造字的规律。虽然经过几千年的历史，有些汉字简化后很难看到原来的面貌，但是学习中国特有的表意方块字，仍然需要追根求源，依据字理了解汉字的本源及蕴含的文化。

部分小学语文教师对汉字教学必备的知识比较缺乏，如对汉字的起源与演变规律、汉字的性质与特点、字形的拆分与分析、笔顺的原理与作用、偏旁与部首的区别、部件与偏旁的区别、新老“六书”分析法、汉字的构形规律与系统、汉字与词的关系等等，只知道一些皮毛，如国家颁布汉字部首 201 个，一些教师只掌握了 40 个左右的部首知识。因此，有的老师不能依据字理解析字形，只能让学生机械摹写，死记硬背，使小学生对汉字构形不知其所以然，陷入了艰难而痛苦的死记学习之中。另外就是少数教师随意引导学生想象，胡乱解析字理。

8.家校配合不力

现在不少小学生的父母早出晚归或长期在外打工，无法顾及孩子的学习，给教师与家长的沟通带来了障碍。教师不能将小学生在校学习的情况及时反馈给家长，家长也不了解孩子在学校的真实情况，也就无法指导孩子识字写字。这两方面的原因导致小学生缺乏课外及时复习巩固，缺乏家长引导和监督。

二、小学生写字教学问题透视

当前，信息化高度发展，特别是进入“互联网+”时代，汉字本身的研究却愈加被怠慢。在倡导核心素养，特别是 PISA 测试全球化的背景下，识字写字教学的研究被忽视。人们或是盲目追求着“尽早、尽多、尽快”地识字、写字，或是依旧习惯用枯燥、乏味的方法学习汉字。从目前小学语文教学实际来看，在教师层面，低、中、高学段都有重视识字写字教学不够、甚至忽略的现象。在学生层面，词汇量下降，错别字较多，词语运用不准确，语言表达不够通顺；写字不够规范，没有养成正确的写字姿势和习惯。尤其在小学低年级，孩子学写汉字是语文学习的重点，也是难点，对孩子的学业发展和健康成长具有非常重要的奠基作用。然而多年的视导调研、调查和评价测试发现，低年级小学生汉字书写还存在很多不尽如人意的地方。

1.写字姿势不端正

许多小学生知道正确的写字姿势，但未养成良好的书写习惯，平时写字要么眼睛离书本太近，甚至只有几厘米；要么身子抵着或者靠着桌沿边；要么侧身斜坐，身子不是向左倾，就是向右侧；要么弓身弯腰，看上去俨然一个驼背老人；要么跷着二郎腿写字……这样时间久了，孩子会感到身体不舒服，而且身体靠得近了，眼睛与纸面的距离就会缩小，慢慢地造成视力下降，变成近视眼，同时也不利于脊椎的正常发育。

2.执笔运笔错误多

据观察发现，很多小学生执笔运笔方法和姿势不完全正确。据统计，基本正确或经提醒基本正确的仅占三分之一多一点。多数小学生执笔姿势和运笔方法不准确，有的孩子手握铅笔太靠近笔尖，达不到一寸的要求；有的食指用劲太大，把整个指肚都压在了笔杆上，孩子运笔不自如；有的小学生写字时笔杆竖得几乎与桌面垂直，孩子需要歪着头才能看到自己写的每一笔画……低年级孩子错误的执笔手势可谓五花八门，常见的如“横搭式”——即拇指横搭在食指上，这是低年级孩子最容易犯的执笔错误；“埋头式”——即孩子把拇指藏在食指后面，这是低年级小学生比较易犯的执笔毛病；“扭顶式”——即拇指扭曲，以食指顶着笔杆；“扭转式”——很多孩子写字时会把整个手腕向后扭转，笔尖朝向自己；“直线式”——即拇指和食指成直线握笔；“错位式”——即拇指压在食指和中指上，以拇指、食指和中指握笔，一般女孩子犯此类错误较多；“卧睡式”——写字时手腕和拇指边沿贴着桌面，仿佛睡觉一般，会遮住自己的视线；“攥拳式”——握笔时好像攥着一个拳头一样，僵硬别扭。这些错误的执笔手势可能导致孩子坐姿不端正、手形扭曲、骨骼变形、容易疲倦、写字变慢等问题，甚至导致孩子厌倦写字。

3.汉字书写质量低

从多年教学实践和测试可见，许多小学生的汉字书写质量低下，影响作业完成和考试成绩。如有的小学生写的字像火柴棒，结构拘谨，笔画僵硬，缺乏生命力；有的小学生汉字书写结构松散，所写的字经常分家，不能成为一个整体；有的学生所写的字不是缺胳膊断退，就是错字、别字多；有的小学生书写时反复擦拭，经常写了擦，擦了又写，书面脏乱不整洁；还有的小学生汉字书写缺乏耐心，字写得龙飞凤舞，非常马虎潦草……低年级小学生可能手指骨骼和小肌肉没有发育成熟，写字时就会感觉很不舒服，特别容易疲倦，所以刚入学不久的小学生特别害怕写字，还有不少低年级小学生写字的卫生习惯不好，写字时喜欢用嘴咬笔杆儿，或是喜欢用笔捣着嘴唇和下巴，这样很不卫生，也会损坏牙齿。

4.老师指导不力

《义务教育语文课标标准（2011 年版）》明确指出：识字、写字是阅读和写作的基础，是低年级的教学重点，也是贯串整个义务教育阶段的重要教学内容。每个学段都要指导学生写好汉字。但是很多老师对写字指导不力，主要表现在：一是不少语文老师认为阅读教学最重要，对识字写字教学特别是写字教学从思想上重视不够；二是很多老师常把要求写的生字放在一节课的最后几分钟，集中让学生书写，由于生字较多，老师往往只能引导小学生记住这些汉字，而没有时间进行写字的指导和训练；三是用于写字训练的时间太短，语文老师对课标中提倡的“每节课 10 分钟书写”真正落实的太少；四是写字指导缺乏符合低年级小学生的科学方法和有效策略；五是低年级阅读教学的课堂大多数时间仍然用于对文本内容的分析讲解，没有突出低年级阅读教学的重点——字词教学，写字指导经常走过场，老师一般只选个别字进行指导，而且老师所选择的往往不是多数学生书写有困难的字，而是老师自己有把握能够写好的字；六是部分年轻教师自身书写能力不强，经常范写的汉字不规范更不美观，影响低年级孩子书写能力的发展。

5.幼儿园负面影响大

当下有不少幼儿园和幼儿看护点小学化倾向严重。部分幼儿园特别是幼儿看护点，为了迎合家长“不让孩子输在起跑线上”，从大班、中班甚至小班就开始识字写字教学。由于幼儿手指发育不成熟，写字力度不够，过早地写字，对幼儿来说难度特别大，长期训练会导致幼儿丧失写字的自信心和应有的兴趣。再加上许多幼儿教师不够专业，写字指导错误频出，效果欠佳。据调查统计，凡经历过幼儿园写字训练的孩子，其上小学后握笔姿势多数是错误的,而且小学老师的矫治,往往收效甚微。

6.教材印刷体影响

我国现行小学语文教材汉字多采用印刷体印制,田子格里的生字,也都是印刷体。低年级孩子们,虽然具有较强的模仿能力,但模仿的多是机械平板的印刷体,这种字体不容易模仿,无形中增加了低年级孩子写好汉字的难度。再加上印刷体和手写体的一些笔画不一致,导致低年级孩子感到困惑重重。另外,不少学校写字课(书法课)使用写字专用教材,将语文教学和写字学习完全分开进行,这样不利于低年级小学生写字训练,更不利于母语习得。

7.学生负担过重

新课标要求,应养成正确的写字姿势和良好的写字习惯,书写规范、正确、整洁。有些教师为了让学生能记忆生字,让学生进行机械重复的抄写,学生在重复抄写中无法保证练习实效。学生不仅没有学会生字,基至还出现了终生错字等种种现象。

三、小学生识字写字素养评价问题透视

识字、写字素养评价是语文素养评价的重要组成部分,它对课程实施有很强的导向、激励和反馈作用。以前我们的评价注重的是甄别和选择的功能,操作起来比较简便,而随着新课程的实施,提出了“语文课程评价的目的不仅是为了考查学生达到学习目标的程度,更是为了检验和改进学生的语文学习和教师的教学,改善课程设计,完善教学过程,从而有效地促进学生的发展”。从而将学业评价转向更多地注重激励和反馈功能,即通过评价及时得到反馈,激励学生的兴趣,促进师生不断地改进教与学,从而提高教学质量。

评价小学生识字、写字素养,就是对学生的识字写字水平和能力等多方面的测试结果进行全面客观的分析。通过识字写字能力的评价,教师可以了解某一阶段内某班级小学生的识字、写字水平,从而改善自己的教学,调整自己的教学行为,有利于更好地提高教学质量。目前不少学校对小学生

识字写字素养的评价存在一些问题。主要表现在以下几点：

1.没有从形音义的结合上评价小学生识字能力

《义务教育语文课程标准(2011年版)》指出："评价识字要考察学生认清字形，读准字音，掌握汉字基本意义的情况。"这说明，形音义结合是检测识字能力的最重要内容，学生只有对汉字形音义有了全面了解和掌握，才算真正识字。测评学生识字能力的高低就要从形音义的结合上入手。很多老师和家长只是单独的采用认读生字表的方式，来评价检测识字素养。这样，学生完全脱离了语境，不利于小学生对生字的习得和巩固。识字的目的是为了正确地运用听说读写。为此，小学生不仅要分别认识形、音、义三个因素本身，尤其字形内部结构关系，还要建立形、音、义之间的统一联系，做到"口诵耳闻其音，目察其形，心通其义"，评价识字能力必须从形音义的结合上全面评价。当然字形教学是识字教学的关键，也是小学生识字的难点。评价识字，就要抓认清字形这个关键。平常考查测试小学生识字的最常用的方法是听写。还可以提供语言环境，让小学生根据拼音填写汉字。

2.识字测试题往往缺少语言环境

单纯地识某个字，非但不好记字形，其字音也容易忘，字义印象就更难深刻了，把生字放到具体语境中去就不同了。低年级识字要求"多认少写"，对要求会写的字可以用听写或提供语境的方式，考察小学生对字形的掌握情况。而一旦把生字放到具体的语言环境中去考察，由于"字不离词，词不离句，句不离义"，学生可联系上下文去认清字形、了解字义。因此，考查学生在具体语言环境中对汉字的实际运用，充分尊重了儿童的思维发展特点，符合小学生语言认知规律。更换汉字出现的语言环境来检测评价学生的识字能力，这是识字教学评价最基本的方法。我们要求小学生识字，不仅让小学生能认识出现在固定的某篇课文中的字，还必须使学生做到当这个字出现在别的语言环境也能正确认读，基本了解意义，进而能独立运用。可以尝试把每一单元的字编成儿歌、故事，让学生认读。在儿歌、故事的阅读中，评价学生的识字能力。儿歌将生字的语言环境改换了，能很好的检测学生的掌握情况。值得注意的是，这不仅是识字评价的有效方法，也更是汉字学习的有效途径。当然,在具体的语言环境中评价识字能力的方式方法还有很多,比较简便可行的方法是出一系列有生活气息、富有儿童情趣的语句,组成试题,让学生认读、试做。

3.缺少对小学生识字写字兴趣和习惯的评价

《义务教育语文课程标准(2011 年版)》还强调:"要重视学生的日常识字兴趣和习惯,对低年级小学生尤其要采用适合儿童的评价方式,用积极的评价,而不是消极的评价,激励小学生识字的积极性,好的识字教学形式以识字写字为重点,引导学生不断发现字词与事物之间的这样和那样的联系,从而对字词所指代的事物展开深层次的认识活动"。使小学生的识字活动成为极快乐极有趣的事,很多小学生的识字都是由乐趣转化为习惯,进而让主动识字成为他们生活的需要和自觉行动的。评价学生的识字,就要评价他们识字的兴趣和习惯, 写字也是如此。然而,目前很多老师没有使用积极评价的方式,激发小学低年级学生的识字、写字兴趣。小学低年级儿童机械记忆处于优势,这个年龄段的孩子学习知识大抵从兴趣出发,所以教师的识字写字教学应千方百计运用积极的评价方式激励学生的兴趣,教师的评价要富有鼓励性。在教学中教师采用各种手段激发起学生的兴趣以后,教师所要做好的关键在于尽力维持学生的这种兴趣,精心地呵护这种兴趣。同时要注重识字和写字习惯的测评。

4.评价主体比较单一

传统教学评价的主体是教师,学生是评价的客体,在评价中处于被动地位。新课程倡导教学评价主体的多元化,包括教师评价、学生自评、小组互评、家长评价以及学生和教师的互动评价等等,使评价成为评价者与被评价者之间互动的过程。让家长参与评价,一方面使他们能更直观感性地了解自己孩子在学校里的学习情况,为孩子的进步感到自豪。另一方面,有利于教师和家长及时发现孩子在学习中的不足,形成学校和家庭的合力,共同提高孩子的学业水平。评价主体的多元化,更重要的是让学生参与评价,培养学生自我评价的意识与能力,为此可以设计出学习情况评价表(学生),组织学生进行自我评价和互相评价。如日常教学,每节课安排几分钟,用小学生自评、生生互评、家长评价和教师评价。这一评价方法比较简便易行，教师只要在黑板的一角写上评价的内容即可。每次新课前换上数字。学生一眼便明白了本课要完成的学习内容和达标要求。新课学完后，利用3～5分钟时间组织学生自评、互评，省时省力，效果明显。利用这一方式进行评价的关键在于一开始教师要指导学生操作，不能流于形式。

5.不重视过程性评价

《义务教育语文课程标准》在评价建议中指出："形成性评价和终结性评价都是必要的，但应加强形成性评价。"形成性评价即过程评价，它包含的内容是很广泛的，有学生的学习行为的评价，学习兴趣、习惯的评价等。然而，现阶段，由于强调减轻中小学生负担，不少学校取消了期中考试，甚至取消了单元测试，也不及时进行当堂检测评价。现在语文课几乎少有过程性评价。笔者认为，过程性评价是小学生识字写字活动的重要环节，应高度重视。我们把过程评价理解为在一个较长学习过程中，分阶段对每一阶段内的学业水平所进行的终结评价，由这些多个阶段性评价组成整个过程评价。我们所进行的每篇课文学完后的学生自我评价，相对于这篇课文的学习来说就是终结性评价，而对于单元或学期来说就是过程评价。为使过程与终结评价相结合，我们在单元学习内容结束后，应让学生再一次进行自我评价与互相评价。通过这样的方式进行评价，有利于小学生自我意识的培养和自我评价能力的形成，更重要的是我们认为这样的方法符合小学生的记忆规律。

第三节　小学生识字写字素养评价实践指南

一、小学生识字写字素养评价的依据

（一）依据《义务教育语文课程标准（2011年版）》

识字、写字是阅读和写作的基础，是第一学段的教学重点，也是贯串整

个义务教育阶段的重要教学内容。《义务教育语文课程标准(2011 年版)》总目标第六条明确指出:认识 3000 个左右常用汉字。能正确工整地书写汉字,并有一定的速度。这是对小学生识字、写字素养的总体要求,也是小学识字写字教学与评价的依据和标准。

1.小学生识字写字素养学段目标

小学语文识字写字素养学段目标分解表(表 1)

学　段	素养目标
第一学段 1~2 年级	1.喜欢学习汉字,有主动识字、写字的愿望。 2.认识常用汉字 1600 个左右,其中 800 个左右会写。 3.掌握汉字的基本笔画和常用的偏旁部首,能按笔顺规则用硬笔写字,注意间架结构。初步感受汉字的形体美。 4.努力养成良好的写字习惯,写字姿势正确,书写规范、端正、整洁。 5.学习独立识字。能借助汉语拼音认读汉字,学会用音序检字法和部首检字法查字典。
第二学段 3~4 年级	1.对学习汉字有浓厚的兴趣,养成主动识字的习惯。 2.累计认识常用汉字 2500 个左右,其中 1600 个左右会写。 3.有初步的独立识字能力。会运用音序检字法和部首检字法查字典、词典。 4.能使用硬笔熟练地书写正楷字,做到规范、端正、整洁。用毛笔临摹正楷字帖。 5.写字姿势正确,有良好的书写习惯。
第三学段 5~6 年级	1.有较强的独立识字能力。累计认识常用汉字 3000 个左右,其中 2500 个左右会写。 2.硬笔书写楷书,行款整齐,力求美观,有一定的速度。 3.能用毛笔书写楷书,在书写中体会汉字的优美。 4.写字姿势正确,有良好的书写习惯。

通过对小学三个学段识字写字目标要求的比较,我们不难发现各学段要求会认、会写汉字的数量不断提升,对于写字技能的培养过程也有细致要求。但无论哪一学段,写字姿势正确,有良好的书写习惯都是最为突出的表述。而在情感态度与价值观中则强调对汉字的美的体验,突出了对汉字文化的感知、接受与传承。因此,从课程标准中我们可以分析出小学生识字写字素养的基本构成。

2.小学生识字写字基本素养

(1)小学生在完成小学教育时须累计认识常用字3000个左右,会写2500个常用汉字。

(2)正确、工整、规范、有一定速度地用硬笔书写楷书,能使用毛笔书写楷书,培养学生正确写汉字的能力。

(3)写字姿势正确,有良好的书写习惯,力求美观。

(4)能感受、体会汉字的美,培养学生热爱祖国语言文字的情感。陶冶情操,提高学生审美能力。

(5)喜欢识字、写字,具有独立识字能力。

(二)依据《中小学书法教育指导纲要》

2013年教育部颁发了《中小学书法教育指导纲要》,明确要求:中小学书法教育以语文课程中识字和写字教学为基本内容,以提高汉字书写能力为基本目标,以书写实践为基本途径,适度融入书法审美和书法文化教育。书法教育总体目标与内容:学习和掌握硬笔、毛笔书写汉字的基本技法,提高书写能力,养成良好的书写习惯。

1.硬笔学习的目标与内容

(1)掌握执笔要领,书写姿势正确,不急不躁,专心致志。学习正确的运笔方法,逐步体会起笔、行笔、收笔的运笔感觉,逐步感受硬笔书写中的力度、速度变化,逐步体会铅笔、钢笔书写的特点。养成"提笔就是练字时"的习惯。懂得爱惜文具。

(2)小学低年级学习用铅笔写正楷字,掌握汉字的基本笔画、常用的偏旁部首和基本的笔顺规则;会借助田字格,把握生字的笔画和间架结构,书写力求规范、端正、整洁,初步感受汉字的形体美。小学中年级开始学习使用钢笔,能用钢笔熟练地书写正楷字,做到平正、匀称,力求美观,逐步提高书写速度。小学高年级,运用横线格进行成篇书写练习时,力求行款整齐、美观,有一定速度;有兴趣的学生可以尝试用硬笔学写规范、通行的行楷字。

2.毛笔学习的目标与内容

小学3~4年级:

（1）掌握毛笔的执笔要领和正确的书写姿势，了解笔、墨、纸、砚等常用书写用具的常识，学会正确使用与护理。注意保持书写环境的整洁。

（2）学习用毛笔临摹楷书字帖，掌握临摹的基本方法。学会楷书基本笔画的写法，初步掌握起笔、行笔、收笔的基本方法。注意利用习字格，把握字的笔画和间架结构。

（3）开始接触楷书经典碑帖，获得初步的感性认识。尝试集字练习。

小学5~6年级：

（1）继续用毛笔写楷书。比较熟练地掌握毛笔运笔方法，能体会提按、力度、节奏等变化。借助习字格，较好地把握笔画之间、部件之间的位置关系，逐步做到笔画规范，结构匀称，端正美观。保持正确的书写姿势和良好的书写习惯。

（2）尝试临摹楷书经典碑帖，体会其书写特点，逐步提高临摹能力。在临摹或其他书写活动中，养成先动脑再动手的习惯。

（3）学习欣赏书法作品。了解条幅、斗方、楹联等常见的书法作品幅式。留意书法在社会生活中的应用。通过欣赏经典碑帖，初识篆、隶、草、楷、行五种字体，了解字体的大致演变过程，初步感受不同字体的美。

（4）有初步的书法应用意识，喜欢在学习和生活中运用自己的书写技能。

二、小学生识字写字素养评价建议

每一个汉字都具有特定的中国文化内涵，其独特的以形表义机制和规律本身也成为一种独特的智慧文化。汉字素养是小学生基础性的语文素养之一，是小学语文课程基石性的目标与内容。识字写字素养评价是诊断小学生对汉字的综合认知力、感悟力及运用力的常规性活动。这样的评价，能够引导小学生综合认知汉字的音形义，并建立音形义之间的联系，促进小学生养成良好的文字运用能力和习惯，感悟汉字包含着的思维、文化、审美等意蕴，产生热爱汉字的感情。

（1）识字的评价，要考察学生认清字形、读准字音、掌握汉字基本意义的情况，以及在具体语言环境中运用汉字的能力，借助字典、词典等工具书查检字词的能力。第一、第二学段应多关注学生主动识字的兴趣,第三学段要重视考察学生独立识字的能力。

(2)写字的评价,要考察学生对于要求“会写”的字的掌握情况,重视书写的正确、端正、整洁,在此基础上,逐步要求书写流利。第一学段要关注学生写好基本笔画、基本结构和基本字,第二、第三学段还要关注学生的毛笔书写,义务教育的各个学段的写字评价都要关注学生写字的姿势与习惯,引导学生提高书写质量。第三学段要求学生会写2500个字。对学生写字学习情况的评价,当以本标准附录5“义务教育语文课程常用字表(字表一)”为依据。评价要有利于激发学生识字、写字的兴趣,帮助学生养成写规范字的习惯,减少错别字。因此对小学生写字素养的评价应根据不同年级,从会写的字的数量、写字姿势、写字习惯、书写质量等方面来进行。

三、小学生识字写字评价量表

依据《义务教育语文课程标准(2011年版)》,结合小学生识字写字教学实践,制订了《小学生语文识字素养学段目标分解表》《小学生语文写字素养学段目标分解表》。同时分学段制订了《小学生识字素养评价表》和《小学生写字素养评价表》。

小学生语文识字素养学段目标分解表(表2)

学　段	素养目标
第一学段 1~2年级	1.喜欢学习汉字,有主动识字的愿望。 2.认识常用汉字1600个左右。 3.掌握汉字的基本笔画和常用的偏旁部首。初步感受汉字的形体美。 4.学习独立识字。能借助汉语拼音认读汉字, 5.学会用音序检字法和部首检字法查字典。
第二学段 3~4年级	1.对学习汉字有浓厚的兴趣,养成主动识字的习惯。 2.累计认识常用汉字2500个左右。 3.有初步的独立识字能力。 4.会运用音序检字法和部首检字法查字典、词典。
第三学段 5~6年级	有较强的独立识字能力。 累计认识常用汉字3000个左右。 3.较熟练运用音序检字法、部首检字法和数笔画检字法查字典、词典。

小学生识字素养评价表(表3)

(第一学段)

班级________　　学生姓名________　　评价时间________

指标	权重	评价标准	自评	互评	师评	家长评
正确认读	40分	1.能正确认读一、二年级学习的生字;累计认识常用汉字1600个左右。 2.正确认读汉字的基本笔画和常用的偏旁部首名称,掌握汉字的基本笔画和常用的偏旁部首。 3.初步感受汉字的形体美。				
理解字义	20分	1.能结合生活、联系词句理解汉字的意思。 2.能用学过的生字说话。				
使用字典	20分	1.学会用音序检字法和部首检字法查字典。 2.主动借用字典认读汉字。				
独立识字	20分	1.喜欢学习汉字,有主动识字的愿望。 2.学习独立识字,能借助汉语拼音认读汉字。				
总评成绩						

说明:

(1)小学生识字素养评价,分三个学段进行,每个学段根据识字目标要求,从"正确认读""理解字义""使用字典""独立识字"四个方面进行评价。

(2)"正确认读",一、二年级正确认读常用汉字1600个左右,三、四年级正确认读常用汉字2500个左右,五、六年级正确认读常用汉字3000个左右;正确认读汉字的基本笔画和常用的偏旁部首名称,掌握汉字的基本笔画和常用的偏旁部首;评价小学生初步感受汉字的形体美,借助字理等传承汉字文化。

(3)"理解字义",分学段评价小学生结合生活、联系上下文理解生字新词的意思;用学过的生字新词说话。

(4)"使用字典",一、二年级小学生学习用音序检字法和部首检字法查字典;主动借用字典认读汉字。三、四年级会用音序检字法和部首检字法查字典,学习数笔画检字法;主动借用字典认读汉字。五、六年级较熟练使用音序检字法、部首检字法和数笔画检字法查字典,主动借用字典认读汉字,理解生字新词意思。

（5）“独立识字”，一、二年级喜欢学习汉字，有主动识字的愿望，学习独立识字。三、四年级对学习汉字有浓厚的兴趣，养成主动识字的习惯，掌握多种识字方法，有初步的独立识字能力。五、六年级对学习汉字有浓厚的兴趣，养成主动识字的习惯，有较强的独立识字能力。

（6）实施多元评价，分别进行小学生自评、同学互评、家长参与评价和教师评价。

小学生识字素养评价表（表4）

（第二学段）

班级________　　学生姓名________　　评价时间________

指标	权重	评价标准	自评	互评	师评	家长评
正确认读	40分	1.能正确认读三、四年级学习的生字；累计认识常用汉字2500个左右。 2.正确认读汉字的基本笔画和常用的偏旁部首名称，掌握汉字的基本笔画和常用的偏旁部首。 3.感受汉字的形体美，借助字理传承汉字文化。				
理解字义	20分	1.能结合生活、联系上下文理解生字新词的意思。 2.能用学过的生字新词说话。				
使用字典	20分	1.会用音序检字法和部首检字法查字典，学习数笔画检字法。 2.主动借用字典认读汉字。				
独立识字	20分	1.对学习汉字有浓厚的兴趣，养成主动识字的习惯。 2.掌握多种识字方法，有初步的独立识字能力。				
总评成绩						

说明：

（1）小学生识字素养评价，分三个学段进行，每个学段根据识字目标要求，从“正确认读”“理解字义”“使用字典”“独立识字”四个方面进行评价。

（2）“正确认读”，一、二年级正确认读常用汉字1600个左右，三、四年级正确认读常用汉字2500个左右，五、六年级正确认读常用汉字3000个左右；正确认读汉字的基本笔画和常用的偏旁部首名称,掌握汉字的基本笔画和常用的偏旁部首;评价小学生初步感受汉字的形体美,借助字理等传承汉字文化。

(3)“理解字义”,分学段评价小学生结合生活、联系上下文理解生字新词的意思;用学过的生字新词说话。

(4)“使用字典”,一、二年级小学生学习用音序检字法和部首检字法查字典;主动借用字典认读汉字。三、四年级会用音序检字法和部首检字法查字典,学习数笔画检字法;主动借用字典认读汉字。五、六年级较熟练使用音序检字法、部首检字法和数笔画检字法查字典;主动借用字典认读汉字,理解生字新词意思。

(5)“独立识字”,一、二年级喜欢学习汉字,有主动识字的愿望,学习独立识字。三、四年级对学习汉字有浓厚的兴趣,养成主动识字的习惯;掌握多种识字方法,有初步的独立识字能力。五、六年级对学习汉字有浓厚的兴趣,养成主动识字的习惯;有较强的独立识字能力。

(6)实施多元评价,分别进行小学生自评、同学互评、家长参与评价和教师评价。

小学生识字素养评价表(表5)

(第三学段)

班级________　　学生姓名________　　评价时间________

指标	权重	评价标准	自评	互评	师评	家长评
正确认读	40分	1.能正确认读五、六年级学习的生字;累计认识常用汉字3000个左右。 2.正确认读汉字的基本笔画和常用的偏旁部首名称,掌握汉字的基本笔画和常用的偏旁部首。 3.感受汉字的形体美,借助字理传承汉字文化。				
理解字义	20分	1.能结合生活、联系上下文理解生字新词的意思。 2.能用学过的生字新词说话。				
使用字典	20分	1.较熟练使用音序检字法、部首检字法和数笔画检字法查字典。 2.主动借用字典认读汉字,理解生字新词意思。				

续表

指标	权重	评价标准	自评	互评	师评	家长评
独立识字	20 分	1.对学习汉字有浓厚的兴趣,养成主动识字的习惯。 2.掌握多种识字方法,有较强的独立识字能力。				
总评成绩						

说明:

(1)小学生识字素养评价,分三个学段进行,每个学段根据识字目标要求,从“正确认读”“理解字义”“使用字典”“独立识字”四个方面进行评价。

(2)“正确认读”,一、二年级正确认读常用汉字 1600 个左右,三、四年级正确认读常用汉字 2500 个左右,五、六年级正确认读常用汉字 3000 个左右;正确认读汉字的基本笔画和常用的偏旁部首名称,掌握汉字的基本笔画和常用的偏旁部首;评价小学生初步感受汉字的形体美,借助字理等传承汉字文化。

(3)“理解字义”,分学段评价小学生结合生活、联系上下文理解生字新词的意思;用学过的生字新词说话。

(4)“使用字典”,一、二年级小学生学习用音序检字法和部首检字法查字典;主动借用字典认读汉字。三、四年级会用音序检字法和部首检字法查字典,学习数笔画检字法;主动借用字典认读汉字。五、六年级较熟练使用音序检字法、部首检字法和数笔画检字法查字典;主动借用字典认读汉字,理解生字新词意思。

(5)“独立识字”,一、二年级喜欢学习汉字,有主动识字的愿望,学习独立识字。三、四年级对学习汉字有浓厚的兴趣,养成主动识字的习惯;掌握多种识字方法,有初步的独立识字能力。五、六年级对学习汉字有浓厚的兴趣,养成主动识字的习惯;有较强的独立识字能力。

(6)实施多元评价,分别进行小学生自评、同学互评、家长参与评价和教师评价。

小学生语文写字素养学段目标分解表(表 6)

学　段	素养目标
第一学段 1~2 年级	1.喜欢学习汉字,有写字的愿望。 2.会写常用汉字 800 个左右。 3.掌握汉字的基本笔画和常用的偏旁部首,能按笔顺规则用硬笔写字,注意间架结构。 4.初步感受汉字的形体美。 5.努力养成良好的写字习惯,写字姿势正确,书写规范、端正、整洁。

续表

学　段	素养目标
第二学段 3~4 年级	1.对学习汉字有浓厚的兴趣。 2.累计会写常用汉字 1600 个左右。 3.能使用硬笔熟练地书写正楷字，做到规范、端正、整洁。 4.用毛笔临摹正楷字帖。 5.写字姿势正确，有良好的书写习惯。
第三学段 5~6 年级	1.累计会写常用汉字 2500 个左右。 2.硬笔书写楷书，行款整齐，力求美观，有一定的速度。 3.能用毛笔书写楷书，在书写中体会汉字的优美。 4.写字姿势正确，有良好的书写习惯。

小学生写字素养评价表(表 7)

(第一学段)

班级________　　学生姓名________　　评价时间________

指标	权重	评价标准	自评	互评	师评	家长评
正确规范	50 分	1.基本笔画、常用偏旁部首、基本笔顺正确规范。 2.会写 800 个汉字，字形正确规范。 3.写字坐姿正确规范。 4.执笔方法正确规范。 5.使用和保管写字工具正确规范。 6.养成良好书写习惯。				
熟练流利	30 分	1.逐步体会起笔、行笔、收笔的运笔感觉。 2.感受书写力度、速度，体会铅笔书写特点。 3.掌握执笔要领，行笔清晰。 4.每分钟不少于 8~10 个字。				
整洁美观	20 分	1.间架结构匀称美观。 2.整行平直匀称美观。 3.通篇干净、整洁。 4.字在田字格中央。				
总评成绩						

说明：

(1)小学生写字素养评价，分三个学段进行，每个学段根据写字目标要求，从“正确规范”“熟练流利”“整洁美观”三个方面进行评价。

（2）“正确规范”，包括基本笔画、常用偏旁部首、基本笔顺正确规范；字形正确规范；写字坐姿正确规范；执笔方法正确规范，以及使用和保管写字工具正确规范。

（3）“熟练流利”，一、二年级逐步体会起笔、行笔、收笔的运笔感觉，体会铅笔书写特点，掌握执笔要领，行笔清晰，每分钟不少于 8~10 个字。三、四年级能用钢笔熟练书写正楷字，用毛笔临摹正楷字帖，书写流利，逐步提高书写速度，每分钟不少于 10~12 个字。五、六年级硬笔书写楷书有一定的速度，学写规范、通行的行楷字；能用毛笔书写楷书；书写流利，逐步提高书写速度；每分钟不少于 13~16 个字。

（4）整洁美观，一至四年级要求书写汉字间架结构匀称美观；整行平直匀称美观；通篇干净、整洁；五、六年级还要求行款整齐。

（5）实施多元评价，分别进行小学生自评、同学互评、家长参与评价和教师评价。

小学生写字素养评价表（表 8）

（第二学段）

班级________ 学生姓名________ 评价时间________

指标	权重	评价标准	自评	互评	师评	家长评
正确规范	50 分	1.会写 1600 个汉字，字形正确规范。 2.写字坐姿正确规范。 3.握笔方法正确规范。 4.使用钢笔、毛笔和保管写字工具正确规范。 5.养成良好书写习惯。				
熟练流利	30 分	1.能用钢笔熟练书写正楷字。 2.用毛笔临摹正楷字帖。 3.书写流利，逐步提高书写速度。 4.掌握执笔要领，行笔清晰。 5.每分钟不少于 10~12 个字。				
整洁美观	20 分	1.间架结构匀称美观。 2.整行平直匀称美观。 3.通篇干净、整洁。 4.做到平正、匀称，力求美观。				
总评成绩						

说明：

（1）小学生写字素养评价，分三个学段进行，每个学段根据写字目标要求，从“正确规范”“熟练流利”“整洁美观”三个方面进行评价。

（2）“正确规范”，包括基本笔画、常用偏旁部首、基本笔顺正确规范；字形正确规范；写字坐姿正确规范；执笔方法正确规范，以及使用和保管写字工具正确规范。

（3）“熟练流利”，一、二年级逐步体会起笔、行笔、收笔的运笔感觉，体会铅笔书写特点，掌握执笔要领，行笔清晰，每分钟不少于 8～10 个字。三、四年级能用钢笔熟练书写正楷字，用毛笔临摹正楷字帖，书写流利，逐步提高书写速度，每分钟不少于 10～12 个字。五、六年级硬笔书写楷书有一定的速度，学写规范、通行的行楷字；能用毛笔书写楷书；书写流利，逐步提高书写速度；每分钟不少于 13～16 个字。

（4）整洁美观，一至四年级要求书写汉字间架结构匀称美观；整行平直匀称美观；通篇干净、整洁；五、六年级还要求行款整齐。

（5）实施多元评价，分别进行小学生自评、同学互评、家长参与评价和教师评价。

小学生写字素养评价表（表 9）

（第三学段）

班级_______　　学生姓名_______　　评价时间_______

指标	权重	评价标准	自评	互评	师评	家长评
正确规范	50 分	1.会写 2500 个汉字，字形正确规范。 2.写字坐姿正确规范。 3.握笔习惯正确规范。 4.使用钢笔、毛笔和保管写字工具正确规范。 5.养成良好书写习惯。				
熟练流利	30 分	1.硬笔书写楷书有一定的速度，学写规范、通行的行楷字。 2.能用毛笔书写楷书。 3.书写流利，逐步提高书写速度。 4.每分钟不少于 13～16 个字。				
整洁美观	20 分	1.结构匀称美观。 2.整行平直匀称美观。 3.行款整齐。 4.整篇干净、整洁、美观。				
总评成绩						

说明：

（1）小学生写字素养评价，分三个学段进行，每个学段根据写字目标要求，从“正确规范”“熟练流利”“整洁美观”三个方面进行评价。

（2）“正确规范”，包括基本笔画、常用偏旁部首、基本笔顺正确规范；字形正确规范；写字坐姿正确规范；执笔方法正确规范，以及使用和保管写字工具正确规范。

（3）“熟练流利”，一、二年级逐步体会起笔、行笔、收笔的运笔感觉，体会铅笔书写特点，掌握执笔要领，行笔清晰，每分钟不少于8～10个字。三、四年级能用钢笔熟练书写正楷字，用毛笔临摹正楷字帖，书写流利，逐步提高书写速度，每分钟不少于10～12个字。五、六年级硬笔书写楷书有一定的速度，学写规范、通行的行楷字；能用毛笔书写楷书；书写流利，逐步提高书写速度；每分钟不少于13～16个字。

（4）整洁美观，一至四年级要求书写汉字间架结构匀称美观；整行平直匀称美观；通篇干净、整洁；五、六年级还要求行款整齐。

（5）实施多元评价，分别进行小学生自评、同学互评、家长参与评价和教师评价。

第四节　小学生识字写字素养评价实践探索

一、H市B区期末考试小学生识字写字素养评价

案例一：B区2016/2017学年第二学期期末考试一年级语文试卷

nǐ néng zhào yàng zi lián xiàn ma fēn

一、你能照样子连线吗？（9分）

lǎo shǔ

mì fēng

xī guā

qì chē

táo zi

xiǎo gǒu

hú dié

bái tù

mǎ yǐ

xié zi

wǒ huì zhào yàng zǐ zài zhèng què dú yīn hòu miàn huà shàng xiào liǎn fēn

二、我会照样子在正确读音后面画上笑脸☺（5分）

冰水 bīng ☺ / bīn ○	女孩 lǚ ○ / nǚ ○	只有 zhī ○ / zhǐ ○
阳光 gāng ○ / guāng ○	春天 chūn ○ / cūn ○	全国 quán ○ / qüán ○

kàn shuí xiě dé yòu duì yòu piào liang fēn

三、看谁写得又对又漂亮。（4分）

道　页　母　圆　身　羽　候　觉

wǒ huì dú pīn yīn xiě hàn zì fēn

四、我会读拼音写汉字。（20分）

chī fàn　fēi jī　yǐ hòu　hóng sè

qì chē　zuò yè　zhàn lì　xià pǎo

tiào gāo　xiǎng shēng

wǒ huì zǔ cí yǔ bú huì xiě de zì kě yòng pīn yīn fēn

五、我会组词语（不会写的字可用拼音10分）

原（　　）　合（　　）　每（　　）　同（　　）　无（　　）

泉（　　）　答（　　）　海（　　）　问（　　）　元（　　）

wǒ men lái bǐ yī bǐ xuǎn yī xuǎn fēn

六、我们来比一比，选一选。（6分）

他　　它

1.小猫在花台上跳来跳去,(　　)是那么可爱。

2.爸爸对小明很有耐(nài)心,(　　)是个好爸爸。

再　　在

1.中午,我(　　)家做作业。

2.我(　　)一次见到了她的奶奶。

禾　　和

1.田里的(　　)苗长得真高。

2.我(　　)姐姐一起去学校。

以上这些题目都是B区2016/2017学年第二学期期末考试一年级语文试卷中对小学生汉字素养的考查评价,有的题目要求小学生根据拼音认识汉字,有的辨析汉字的读音,有的考查小学生给生字组词的能力,还有的考查小学生运用汉字的能力,如比一比,选一选,选择正确的汉字填在句子中等等。一年级语文检测重点考查评价小学生的识字写字能力和素养。

案例二:B区2016/2017学年第二学期期末考试二年级语文试卷

卷首语:亲爱的同学,你能自信沉着,积极思考,认真答卷,就一定能感受收获成功的喜悦。(书写工整美观3分)

一、我不但会拼,而且还会写。(12分)

wēn nuǎn　　xiān yàn　　běn lǐng　　wàng huái

xí wǔ liàn gōng　　zhù fú　　yí dòng

mái fú　　　péi bàn　　　xìng fú měi mǎn

二、我会在正确的读音后面画笑脸☺。(6 分)

一束 {sù ☺ / shù ○}　　勉强 {qiǎng ○ / qiáng ○}　　举着 {zháo ○ / zhe ○}

花瓣 {bàn ☺ / biàn ○}　　呻吟 {yíng ○ / yín ○}　　提供 {gōng ○ / gòng ○}

三、我会分辨它们并组词。(10 分)

泼(　　)　蜓(　　)　杨(　　)　始(　　)　战(　　)

拨(　　)　挺(　　)　扬(　　)　抬(　　)　戏(　　)

四、我能连一连,帮它们找到朋友。(4 分)

替父从军　　爱迪生　　傣　族　　鸟　岛

发明电灯　　花木兰　　青海湖　　蝴蝶谷

乐于助人　　沉　香　　台　湾　　对　歌

劈山救母　　徐　虎　　壮　乡　　泼水节

五、我会选择合适的词语填空。(8 分)

激动　　感动

1.小明想到明天就要参加比赛,心情十分(　　)。

2.徐虎叔叔的事迹深深地(　　)了我。

杨　扬　绕　晓　密　蜜

春天来了。(　　)柳青青,花儿朵朵,一只只小(　　)蜂在茂(　　)的花丛中翩翩起舞。细雨随风飞(　　),小河围(　　)着公园缓缓地流淌。爷爷笑着说:“真是春眠不觉(　　)啊!”

以上这些题目是 B 区 2016/2017 学年第二学期期末考试二年级语文试卷对小学生汉字素养的考查评价,有看拼音写汉字、在正确的读音后画笑脸、分辨形近汉字并组词、连一连找朋友、选择合适的词填空等类型。这些题目重点仍然是对小学生识字写字素养和语言(词语)积累的评价考查。

二、H 市小学生学业水平评价改革探索(识字写字素养)

案例一:H 市 2017 年四年级语文试卷中识字写字素养评价试题

(一)典型题目

1.请用钢笔正确、工整地抄写下面的句子。(3 分)

泉眼无声惜细流，树阴照水爱晴柔。

2. 读一读，在括号里填上正确的字词。（每字1分，共12分）

（1） jiàn 琴（ ） （ ）康

chōng shuā fàn làn

（2）暴雨肆虐地（ ）着地面，河水（ ），淹没了田里的庄稼。

yāo qǐng

（3）傍晚，朋友（ ）我一同去湖边散步。夕阳西

chéng xiàn

下，湖面（ ）出迷人的景象。我不禁感叹，大自

jié chū

然真是一位（ ）的画家！

(二)评价等级统计表

题号	所属领域	知识点	等级 A	等级 B	等级 C	等级 D
1	规范书写汉字	运用水笔规范工整书写汉字	85.25%	12.82%	1.30%	0.63%
2	汉字、词语与语境的关系	根据情境填写汉字	68.72%	24.09%	5.26%	1.93%
3	理解辨析词语	同音字、多音字、近	78.78%	17.30%	3.05%	0.86%

分析：

第一题考察学生运用水笔工整规范书写汉字的能力，仅是抄写诗句，从评价的结果看用 ABCD 四个等级评价学生的写字素养，A 等级 85.25%，B 等级 12.82%，C 等级 1.30%，D 等级 0.63%。而第二题考察学生根据情境填写汉字，从评价的结果看 A 等级 68.72%，B 等级 24.09%，C 等级 5.26%，D 等级 1.93%。第一题仅仅是照抄，仍有将近 25%的孩子达不到 A 等级，可见小学生工整规范书写汉字的素养，特别是在一定的语言情境中填写汉字的能力不高。

（三）知识点得分情况概述

题号	所属领域	知识点	分值	平均等级	得分率
1	规范书写汉字	运用水笔规范工整书写汉字	3	A	0.92
2	汉字、词语与语境的关系	根据情境填写汉字	6	A	0.77
3	理解辨析词语	同音字、多音字、近反义词辨析	12	A	0.82
4	句子基本知识及运用	修改病句	9	B	0.7
5	文学知识的理解与积累	课外阅读	6	A	0.84
6	经典古诗文的理解与积累	记背本册教材和《课标》指定的诗句	6	A	0.84
7	熟语的积累与运用	名言、警句、俗语	6	B	0.7

简要分析：从知识点得分情况表分析，可见填写名言、警句、俗语，根据情境填写汉字的能力和修改病句的素养偏弱。

（四）具体案例

评价题目：

1.请用钢笔正确、工整地抄写下面的句子。（3 分）

泉眼无声惜细流，树阴照水爱晴柔。

评价目标：规范书写汉字

评价结果 1：

得分率折线图

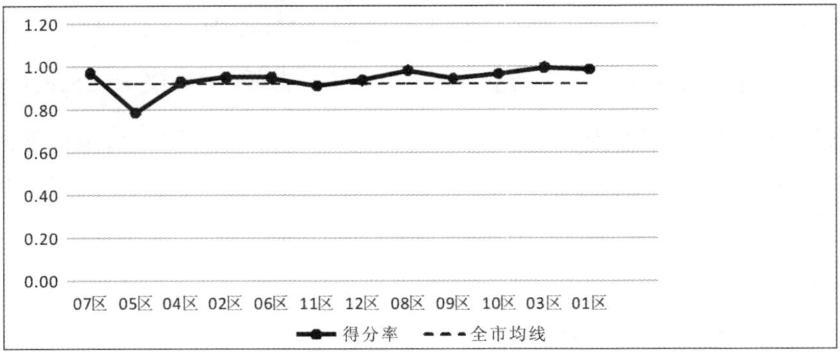

评价结果 2:

得分率统计表

区域	全市	07 区	05 区	04 区	02 区	06 区	11 区
等级	A	A	A	A	A	A	A
得分率	0.92	0.97	0.79	0.93	0.95	0.95	0.91
区域	12 区	08 区	09 区	10 区	03 区	01 区	
等级	A	A	A	A	A	A	
得分率	0.94	0.98	0.94	0.96	0.99	0.99	

简要分析:

整体来看,该领域全市掌握情况较均衡。

在规范书写汉字领域,05 区掌握程度较低,与全市平均水平有差距,需要在教学中给予关注,03 区掌握较好。汉字书写是学生基本的语文素养,应该引起我们高度关注,在平时教学中要安排充分时间指导书写,养成良好的书写习惯。

评价题目:

2. 读一读,在括号里填上正确的字词。(每字1分,共12分)

(1) jiàn 琴(　　)　(　　)康

chōng shuā　　fàn làn

(2)暴雨肆虐地(　　　　)着地面,河水(　　　　),

淹没了田里的庄稼。

yāo qǐng

（3）傍晚，朋友（　　　　）我一同去湖边散步。夕阳西

chéng xiàn

下，湖面（　　　　）出迷人的景象。我不禁感叹，大自

jié chū

然真是一位（　　　　）的画家！

评价目标：汉字、词语与语境的关系

评价结果 1：

得分率折线图

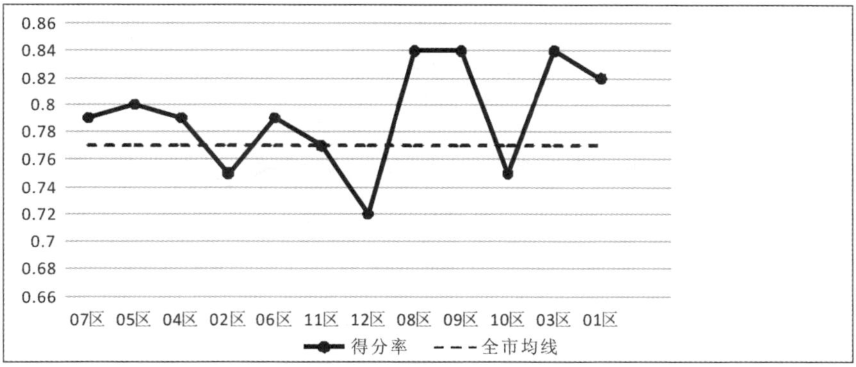

评价结果 2：

得分率统计表

区域	全市	07 区	05 区	04 区	02 区	06 区	11 区
等级	B	B	B	B	B	B	B
得分率	0.77	0.77	0.79	0.78	0.74	0.74	0.80
区域	12 区	08 区	09 区	10 区	03 区	01 区	
等级	B	B	A	C	B	B	
得分率	0.82	0.84	0.82	0.75	0.74	0.74	

简要分析：

整体来看，该领域全市掌握情况差距较大，说明在教学中，教师的教学方法和对语文课程的理解还有较大差异，值得我们关注。

在汉字、词语与语境的关系领域，02 区、12 区、10 区掌握程度较低，与全市平均水平有差距，需要在教学中给予关注，08 区、09 区、03 区掌握较好。

案例二：H 市 2017 年五年级语文试卷中识字写字素养评价试题

评价题目：

1.请用钢笔正确、工整地抄写下面的句子。

子曰："学而时习之，不亦说乎？有朋自远方来，不亦乐乎？"

____

____

评价目标：规范书写汉字

评价结果 1：

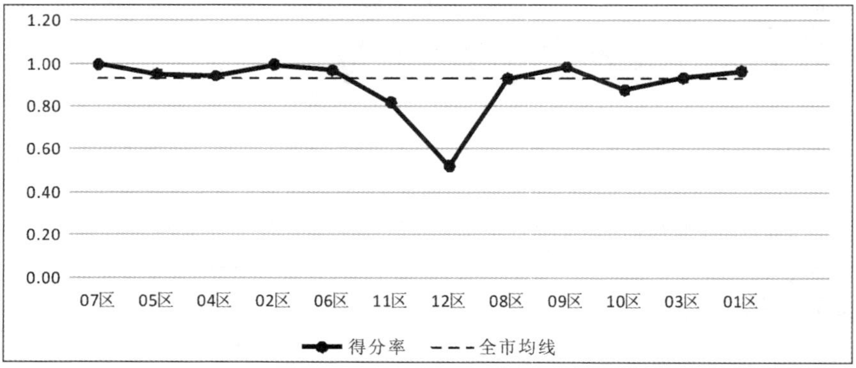

评价结果 2：

得分率统计表

区域	全市	07 区	05 区	04 区	02 区	06 区	11 区
等级	A	A	A	A	A	A	A
得分率	0.93	0.99	0.95	0.94	0.99	0.97	0.82
区域	12 区	08 区	09 区	10 区	03 区	01 区	
等级	B	A	A	A	A	A	
得分率	0.52	0.93	0.98	0.88	0.93	0.96	

简要分析：

整体来看，该领域全市掌握情况较均衡，整体等级较高。

在规范书写汉字领域，12 区掌握程度较低，与全市平均水平差距较大，需要在教学中给予关注，02 区、07 区、09 区掌握较好。

评价题目：

2. 读一读，在括号里填上正确的字词。

（1）zào （　　　）声　　暴（　　　）　　干（　　　）

（2）yáo （　　　）篮　　歌（　　　）　　（　　　）远

（3）院子里的mò　lì（　　　　）花sàn fā（　　　　）出 lǚ lǚ yōu xiāng（　　　　　），引来蜜蜂翩翩起舞。花儿和蜜蜂相处得hé xié（　　　　）融洽。

评价目标：拼音及汉字的掌握情况

评价结果 1：

得分率折线图

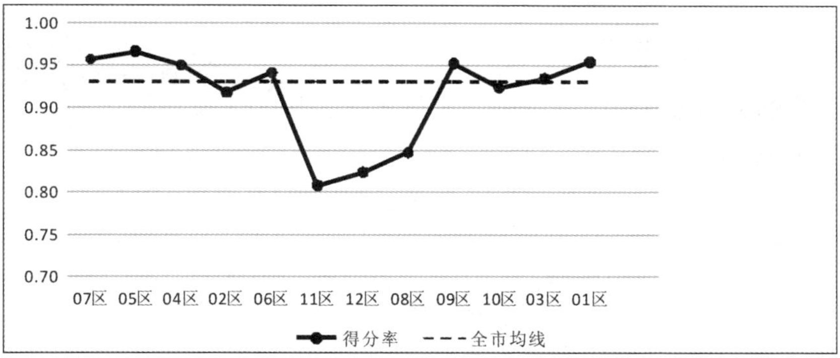

评价结果 2：

得分率统计表

区域	全市	07 区	05 区	04 区	02 区	06 区	11 区
等级	A	A	A	A	A	A	A
得分率	0.93	0.96	0.97	0.95	0.92	0.94	0.81
区域	12 区	08 区	09 区	10 区	03 区	01 区	
等级	A	A	A	A	A	A	
得分率	0.82	0.85	0.95	0.92	0.93	0.95	

简要分析：

整体来看，该领域全市掌握情况差异较大，但整体等次较好。

在拼音及汉字的掌握领域，11 区、12 区、08 区掌握程度较低，与全市平均水平差距较大，需要在教学中给予关注，05 区掌握较好。

评价题目：

3. 从括号里选择正确的答案，用“________”标出。

（1）金（壁　碧）辉煌　　惟妙惟（俏　肖）

（2）应和（hé　hè）　　出谋划策（huà　huá）

飞来横祸（héng　hèng）

（3）吃完饭，叔叔要告辞了。爸爸把他送到门口，说：“今天招待不周，请多（指教　包涵）。”叔叔说：“感谢您的盛情（款待　接待），请（借光　留步）。”

（4）惊叹不已（已经　停止）

儿童不解春何在（明白　解释）

评价目标：考查对汉字、词语的理解辨析能力

评价结果 1：

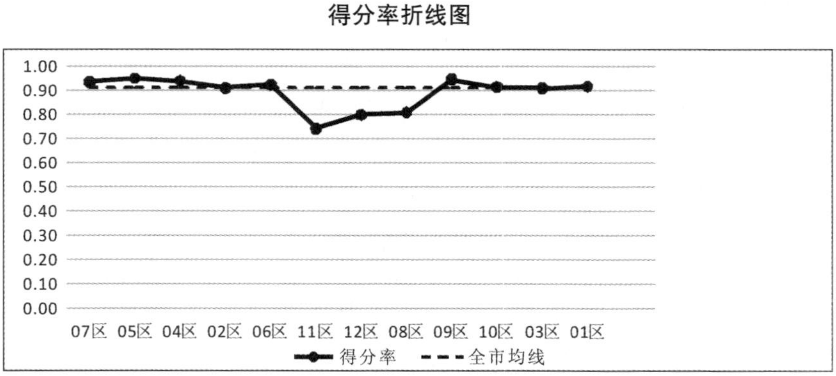

评价结果 2：

得分率统计图

区域	全市	07 区	05 区	04 区	02 区	06 区	11 区
等级	A	A	A	A	A	C	A
得分率	0.91	0.93	0.95	0.94	0.91	0.92	0.74
区域	12 区	08 区	09 区	10 区	03 区	01 区	
等级	A	A	A	A	A	A	
得分率	0.80	0.81	0.95	0.91	0.91	0.92	

简要分析：

整体来看，该领域全市掌握情况较均衡，整体等级较高，说明在该领域的训练较扎实。

在理解辨析词语领域，11 区、12 区、08 区掌握程度较低，与全市平均水平有差距，需要在教学中给予关注，05 区掌握较好。

三、H 市 B 区某校识字写字素养单项评价实践探索

案例一、某小学一、二年级识字素养评价

一、评价目标

1.喜欢学习汉字，有主动识字的愿望。

2.认识常用汉字 1600 个左右。

3.掌握汉字的基本笔画和常用的偏旁部首。

4.学习独立识字，能借助汉语拼音认读汉字，

5.学会用音序检字法和部首检字法查字典。

二、评价内容和项目

1.认读生字，包括本学期学习的一类字和二类字。

2.查字典，考查小学生是否会查字典，以及查字典的熟练程度。

3.检查字义掌握情况，主要查一类字。

三、评价方法

1.结合每册教材后面的生字总表和每课一类、二类生字表，编写生字素养评价单，提供10张生字素养评价单，供学生评价使用。学生用抽签的方式决定选读哪一单。

2.每张生字素养评价单里有本学期所学生字词语120~150个。学生认读前可稍作准备，认读时教师不催促，不作提示，只标记读错的字，学生开始读错，后又自行纠正，视为正确。

3.测试一对一进行。可由教师进行测试。也可以实施多元评价，采用学生自查、同伴互查和家长检查相结合的方式，评价小学生的识字素养。

4.测试开始时的指导语："请你准备一下，把这些词语要看清楚，读正确。"

5.查字典和提问字义的生字为"生字素养评价单"中加星号和着重号的生字，也可由老师现场指定每个生字，现场考查小学生查字典的正确方法和熟练程度。

四、评价量表

小学生识字素养评价表

（第一学段）

班级＿＿＿＿　学生姓名＿＿＿＿　评价时间＿＿＿＿

指标	权重	评价标准	自评	互评	师评	家长评
正确认读	70分	1.能正确认读一、二年级学习的生字；累计认识常用汉字1600个左右。 2.正确认读汉字的基本笔画和常用的偏旁部首名称，掌握汉字的基本笔画和常用的偏旁部首。 3.初步感受汉字的形体美。				
理解字义	10分	1.能结合生活、联系词句理解汉字的意思。 2.能用学过的生字说话。				
使用字典	10分	1.学会用音序检字法和部首检字法查字典。 2.主动借用字典认读汉字。				

续表

指标	权重	评价标准	自评	互评	师评	家长评
独立识字	10分	1.喜欢学习汉字，有主动识字的愿望。 2.学习独立识字，能借助汉语拼音认读汉字。				
总评成绩						

五、评价成绩分析

学生序号	总分	正确认读（70分）	理解字义（10分）	使用字典（10分）	独立识字（10分）	总分	得分率
1	100	66	10	10	9	95	95.00%
2	100	56	8	8	7	79	79.00%
3	100	69	9	10	9	97	97.00%
4	100	48	8	9	7	72	72.00%
5	100	70	10	9	8	97	97.00%
6	100	69	6	7	7	89	89.00%
7	100	64	8	10	9	91	91.00%
8	100	59	5	6	6	76	76.00%
9	100	58	7	9	8	82	82.00%
10	100	52	8	7	7	74	74.00%
11	100	55	6	8	7	76	76.00%
12	100	49	7	6	9	71	71.00%
13	100	51	7	8	7	73	73.00%
14	100	69	7	8	8	92	92.00%
15	100	56	9	7	7	79	79.00%
16	100	69	10	9	9	97	97.00%
17	100	48	8	6	6	68	68.00%
18	100	70	10	10	9	99	99.00%
19	100	56	7	8	8	79	79.00%

续表

学生序号	总分	正确认读（70 分）	理解字义（10 分）	使用字典（10 分）	独立识字（10 分）	总分	得分率
20	100	69	9	9	9	96	96.00%
21	100	48	7	8	8	71	71.00%
22	100	70	9	10	9	98	98.00%
23	100	69	7	10	9	95	95.00%
24	100	64	10	9	9	92	92.00%
25	100	59	10	7	7	83	83.00%
26	100	60	8	8	8	84	84.00%
27	100	52	7	8	6	73	73.00%
28	100	55	8	8	7	78	78.00%
29	100	41	6	4	5	56	56.00%
30	100	51	6	7	6	70	70.00%
31	100	59	9	7	7	82	82.00%
32	100	58	8	9	8	83	83.00%
33	100	53	7	8	7	75	75.00%
34	100	55	8	7	7	77	77.00%
35	100	49	7	7	6	69	69.00%
36	100	70	9	10	9	98	98.00%
37	100	69	7	9	9	94	94.00%
38	100	64	7	9	8	88	88.00%
39	100	59	6	7	7	79	79.00%
40	100	60	8	9	8	85	85.00%
41	100	60	8	9	7	84	84.00%
42	100	52	6	8	7	73	73.00%

续表

学生序号	总分	正确认读（70 分）	理解字义（10 分）	使用字典（10 分）	独立识字（10 分）	总分	得分率
43	100	55	7	8	7	77	77.00%
44	100	42	5	6	5	58	58.00%
45	100	51	8	7	6	72	72.00%
46	100	59	9	8	7	83	83.00%
47	100	66	10	8	7	91	91.00%
48	100	69	10	9	9	97	97.00%

90–100	优秀	11
80–89	良好	14
70–79	中等	19
60–69	及格	2
60 以下	不及格	2

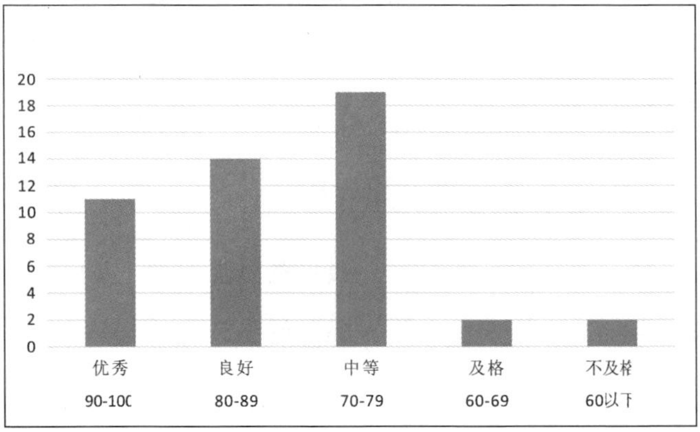

从上图可以发现，某小学一年级识字素养处于良好等级和中等水平较多，其次是优秀等级，刚及格的有 2 位同学，不及格还有 2 位同学。

附：　　　H 市 B 区某小学二年级第一学期语文识字测试卷

班级：________　　姓名：________　　学号：________　等级 ________

亲爱的小朋友们：快来认认我们吧！相信你一定很棒！

（一）

蓝 凉 银 远 戏 重 雁 霜 游 灯 桥 检 陆 炮 狂 欢
州 典 阅 焰 腾 笔 灶 尖 歪 尾 看 炉 桌 铅 腿 斜
匹 粗 苗 描 猫 船 莫 偏 旁 喵 瞄 准 锚 爪 混 淆
老 师 郊 玩 兔 忙 奔 绵 稻 粱 滚 逮 捡 嗓 追 逐
英 诗 思 举

（二）

晚 层 念 谁 疑 铺 嗯 懂 李 乡 怀 唱 捉 丽 含 曲
坏 曾 鹂 盛 编 菜 肚 串 馋 哦 旷 夕 已 经 芒 伏
余 往 脸 傍 晖 慢 沉 涨 染 紫 烂 送 婆 绿 邻 居
替 童 忘 盲 呵 滋 领 淌 波 难 咯 枫 想 总 为 而
终 纸 卡 玫

（三）

瑰 掌 贺 忆 南 旧 如 阴 似 苍 低 胜 勒 庐 笼 茫
喊 算 简 奋 指 抬 盘 鹰 祝 试 鼓 矮 喘 旋 座 吸
完 失 阶 定 现 期 湖 哪 善 级 累 歇 狼 故 弄 亲
常 争 反 都 溪 碴 脏 骂 怜 啊 辩 乌 肉 珠 差 音
句 非

（四）

刚 狐 狸 赔 漂 雀 溜 寒 流 梅 翠 蛇 刺 滑 蟒 猥
绳 塞 骄 岛 骏 椰 牦 亭 停 闻 鸣 步 深 但 侧 饱

泡 吐 嘴 苞 咧 席 延 贵 弯 革 命 连 遇 路 吗 俩
泽 腰 参 朱 井 军 必 产 穿 做 尺 并 德 扁 伍 冈
敌 粉 储 陡 鞋 戴 归 仔 细 引 入 共 父 代 治 滔
洪 淹 屋 遍 通 激 雄 孔 优 秀 市 尼 印 医 血 援
附 震 贡 桑 族 孤 恳 勉 胞 房 及 厂 客 要 然 洗
汪 场 横 幢 叽 忽 咦 净 眯

（五）

件 姑 菊 晶 实 味 舌 纱 软 剥 瓣 莹 透 籽 咬 盏
依 穷 目 返 景 照 鹳 欲 鹿 柴 苔 灰 森 块 丛 这
报 告 秘 密 棕 哗 丹 黑 论 显 仙 伴 之 度 鹤 遥
脖 嵌 鲜 逗 翔 雅 滨 忧 左 右 寻 员 香 米 区 充
唯 捕 帮 蹚 晃 搜 赖 稀 暖 商 量 等 哥 备 泥 妹
卫 舞 活 巢 够 约 第

尊敬的老师：

以上是二年级第一学期所学习的409个生字（含190个二类字），其中要求“四会”（会读，会写，会用，会理解）的生字有219个，请您参与二年级学生识字情况的测试活动：

学生读完409个生字所用时间________，正确朗读________个，读音有误或不认识的有________。

通过此次和学生共同完成识字的测试，作为语文老师您想对学生说：

____

____

同学们，根据识字的情况，给自己涂上应得的星吧。

你给自己的评价是：☆ ☆ ☆ ☆ ☆

老师签字：________

年 月

尊敬的家长：

以上是二年级第一学期所学习的409个生字（含190个二类字），其中要求“四会”（会读，会写，会用，会理解）的生字有219个，请您协助孩子共同完成。

您的孩子读完409个生字所用时间________，正确朗读________个，读音有误或不认识的有________。

通过此次和孩子共同完成识字的测试，作为父母您想说：____________

____

同学们，根据识字的情况，给自己涂上应得的星吧。

你给自己的评价是：☆ ☆ ☆ ☆ ☆

家长签字：________

年　　月

亲爱的同学：

以上是二年级第一学期所学习的409个生字（含190个二类字），其中要求“四会”（会读，会写，会用，会理解）的生字有219个，请你参与二年级学生识字情况的互测活动：

你的同学读完409个生字所用时间________，正确朗读________个，读音有误或不认识的有________。

通过此次和某同学共同完成识字的测试，作为同学你想说：

____

____

同学们，根据识字的情况，给自己涂上应得的星吧。

你给自己的评价是：☆ ☆ ☆ ☆ ☆

同学签字：________

年　　月

案例二　某小学三、四年级识字素养评价

一、指导思想

以学生为本，采用多元的评价方式，评价学生的识字素养，引导学生传承中华优秀传统文化，激发学生热爱汉字、喜欢母语的情感。

二、评价目标

1.对学习汉字有浓厚的兴趣，养成主动识字的习惯。

2.累计认识常用汉字 2500 个左右。

3.有初步的独立识字能力。

4.会运用音序检字法和部首检字法查字典、词典。

5.在语境中理解汉字运用汉字的能力，在语境中正确判断多音字的正确读法。

三、评价内容

1.认读生字，包括本学期学习的一类字和二类字。

2.查字典，考查小学生是否会查字典，以及查字典的熟练程度。

3.检查字义掌握情况，主要查一类字。

4.考查在语境中理解汉字运用汉字的能力，在语境中正确判断多音字的正确读法。

四、评价方法

1.结合每册教材后面的生字总表和每课一类、二类生字表，编写生字素养评价单，提供 10 张生字素养评价单，学生用抽签的方式决定选读哪一单。评价单中除了本学期学过的生字新词，还有些句子。

2.每张生字素养评价单里有本学期所学生字词语 120~150 个。学生认读前可稍作准备，认读时教师不催促，不作提示，只标记读错的字，学生开始读错，后又自行纠正，视为正确。

3.测试一对一进行。可由教师进行测试。也可以实施多元评价，采用学生自查、同伴互查和家长检查相结合的方式，评价小学生的识字素养。

4.查字典和提问字义的生字为“生字素养评价单”中加星号和着重号的生字，也可由老师现场制定每个生字，现场考查小学生查字典的正确方法和熟练程度。

5.让学生抽签抽取有关句子，让学生现场朗读句子。

五、评价量表

小学生识字素养评价表

（第二学段）

班级________　　学生姓名________　　评价时间________

指标	权重	评价标准	自评	互评	师评	家长评
正确认读	60 分	1.能正确认读三、四年级学习的生字；累计认识常用汉字 2500 个左右。 2.正确认读汉字的基本笔画和常用的偏旁部首名称，掌握汉字的基本笔画和常用的偏旁部首。 3.感受汉字的形体美，借助字理传承汉字文化。				
语境中运用	15 分	1.能结合生活、联系上下文理解生字新词的意思。 2.能用学过的生字新词说话。				
使用字典	10 分	1.会用音序检字法和部首检字法查字典，学习数笔画检字法。 2.主动借用字典认读汉字。				
独立识字	15 分	1.对学习汉字有浓厚的兴趣，养成主动识字的习惯。 2.掌握多种识字方法，有初步的独立识字能力。				
总评成绩						

六、评价成绩分析

学生序号	正确认读（60分）	语境中运用（15分）	使用字典（10分）	独立识字（15分）	总分
3	59	12	8	12	91
22	59	12	9	11	91
5	60	12	8	10	90
24	54	14	10	12	90
36	60	13	8	9	90
6	59	9	9	11	88
16	59	13	7	9	88
20	59	11	8	10	88
7	54	11	10	12	87
18	60	12	6	8	86
37	59	11	7	9	86
38	54	11	9	11	85
1	54	13	8	10	85
14	59	11	6	8	84
23	59	10	6	8	83
26	50	12	9	11	82
25	49	14	8	10	81
46	49	12	9	11	81
9	48	10	10	12	80
28	45	12	10	12	79
15	46	12	9	11	78
31	49	13	7	9	78
32	48	12	8	10	78
40	50	12	7	9	78
41	50	12	7	9	78
39	49	10	8	10	77
8	49	9	8	10	76

续表

学生序号	正确认读（60 分）	语境中运用（15 分）	使用字典（10 分）	独立识字（15 分）	总分
43	45	11	9	11	76
19	46	11	8	10	75
34	45	12	8	10	75
11	45	9	9	11	74
42	42	10	10	12	74
2	46	11	7	9	73
10	42	11	9	11	73
13	41	9	10	12	72
29	39	11	10	12	72
33	43	11	8	10	72
27	42	11	8	10	71
30	41	10	9	11	71
45	41	12	7	9	69
4	38	11	8	10	67
17	38	11	8	10	67
12	39	10	7	9	65
44	36	8	8	7	59
21	35	7	6	7	55
35	35	6	5	7	53

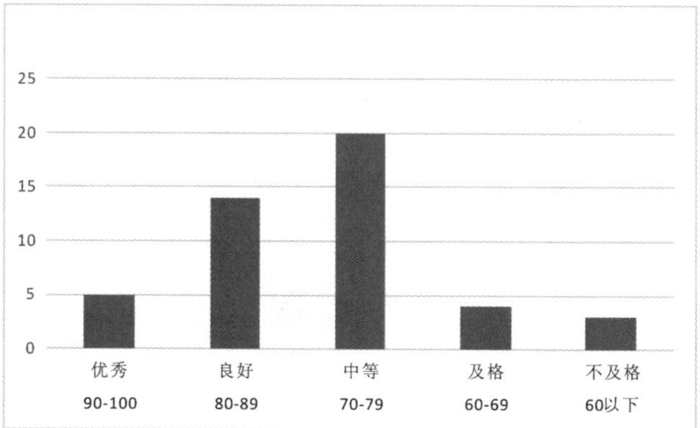

分数区间	等级	人数
90～100	优秀	5
80～89	良好	14
70～79	中等	20
60～69	及格	4
60 以下	不及格	3

从上图可见，某小学三年级识字素养处于中等水平最多，其次是良好等级较多，优秀等级的学生较少，另外刚及格的有 4 位同学，还有 3 位同学不及格。整体识字现状不是太理想。

附：　　H 市 B 区某小学三年级第一学期语文识字测试卷

桨 塔 周 墙 洒 悄 愉 排 爽 查 词 典 聪 突 烈 涛
岸 岩 音 帽 蹦 似 似 解 释 断 撞 裂 嚷 仅 径 霜
泊 愁 苏 城 寺 钟 做 现 态 各 异 汁 奉 体 输 乳
整 置 葱 荒 灰 抖 纹 豆 燃 烧 岭 铃 茫 锦 缎 镜
顿 哗 演 素 绵 淡 犹 格 浮 掩 般 令 初 嵌 拂 幅
掠 圈 堤 幕 垂 琴 泛 妙 纯 线 忍 晶 建 圣 窗 帘
贴 绒 球 降 嘱 咐 漠 惑 泥 富 瞧 翁 麦 份 迫 食
保 防 止 访 仍 棒 馒 霉 搬 厚 诉 秘 获 件 混 巨
晃 叉 砍 即 扔 纵 胡 霸 捕 摆 澡 拿 趁 喷 侵 略
仗 伤 磨 信 招 抵 欧 遭 斯 坊 唉 蜘 蛛 猛 吴 示
仆 灭 免 议 妇 柴 努 薪 尝 奴 谋 臣 患 傲 屈 辱
耻 弱 诊 克 沿 仔 析 断 管 效 状 器 肺 核 疾 钉
划 楚 靠 腔 凑 浅 浴 舒 服 剧 精 闹 店 夜 串 街
倾 铜 锣 摩 鳞 潮 临 粒 珍 披 植 俊 戴 股 袭 奏
露 哇 秆 喇 叭 蒸 盈 抽 仿 佛 甚 至 肚 扒 讯 甜
榴 枣 咧 津 队 叔 怪 册 印 迹 矿 壳 煤 炭 勘 趴
读 秃 险 吵 杂 拥 拼 跟 谁 欺 负 纷 汹 蛮 需 抢
警 剂 雾 微 脑 踪 智 慧 竟 卫 臂 捞 维 俯 翻 筋

舱 沃 势 局 职 药 担 损 刀 共 承 缠 匪 邮 悦 镇
醉 崭 擦 晕 钢 班 愿 讲 投 低 调 况 持 述 境 残
吞 骤 绪 普 鞠 躬 谈 校 蹈 惜 坑 彼 甘 附 买 钱
盆 软 扮 实 淘 绝 掘 刷 若 悟 娇 佳 倍 重 扶 幼
采 念 兄 忆 独 逢 携 插 挽 眺 孙 挑 痛 疼 罪 宗
既 该 统 废

尊敬的家长：

以上是您的孩子在三年级第一学期所认识的372个生字（含146个二类字），其中要求“四会”（会读，会写，会用，会理解）的生字有226个，请您与孩子一起共同完成以下各项：

您的孩子读完372个生字所用时间________，正确朗读________个，读音有误的有________个。

通过此次和孩子共同完成识字的测试，作为父母你们想对孩子说：

____

____

家长签字：________

2015年1月

尊敬的老师：

以上是三年级学生第一学期所要认识的372个生字（含146个二类字），其中要求“四会”（会读，会写，会用，会理解）的生字有226个，请您参与三年级学生识字情况的测试活动：

学生读完372个生字所用时间________，正确朗读________个，读音有误的有________个。

通过此次和学生共同完成识字的测试，作为老师你想对学生说：

____

____

教师签字：________

2015年1月

亲爱的同学：

以上是三年级学生第一学期所要认识的 372 个生字（含 146 个二类字），其中要求“四会”（会读，会写，会用，会理解）的生字有 226 个，请你参与三年级识字情况的互测活动：

某同学读完 372 个生字所用时间________，正确朗读________个，读音有误的有________个。

通过此次和同学共同完成识字的测试，作为同学你想说：

____

____

同学签字：________

2015 年 1 月

第三章 小学生阅读素养评价

第一节　小学生阅读素养评价理论引航

一、阅读素养的内涵

《现代汉语词典》指出“阅读”是看书报等并领会其内容。《教育大辞典》认为“阅读”是从书面语言获取文化科学知识的方法、信息交流的桥梁和手段。《中国大百科全书》认为“阅读”是从符号、文字、图表、公式等书面材料中获得信息的过程。《义务教育语文课程标准(2011 年版)》指出“阅读”是运用语言文字获取信息、认识世界、发展思维、获得审美体验的重要途径。阅读是学生的个性化行为。由此可见,阅读活动包含三个方面的内容:阅读材料、读者和意义建构。

何谓“素养”?《辞海》界定为“修习涵养”。《现代汉语词典(第五版)》的释义为“平日的修养”。素养的培养需要一个渐进的过程,在日常修养中逐渐形成发展。鉴于此,素养是一个“全方位”的概念,是知识、技能与态度的综合。

什么 是“阅读素养”?当前,国际著名教育评估项目 PISA、PIRLS、NAEP 等都重视对阅读素养和阅读的评估。“(PISA)学生能力国际评估计划”认为“阅读素养”是“对书面文本的理解、运用、反思并积极参与阅读活动的过程,以增进知识,发挥潜能,参与社会,实现个人的目标”。“(PIRLS)全球学生阅读素养进展研究”将阅读素养界定为读者出于社会或个人的需要,理解并运用书面语言。具体包括能够从各种形式的文本中建构意义,能从阅读中学习,参加学校及生活中的阅读群体活动,从中寻找乐趣。“(NAEP)美国国家教育进展评价”将阅读看作一个极其复杂的动态过程，包括文本感知、理解文本和运用文本信息满足特定目的和语境的需求等。有研究者在对PISA、PIRLS 和 NAEP 阅读素养概念述评的基础上提出：阅读素养是“通过阅读培养学生的读写能力和良好的读写态度、习惯和策略，为当下和未来生活提供帮助和准备”。还有人认为“阅读素养”是“对书面文字、图画、表格以及电子语言材料组成的文本进行解码，并整合、推论、评价信息，提出新想法；积极参与相关活动，与师生、家人、社会人士交流，体验阅读的乐趣；积极反思，运用阅读所得信息解决现实问题”。西南大学基础教育研究中心主任、中国基础教育质量监测协同创新中心首席专家宋乃庆，西南大学教育学部副教授王雁玲和西南大学基础教育研究中心博士研究生罗士琰等认为，阅读素养是指个体运用识、记、读、说、思、写等方式对阅读材料进行阅读感知、阅读理解、阅读评鉴和阅读表达所需具备的知识、能力及品格的综合表现。通过阅读，个体不断获取阅读知识、习得阅读技能、享受阅读乐趣，并运用阅读信息解决现实问题，为未来的生活与学习奠定基础。可见，“阅读素养”是读者通过与阅读材料交互作用，获得知识、能力及情感体验，从而不断完善自己，为未来发展和生活作储备。

笔者认为阅读素养包括阅读能力和阅读品质，阅读能力含有阅读理解、语言积累和文化意识；阅读品质含有阅读习惯和阅读体验，其中阅读习惯指阅读行为、阅读频率，阅读体验包括阅读兴趣、阅读态度和自我评估等。

小学阶段是阅读素养形成和发展的关键期，阅读素养大多应该在小学语文课程教学中培养形成，小学语文阅读素养既是小学语文课程学习应达成的目标，也是学习语文课程和其他课程必备的基础和方法。小学语文阅读素养是指小学生运用认识、记忆、阅读、说话、思维、写作等方式对语文学科的阅读材料进行阅读感知、阅读理解、阅读评鉴、阅读表达所需具备的知识、能力及品格的综合表现。

阅读形式多种多样，既有直观材料阅读和非直观材料阅读，又有精读、略读、浏览、粗读、细读、默读、朗读等多种形式，但不论何种形式的阅读，都需要小学生认识、记忆、阅读、说话、思维、写作，都需要从阅读材料中提取信息、理解主题并进行思考表达，这是各类阅读共同的基础。小学语文阅读作为基础教育阶段的起点，是开展其他形式的阅读、提升阅读素养的基础。多年的语文教育实践表明，小学生语文阅读水平越高，小学生的阅读素养整体水平就越高。

二、培养小学生阅读素养的意义

朱永新教授指出："一个人的精神发育史，实质上就是一个人的阅读史；一个民族的精神境界，在很大程度上取决于全民族的阅读。"孙中山先生说："我一生的嗜好，除了革命之外，就是读书。我一天不读书，就不能够生活。"唐代著名的诗人杜甫曾说："读书破万卷，下笔如有神。""读万卷书、行万里路"一直都是中华民族所推崇的学习知识、认识世界、提升自我的重要途径。

语文阅读素养是语文核心素养的一部分，是小学生的重要素养，无论是对语文学科发展还是对人的学习能力和终身发展以及社会文明进步都具有重要意义。

1.阅读素养是小学语文核心素养的核心

阅读是小学语文课程学习的核心，是小学语文学科学习和语文核心素养的重要支撑。《语文课程标准》致力于培养学生的语言文字运用能力、提高思想文化修养、促进精神增长。大量教学实践证明，阅读是母语学习的核心环节，是提高儿童语言能力的基本途径。小学语文阅读素养不仅能让小学生认识并记住字音字形、巩固识字、丰富词汇、发展语言，还能为写作奠定基础。小学生一开始的阅读信息不那么丰富，阅读表达内容生硬、感情干瘪；随着年级增高及阅读量的不断增大，小学生识字量日渐增加，积累的词组、短语、句式随之增多，小学生能够更加自由、随心选择合适的阅读表达方式，准确、流利地进行表述，口语能力和写作能力在潜移默化中得到提升。同时，会接触到更多优秀的作品，思想水平和文化修养也随之提高。此外，小学语文阅读素养还有利于促进小学生的精神成长，促使小学生思考和想象，体会作者的思想感情，增强情感认识体验，形成人文素养，促进小学生语文学科的学习和发展。

2.阅读素养是小学生终身学习发展的重要基础

一个人的阅读史，就是一个人的精神发育史。一个不喜欢读书的人其精神发育一定是不健全的；一个不喜欢读书的民族是没有希望的，一个国民不爱读书的国度是没有前途的。前几年海外媒体曾经发布过一个读书报告，“美国人平均每人每年看书 21 本，日本人平均每人每年看书 17 本，而我国平均每人每年不到 3 本。全世界平均每年每人读书最多的民族是犹太人为 64 本。”犹太人读书是中国人的 21 倍。

小学语文阅读素养是小学生必备的重要素养，是个人学习和终身发展的重要基础。习近平总书记说：“读书可以让人保持思想活力，让人得到智慧启发，让人滋养浩然之气。”苏霍姆林斯基说：“不是补习，不是没完没了的‘督促’，而是阅读、阅读、再阅读，能在学习困难的学生的脑力劳动中起决定性的作用。”培根说：“书籍是在时代的波涛中航行的思想之船，它小心翼翼地把珍贵的货物运送给一代又一代。”当代著名教授吴忠豪先生认为：“培养学生的阅读能力和良好的读书习惯，毫无疑问是语文核心素养的重要构成部分。”语文教育专家、清华小学校长窦桂梅指出：“阅读是最好的美容。”多年的语文教学和学生的个案分析表明，学生的阅读素养与学习成绩和未来发展具有较大的关联性，82%“学困生”都是“读困生”，这些“读困生”表现出阅读兴趣不浓、习惯不好和种种阅读困难，阅读素养不高的学生无论在升学还是在谋求更好的就业机会时均会面临较大困难，国内外大量例证说明阅读素养的培养与发展对个人学习能力和终身发展作用重大，而阅读素养的形成从小学开始，并主要在小学形成，因此可以说小学语文阅读素养对个人学习能力和终身发展具有重大意义。有专家研究表明，读书习惯养成和年龄有很大的关系。一个人读书习惯形成的关键年龄在 12 岁，也有学者认为是 15 岁。也就是说，小学和初中年龄段基本可以决定一个人一辈子是否喜欢读书。

阅读素养，尤其是从小学培养形成的小学语文阅读素养是人生学习的基础，是沟通个人主观与客观世界联系的重要纽带，使人们不断认识丰富多彩的外部世界，接收信息、增长见识。阅读素养是提高智力水平的基本手段，使人们通过阅读训练思维、深化理解、启迪智慧；阅读素养是养成良好品质和健全人格的有效途径，在阅读中丰富体验、陶冶情操、享受乐趣。小学语文阅读素养为学生的学习能力、创造力和未来发展奠定基础，随着知识的扩充、智能的发展以及人格的健全，学生认识世界、改造世界的能力随之增长，使其在成年后能迅速参与社会、适应社会、融入社会。小学语文阅读素养为个体发展提供的各种软实力，其实质是通过阅读不同类型的书籍形成的，小学生应广泛涉猎各类书籍，从中发现自己的兴趣，沿着兴趣不断深入发展。

3.阅读素养是新时代的发展要求

阅读力即国力。习近平总书记在十九大报告中指出：没有高度的文化自信，没有文化的繁荣兴盛，就没有中华民族伟大复兴。国家综合国力竞争的实质是人力资本的竞争，语文阅读素养作为国人接收母语信息进行学习的基础，属于国家“软实力”的范畴，是国家社会文明程度和综合国力的重要标志。正如李克强总理所强调的：“书籍和阅读是人类文明传承的主要载体，全民阅读量逐年增加是社会进步、文明程度提高十分重要的标志。”“如果意识不到阅读的必要性，就会忽视阅读的各项优势，从而最终丧失在人类种族中的地位。”

世界发达国家对阅读高度重视并注重小学阅读素养的培养。联合国教科文组织1995年将每年的4月23日确定为“世界读书日”。20世纪70年代，美国就开始了国民阅读运动，1998年，《阅读卓越法》的签署确立了美国国家拨款支持阅读的体系，《不让一个孩子掉队》法案的颁布大大提升了儿童的阅读水平。英国借助基金会推进全民阅读，实施“阅读起跑线计划”。从20世纪末起，日本先后颁布《关于儿童读书年的决议》《儿童读书活动促进法》《推动儿童读书活动基本计划》《关于国民读书年的决议》等法律法规，极大地推进了国民阅读活动实施。为唤起民众阅读热情，韩国颁布了《图书馆及读书振兴法》《阅读文化振兴法》，实施推进国民阅读五年计划。可见，阅读素养是国家社会文明和综合实力的重要标志正在成为共识。

近年，我国高度重视公民阅读素养的提高，党的十八大报告提出“开展全民阅读活动”，2017年6月国务院法制办审议并通过了《全国阅读促进条例》，促进全民阅读。

三、国际学生评价项目 PISA 简介

1. PISA 基本概念

中文名	国际学生评估项目
外文名	Programme for International Student As sessment
缩写	PISA
统筹组织	经济合作与发展组织
对象	接近完成基础教育的 15 岁学生
测试内容	学生能否掌握社会所需的知识技能

PISA(Program for International Students Assignments),即国际学生评估项目。该项目主要评估接近义务教育末期(15 岁)的学生应用所学知识和技能完成他们在今后生活中需要完成的任务和在社会中行使职责以及持续学习能力的情况。第一次 PISA 评估于 2000 年举行,此后每三年举行一次。参与第一次评估的国家共有 32 个,对每个参与国 4500 至 10000 名中学生进行随机抽样测试。PISA 测试强调在现实生活中的能力。过去许多关于学生学习成绩的国际比较研究多集中于学校里传授的知识和技能,而 PISA 的目的则在于测量学生在实际生活中创造性地运用学校教授的知识和技能的能力,它评价学生充分地参与社会和经济活动并使之成为终身学习者的那些知识和技能,PISA 特别强调那些与他们将来生活有关的基本知识和技能。

PISA 的设计依据是终身学习的动态模型。分析认为,成功地适应迅速变化的世界所必须的新的知识和技能,需要终身学习才能满足;学生不可能在学校里学到将来所需的每一种知识和技能;学校的功能在于使学生具备终身学习的能力,他们必须具备阅读、数学、科学等方面坚实的基础;他们还应能组织和规范他们的学习,包括独立学习和在集体中学习;要能克服学习中的困难。这些都要求他们意识到自己的思维过程和学习的策略和方法。

PISA 要对这些方面进行综合测量。PISA 不仅要评价学生的知识技能,也要让学生报告他们的学习动机、对自己的了解和对不同学习环境的态度,PISA 将提供进行长期监控和预测的工具。该项目将开展 3 年一轮,为期 9

年的长期追踪调查,从而使学生所提供的信息能够形成 OECD 教育指标中有关教育产出的重要指标,使得各个国家每三年对其教育系统的效益进行客观的比较。

PISA 是一项全面、严格的国际性学生评估项目,它除了评估学生成绩外,还收集有关学生、家庭和制度方面的数据来解释学生成绩的差异。评估的范围和特点以及要收集的背景信息由参与国中的主要专家对其做出判定,各国政府在共同的政策利益驱动下共同监控评估。

PISA2000 年的测量内容包括学生的阅读能力、数学能力和科学能力,重点放在阅读能力上,同时对学习态度以及学生如何管理他们自己的学习也进行了测量。PISA 2003 年重点转向数学,2006 年重点是科学,2009 年的重点重新回到阅读。2012 年、2015 年和 2018 年的重点分别是数学、科学和阅读。

在评估中,“能力”这个概念的运用比以往读写能力的定义要宽泛。能力的获得是一个终身的过程—— 不仅仅发生在学校内,而且也发生在与别人、小组甚至更广泛的团体交往中。

2. PISA 的内容

PISA 对阅读、数学和科学能力的测量依据三个标准:熟知知识的内容或结构,如熟悉科学概念或者不同的文章类型;阐释所掌握的信息,如能够清晰地表达一篇文章中获取的信息;应用所学的知识和技能,如学生在个人生活方面自己做出判断。

阅读能力的测量。PISA 将阅读能力定义为:为了实现个人目标,发展一个人的知识和潜能,有效地参与社会生活的能力。主要测量三个方面——阅读材料的形式、阅读的类型和阅读的应用。首先,我们看 PISA 阅读材料的形式。过去许多阅读能力的评估将重点放在句子、段落间的表达和文体上。在测试中,PISA 除了包括连续的文章段落外,也区分了不同类型的文章如记叙性、说明性、议论性文章。此外,考虑到学生在学校会遇到一系列书面性的文章,而且在个人生活中也需要对不同的信息进行加工,PISA 采用了列表、框体、图形或者图表等其他方式演示信息。其次,我们再看 PISA 阅读的类型。根据有效阅读者的知识技能和 PISA 中问题的特点来确定。PISA 的评估重点是“为了学习而阅读”,而不是“学习阅读”。因此 PISA 假定大多数 15 岁学生已经具备基本阅读技能,不再进行基本阅读技能的评估,而是要学生证实他们获取信息的熟练程度,在整体水平上理解文章、解释文章,并且评价和讨论他们各自的观点。最后,阅读的应用,注重内容与场所的匹配。例如:小说、信件或者个人传记用于私人目的,文件或者声明用于公共用途,教科书或者是工作表单是在教育领域中的应用。

PISA 强调知识和技能要与每天的生活相关。它虽然考核的是学生阅读、数学和科学三门学科的成绩,但却十分注重从日常生活取材,在设计问题时跳出课程具体的知识内容,大量地运用学生生活的真实情景,注重学生在相应学习领域的基础能力。学生必须理解关键的概念、掌握特定的过程,同时也要有在各种不同情景中运用这些知识与技能的能力。PISA 还特别注重收集学生态度以及学习方法的信息。

3.PISA 的特点

PISA 不同于以往的学生评价,它在学生评价的功能、学生评价的主体、收集信息的方式以及评价方法上都有自己独特的方面。

(1)PISA 评价的功能。通过 PISA,OECD 成员国可以收集信息来改进测量学生成绩的相对指标。PISA 改进了有关学生成果的国际信息,可以帮助各国制订基准并定期进行学生成绩信息的更新,注重青年人运用其知识和技能以满足现实生活挑战的能力,对学生的评估是对学生掌握基本生活能力的评估,而不是关注他们掌握学校的具体课程的程度。

(2)PISA 评价的主体。PISA 突破了传统的由单一的学校进行评价,形成了多元化的评价主体。PISA 的评价主体包括学生、家长、校长和教师四个方面,从各个方面对学生做了全面的评价。

(3)PISA 收集信息的方式。PISA2000 由国际专家来设计,评估采取笔试的方式,学生在自己的学校参加测试,限时两小时,花半个小时的时间做关于自身的调查问卷。此外,抽取 30 分钟时间对该学校校长做问卷调查,主要是让校长提供更多的有关学校特点方面的信息。

(4)PISA 评价的方法。具有时效性、可比性和科学性等特点。

四、PISA 阅读素养测评的方式

由于阅读素养内涵的复杂性,只凭借纸笔测验很难得出全面的测试结果,因此 PISA 项目自 2000 年实施以来,其阅读素养的评价均由问卷调查和纸笔测验两部分组成。学生的笔试测验是整个评价中最重要的部分,主要是评价学生对不同情境、不同形式的文本的认知能力。而问卷主要是搜集与学生的阅读学习相关的背景材料,调查包括对学生、家长以及校长的调查,其实是对被测试对象及其关联对象的完整跟踪。

1.学生的纸笔测验

PISA 纸笔测验阅读的测试题是基于教科书,指向生活中的应用。PISA 阅读试题一般使用四种题型:选择题、多重是非题、封闭式问答题以及开放式问答题。

2.问卷调查

(1)学生问卷调查。在纸笔测试前,要对学生进行相关的背景问卷调查。调查内容包括学生在校内和校外的阅读实践和阅读活动的总体情况,以及在各种阅读活动中学生的态度、兴趣和习惯等。

(2)校长和家长的问卷调查。校长也要做一份有关学校的问卷调查,问卷涉及学校人口的特征,教学气氛、教育资源等影响学生学习的问题。

(3)家长问卷,主要关注以下几个方面的内容:家长对学校的看法;家长对学生将要具备的学习能力的态度;家长的受教育程度和职业……

这些背景信息为评价结果的解释和分析提供重要的参考依据。

五、PISA 阅读素养评价的架构

PISA 的阅读素养评价的架构主要有三个维度:情境、文本和认知方面。这三个维度即为什么读,读什么,怎么读。通过这三个维度可以有效地分析和描述学生阅读素养的基本情况。

1.情境维度

情境是 PISA 阅读框架的第一个维度,指的是文本产生的背景和使用的目的，即为什么读。PISA 对情境的定义方式采用欧盟的说法，包括四种阅读文本的情境：为个人应用而阅读、为公共应用而阅读、为教育而阅读、为工作而阅读。这种方法是依据读者的阅读目的划分的，而不是按照读者的阅读场所划分的。

阅读素养的构成

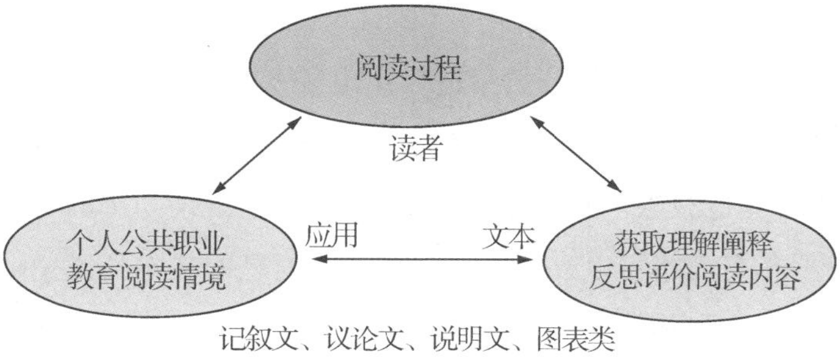

(1)为个人应用而阅读。主要为满足个体实践中和智力上的兴趣。它包括为巩固、发展个人与他人的联系而进行的阅读。其内容一般包括个人信件、小说、传记、散文、书信以及为满足好奇心而对一些信息材料的阅读，在电子媒介中它包括个人的电子邮件、瞬时消息和日记式的博客。

(2)为公共应用而阅读。是满足个体参与更大范围社会的需要。它包括官方文件和有关公共事件的信息。它包括论坛式的博客、新闻网站、在网上和纸质版都能看到的公告。

(3)为教育而阅读。通常是为了教育的目标而特别设计的。纸质版的教材和互动式学习软件是这种阅读的典型例子。这类阅读中，读者一般不能自行选择阅读材料，是由指导者为其选择的。

(4)为工作而阅读。是为了满足职业发展需要而进行的阅读，通常涉及紧迫任务的技能。这种任务通常是为了“做”而阅读，而不是为了“学”而阅读，例如阅读职业用途的手册或报告。

2.文本维度

PISA 阅读素养的文本特征中的“文本”指的是所覆盖的阅读材料的范围，即读什么。从 PISA2009 开始，PISA 的文本包括文本媒介、文本环境、文本形式、文本类型四个部分。

（1）文本媒介。文本媒介包括纸质版和电子版两类，纸质版的文本通常以一种静态的形式出现，一般是以单页、小册子、杂志、书籍等材料的形式存在，读者可以马上看出文本的篇幅。电子版的文本则具有导航工具及导航的特点，通常以一种动态的形式存在，文本的篇幅是未知的，其中，电子文本的超文本链接可以帮助读者在多个文本中找到自己所需要的文本，这也是电子文本一个比较鲜明的特点。

（2）文本环境。环境的分类只适用于电子文本，一般包括两种环境，即创作的文本和"基于消息的文本"，它们之间主要的区别是读者在阅读中是否具有改变文本的权限。在创作的文本环境中，文本是固定的，读者为接受者，只能接受信息而不可以改变内容。在基于消息的文本环境中，文本是不固定的，读者可以增加或修改一些内容，在这两种文本环境中，获取文本结构和特点的知识，对文本内容的改变而进行交流的能力，都应该是读者必不可少的技能。

（3）文本形式。PISA 阅读文本形式分为四种：连续文本、非连续文本、混合文本以及多重文本。其中以连续文本和非连续文本为主。

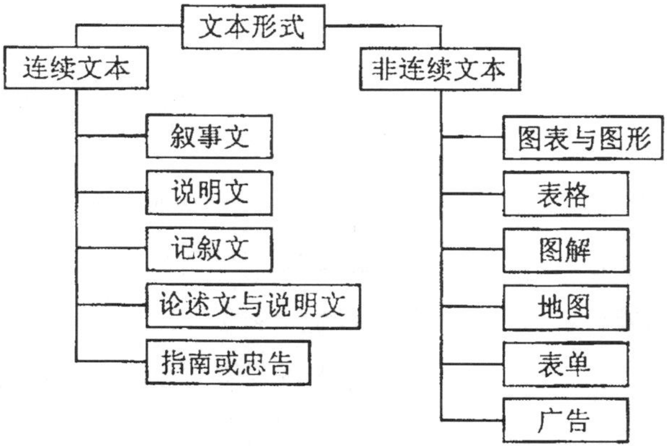

连续文本：连续文本通常由句子组成，句子又组成段落，而段落再扩展到较大的篇章结构，如节、章和全书。在 PISA2009 阅读测试中，它占测试内容的 60%。

非连续文本：非连续文本的组织不同于连续文本，所以需要不同类型的阅读方式。非连续文本是由许多列表组成的，有单一的简单列表，但大多数是由若干个简单列表组成的文本,其中包括列表、表格、图形、图表、地图、信息单、电话、广告和索引等。在 PISA2009 阅读测试中,它占测试内容的 30%。

混合文本:该文本是由连续文本和非连续文本共同构成的文本。在 PISA2009 阅读测试中,它占测试内容的 5%。

多重文本:是指文本的集合,由几篇相对独立的文本构成,并且每一个文本都有独立的意义。这些文本可以只包含连续文本这一种形式,也可以同时包含连续文本和非连续文本。在 PISA2009 阅读测试中,它占测试内容的 5%。

(4)文本类型

PISA 根据各种修辞效果将阅读文本类型分为描述型文本、叙述型文本、说明型文本、议论型文本、指示型文本以及交流型文本等,为的是确保 PISA 测试框架能够覆盖阅读素养定义的全部内容。

描述型文本:回答"是什么"的问题。例如:游记或日记中关于某个特定地点的描述、记载、地图、专题说明、技术手册中的操作程序或工艺流程。

叙述型文本:回答"何时"的问题。例如:小说、短篇故事,游戏、传记、漫画书以及报纸上的事件。

说明型文本:回答"如何"的问题。例如:学术论文,记忆模型的图解、人口趋势图、概念图以及在线全书中的条目。

议论型文本:回答"为什么"的问题。例如:海报广告、发在网络论坛上的帖子及网络上的书评和影评。

指示型文本:告诉读者应该怎么做。例如:处方、急救程序的图解及数码软件的操作说明书。

交流型文本:在与读者的互动过程中进行信息的交流。例如:分享有关家庭的消息的私人信件、交流节假日计划的电子邮件和安排会议的文本信息等。

3.认知维度

"认知维度"是指读者处理文本的认知方式,即怎么读。熟练的读者是带着一定的目的、用一整套阅读方式进行阅读的。PISA2009 的三个认知维度分别为获取与检索、整合与理解、反思与评价,即用来调查学生在这三个认知方面的背景信息和能力水平。这三个内容并不是完全独立的,而是相互关联、相互依存的。

(1)获取与检索。在纸质媒介和电子媒介中,涉及寻找、选择和收集信息等技能的任务被划分为“获取与检索”。从文中搜索直接陈述的一个信息相对简单,但有时需要一个以上的信息,就得具备关于文体结构和特征的知识,再获取适合的信息。在锁定相关信息之前,纸质媒介的任务可能要求读者利用导向,比如利用标题来找到文本的相应部分。在电子媒介中,获取与检索的题目可能涉及利用同一网站的不同网页之间的导航,或使用菜单、列表或标签来锁定相关信息。

(2)整合与解释。是了解文本内涵的过程。整体感知文本,说出文本内容的梗概,推断文章的主旨;形成解释,推断词语或句子的内涵,利用文本的信息对相关问题做出合理的解释。须找出适当的关系。文本可能会明显地表示两者之间的关系,也可能需要读者进行推断。需要联系的各个部分既可能处在同一个段落相邻的地方,也可能处于不同的段落甚至处于不同的文本中。“解释”是指了解文本隐含意思的过程。这个过程可能是识别一个不明确的关系,或者是更细致的要求,例如去推断短语或句子的内涵。当读者进行解释时,其实是在识别部分文本或整个文本的隐含假设或寓意。

(3)反思与评价。“反思与评价”涉及利用文本外在知识、思想或价值观。在反思文本时,读者将知识或自己的经验,与文本联系起来;在评价文本时,读者不仅要利用个人的知识与经验,还要利用内容或者客观知识的规范进行评判。“对文本内容的反思与评价”要求读者将文本信息与外部知识经验联系起来, 即能与自己原有的知识、想法和经验相联系,评价文本中提出的观点,客观反思文本的适用性、结构、风格等基本特征,识别文本材料的逻辑组织方式等。“对文本结构的反思与评价”要求读者置身于文本内容之外,客观地考虑和评价文本的质量和适用性。

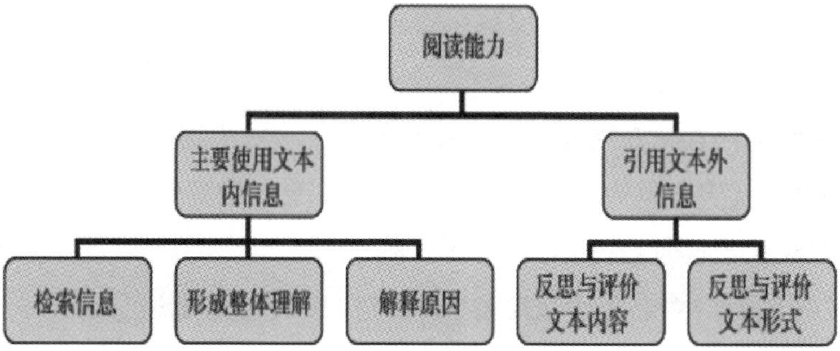

20世纪末,发达国家已进一步把竞争焦点转移到教育与文化领域中。其中,国民的阅读素养已经成为一个国家软实力的关键指标,成为关涉国家和个人竞争力的重要因素。阅读素养的界定,确定了不同的阅读情境,即为了个人应用而阅读,为了公共应用而阅读,为了工作而阅读,为了教育而阅读;将理解、运用和反思书面语言的能力划分为五种具体的阅读任务:形成广义的、总体上的理解,获取信息,形成解释,反思和评价文本的内容,反思和评价文本的形式。

PISA 例题 1

倒立的老鼠

从前,有一位87岁名叫罗伯的老先生,他的一生过着宁静祥和的生活,他虽然贫穷但却非常快乐。

当他发现家中有老鼠的时候,起初他并不以为意。但是老鼠开始繁殖。他开始感到困扰。它们不断大量繁殖,罗伯终于再也无法忍受。

“太过份了!”罗伯说道。“这真是太过份了!”他拖着步子走出屋外,走向街上一家商店,他买了一些捕鼠器、一片乳酪和一些强力胶。

回到家,他将强力胶涂在捕鼠器的底部,并将捕鼠器黏在天花板上。然后再小心翼翼地将乳酪放在上头作饵,希望能够赶走它们。

当天晚上,老鼠们从它们的巢穴出来,看到了天花板上的捕鼠器,它们认为这真是天大的笑话。它们在地上走着,用手肘轻碰彼此,并且用前爪指着天花板笑得东倒西歪。毕竟,将捕鼠器放在天花板上,真是太愚蠢了。

当罗伯隔天早晨下楼,看到捕鼠器上没有抓到老鼠,他笑一笑不发一语。

他拿了一张椅子，将强力胶粘在椅脚上，并将它倒过来粘在捕鼠器旁的天花板上。他用同样的方式将桌子、电视机和台灯粘了上去。他将地板上的所有东西都倒置粘在天花板上。他甚至放了一块小地毯在那上头。

隔天晚上，当老鼠们走出巢穴时取笑前一晚所看到的景象。但是现在，当抬头看到天花板时，它们突然笑不出来了。

“哎呀！”有一只老鼠大喊着。“看看上头！地板在那边！”

“我的天哪！”另一只叫着。“我们一定是站在天花板上了！”

“我开始觉得有点头晕。”另一只老鼠说道。

“我的脑充血了！”又一只老鼠说。

“这太糟糕了！”一只长胡须非常年长的老鼠说道。“这真是太糟糕了！我们必须立刻想想办法。”

“如果我继续这样倒立着，我一定会昏倒的！”一只年幼的老鼠大叫着。

“我也是！”

“我受不了了！”

“救救我们吧！谁来想想办法呀，快！”

现在它们开始紧张兮兮的。“我知道我们该怎么做了。”那只年长的老鼠说。“我们通通倒立过来，这样就正常了。”

老鼠们非常听话的，通通倒立过来。过了一段时间之后，它们一只只都因为血液快速流到脑袋里而晕倒了。

当罗伯隔天早晨下楼时，地板上遍布着老鼠。他快速地将它们全部集中，并且丢入垃圾桶中。

这个故事要我们记取的是：当世界看起来是如此严重的颠倒混乱时，你要确定自己是脚踏实地的。

请你回答问题：

1.罗伯为什么想摆脱老鼠们？（　　）

（1）他一直很讨厌老鼠。（2）它们实在太多了。（3）它们笑得太大声了。（4）它们把他的乳酪都吃光了。

2.罗伯把捕鼠器放在哪里？（　　）

（1）垃圾桶里。（2）老鼠巢穴附近。（3）椅子下。（4）天花板上。

3.为什么第一天晚上当老鼠们从它们的巢穴出来时,它们用手肘轻碰彼此,并且用前爪指着天花板笑得东倒西歪?(　　)

(1)它们看到椅子在天花板上。(2)它们觉得罗伯做的事很蠢。(3)它们想要捕鼠器上的乳酪。(4)它们对于所看到的情形很害怕。

4.罗伯将椅子粘在天花板之后做了什么?(　　)

(1)笑一笑不发一语。(2)买了一些捕鼠器。(3)把所有东西都粘到天花板上。(4)给老鼠们一些乳酪。

5.隔天晚上,老鼠们以为自己站在哪里?它们想了什么办法?

6.从文章中找出并抄下一个句子,描述老鼠隔天晚上慌张的样子。

7.文章中用什么方式让你知道老鼠们对这件事的想法?(　　)

(1)告诉你罗伯对老鼠的看法。(2)描述老鼠们所居住的地方。(3)告诉你老鼠们彼此的对话。(4)描述老鼠们喜欢的东西。

8.罗伯隔天早晨下楼时,为什么地板上遍布着老鼠?(　　)

(1)老鼠们倒立太久了。(2)罗伯给老鼠太多乳酪了。(3)老鼠从天花板上掉下来了。(4)罗伯把强力胶放在地板上。

9.你觉得老鼠很容易被骗吗?提出一个理由说明你的看法。

10.从罗伯所做的事情中,你认为罗伯是个什么样的人?请描述他是个什么样的人,并且从他所做的事情中举出两个例子证明。

11.以下哪个词语最能形容这个故事?(　　)

(1)严肃且悲伤。(2)恐怖且令人兴奋。(3)有趣且机智。(4)紧张且神秘。

12.想一想罗伯和老鼠在故事中所做的事情,试解释这故事令人难以相信的地方。

阅读样题 2　热气球

热气球的高度纪录

2005 年 11 月 26 日，印度飞行员贾伊帕特·辛哈尼亚打破了热气球飞行高度的纪录，他是第一个驾驶热气球到达海拔 21000 米高度的人。

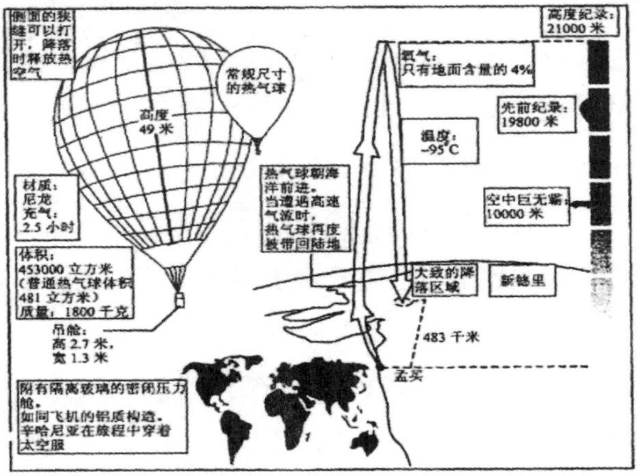

图 2-3

根据"热气球"，回答下列问题。

【问题】 1. 这篇课文的主要意思是什么？

A. 辛哈尼亚的气球之旅处于危险之中。

B. 辛哈尼亚创造一项新的世界纪录。

C. 辛哈尼亚游遍陆地和海洋。

D. 辛哈尼亚的气球是巨大的。

2018 年 PISA 阅读测试样题

样题：宇宙探索的黄金时期结束了吗

随着 1957 年苏联"伴侣号"人造卫星的发射，宇宙探索有了一个重点目标：成为宇宙中无人踏足的地区的首个登陆者。1961 年，尤里·加加林成为第一个进入太空的人，这使得美苏两国宇航员争相创造新的纪录，推进宇宙探索的进程，同时也为他们的国家带来骂名。然而，自从 1969 年 7 月 22 日，尼尔·阿姆斯特朗在月球上迈出了人类第一步后，宇宙探索进程减缓了。

自那之后，宇宙工程致力于通过发展和加强宇宙飞船、空间站和人造卫星的建设来创造一条可持续存在的近地轨道。苏联的米尔空间站和美国的太空实验室是人类首批空间站，但是它们证明了空间站的独立运行耗费巨大，无法实现。目前我们拥有的国际空间站（ISS），是由美国、俄罗斯、加拿大、日本等国领导的了不起的国际合作成果。到目前为止，该空间站有意开展登陆火星的宇宙计划，以成为人类宇宙探索史上的里程碑。30 年后，我们虽仍然维持着该空间站的运行，但是登陆火星计划却未有任何进展。

数十年来，人类探索宇宙的愿望被普遍看作政府的专属政策，例如俄罗斯联邦航天局（RKA）、美国国家航空航天局（NASA）和拥有 22 个成员国的欧洲航天局（ESA）。然而，私人企业的崛起极大地推动了宇宙探索的商业化，这激起了许多人对由政府经营和资助宇宙探索关联性和必要性的质疑。再加上广为人知的 1986 年和 2003 年的美国太空灾难，人们探索宇宙的热情和努力大大减低了。

所有这些都使我们做出这样的结论：世界已经失去了对宇宙新发现的关注和探索的动力。我担心宇宙探索的黄金时期已经过去了，我们正急速地朝着一个死守地球的未来前进。

题目一（选择）：

根据《宇宙探索的黄金时期结束了吗》这篇文章，私人企业给宇宙探索带来怎样的影响？

A.私人企业证明了他们能够更好地组织宇宙探索工程。

B.人们质疑政府的宇宙工程的必要性。

C.在同一个项目的资助上，政府机构逐渐败给了私人企业。

D.政府机构和私人企业正开展有效的合作。

题目二（写作）：

请思考作者是如何写作这篇文章，评论者们又是如何回应的。基于文本信息，请你写一篇评论，说明宇宙探索的两个主要的好处。请用文本中的细节支持你的回答。

第二节　小学生阅读素养评价问题透视

一、PISA 阅读测试的启示

阅读素养是 PISA 测试的主要组成部分，也是最能体现其特色的部分。PISA 要求的阅读素养，不仅仅包括文字信息的摄入和基本分析，这其中也包括了很多的细节要求，但是高分段的要求是能够做出反思，进行判断和推理以形成自己的观点。实际上是要求通过文本的阅读完成一个认识基本过程，完成一个逻辑上的思维形成过程，即由感性到理性的一个完整过程。这与我们日常的阅读考试要求多半停留在第一个阶段是有所不同的。

PISA 阅读测试权威性高，其阅读文本类型多样，能力与素养清单详尽，逻辑性、实践性很强，可以给我们的阅读教学提供强有力的借鉴与参考，从而使阅读教学回归阅读本体、学生与生活，真正培养学生的阅读能力与素养，为服务个人未来职业，参与公共事务，实现人生价值奠基。

经济合作与发展组织（OECD）每三年一次的 PISA 测试，在阅读测试中，按照阅读情境或目的不同，把阅读分为个人阅读、公众阅读、职业阅读、教育阅读。其中“个人阅读”与“教育阅读”的一些文本材料与我们平时的阅读教学的文本有一致的地方，但我们平时的阅读教学并不能涵盖所有的 PISA 阅读测试的文本类型。PISA 阅读的文本类型包括连续性与非连续性两种文本类型。连续性文本包括我们平时所说的记叙文、说明文、议论文，还有整本书等，非连续性文本包括曲线图、表格、图示、地图、广告、收据、证书等。至于混合文本和多重文本则是连续性文本和非连续性文本的组合。从中可以看出，PISA 的阅读测试文本比我们平时阅读教学的文本类型丰富得多，兼顾了文学性与实用性的各种文体，注重学生阅读实践运用能力的测试，是为了了解 15 岁学生适应社会的实际阅读能力。当然，无论何种目的与文本类型的阅读，最终目的都是为了获得知识，发挥潜能，参与社会，实现个人价值，这也是 PISA 阅读素养的最基本含义。

二、PISA 的阅读能力与素养要求

在阅读教学中，怎么读，非常重要。从 PISA 阅读测试的目的来看，其阅读认知维度与能力要求有回忆、理解、应用、分析、评价和创造等。回忆是从长期的记忆中提取相关知识，定位与当前相一致的知识，如某种知识与方法对解决当前任务的适用性。理解即建构新的意义，包括解释、举例、分类、总结、推断、比较、说明等。应用即在给定的情境中按照一定的程序执行或实施任务。分析就是把阅读材料分解成各个组成部分，确定各部分之间的相互关系以及与总体框架的关系等，如我们平常对文章结构、章法的分析与说明。评价是基于某种标准的判断，判断两种方法中哪种是解决问题的最好办法，发现矛盾性，找到一致性，并进行判定、评价，如默读与朗读，独立思考与小组合作等学习语文的方式。创造是把要素重新组成新的模式或结构，具有新的意义，如平常的阅读教学中对有些段落调整次序，文章进行重组。

PISA 的阅读素养主要有使用文本内信息和文本外信息两个方面。使用文本内信息又包括关注文本内某个独立部分和关注文本各部分的关系，关注文本内某个独立部分为了提取信息；关注文本各部分的关系是要对全文形成一般性理解，对文本内各部分之间关系进行解释。使用文本外信息，如使用相关的经验与知识，主要是为了更好地关注文本内容，进而评价文本内容；此外，还要关注文本结构，评价文本结构。这些素养要求可以概括为“五个层级”和“三个方面”。五个层级即检索信息，形成整体理解，解释文本，反思和评价文本内容，反思和评价文本形式；“三个方面”即访问与检索、整合与解释、反思与评价。

然而，我们小学语文日常的阅读教学的要求、目标和期中期末语文测试，显然与 PISA 阅读素养的“理解”还有很大差距，我们平时的阅读教学不太注重阅读策略的培养，缺少解决问题的态度、方法与过程训练，而过度关注了教材与课文内容，这样导致的结果：一是学生学习了不少课文，可还是不会阅读，考试成绩也不理想；二是我们的理解、分析、评价与探究受到许多条条框框限制；三是我们在阅读中都是以老师灌输为主，而非学生主动探索

所得,学生阅读参与态度不太积极,没有形成良好的阅读习惯,阅读品质较差;四是我们对“理解”中的一些具体能力强调、训练不够,导致学生阅读素养不高。这些情况严重制约了语文学科对学生思维及其能力的培养,也限制了阅读本身价值的发挥,对学生的未来发展也极为不利。长期以来,我们重视语文知识的学习,语文与生活乃至将来的职业联系不大,实用性不强,孩子们学习的兴趣不浓效果欠佳,更为严重的是我们的阅读教学和学生的阅读能力与国际脱轨。可见,我们的阅读测试的内容、方式和情境性,题目的亲和力都有很大的提升空间,也要向 PISA 学习、借鉴。

三、PISA2009 阅读素养测评现状分析

现状一:首战得冠但高端少

在 PISA2009 阅读素养测评中,上海平均成绩为 556 分,在所有参与国和地区中排名第一,OECD 平均为 493 分。分析可见,上海 PISA2009 总体水平占有优势,绝大多数学生掌握了适应未来社会所需要的最基本的阅读能力,但是具备未来知识经济决策所需要的最高端阅读能力的学生比例并不高。上海达到 6 级水平的学生仅占 2.4%,低于新加坡的 2.6%,说明上海在具有创新和决策水平的阅读素养高端竞争力上并没有很大优势。达到 5 级水平的学生可以被看作是今后潜在的世界级知识工人。上海达到 5 级水平的学生为 17%,远高于其他国家和地区,在知识产业竞争中将占有优势。在阅读素养量表中低于 2 级水平的学生被认为没有掌握适应未来社会所需最基本的阅读能力。上海这一比例仅为 4.1%,是所有国家和地区中最低的,说明上海有效保证了绝大多数人能达到适应未来社会的基本阅读能力要求。

现状二:非连续文本得分低

PISA2009 阅读框架界定了 4 种文本类型,连续文本、非连续文本、混合文本和多重文本。连续文本是由句子和段落构成的文本,例如小说、散文等,非连续文本包括图表、表格、清单等。PISA2009 阅读试题中,65%是连续文本试题,30%是非连续文本试题。大约 5%是混合文本试题,学生既要测试连续文本内容,又要测试非连续文本内容。

上海学生在连续文本分量表上平均分为564分，比第二名韩国高26分。上海达到5级和6级水平的分别为20.1%和3.6%，在所有参与国家和地区中都是最高，OECD平均达到5级水平的为7.2%，6级水平仅为1.0%。上海低于2级水平的仅为3.7%，是所有参与国家和地区中最低的，OECD各国平均没有达到2级水平的比例高达19.1%。但是，上海学生在非连续文本分量表上平均分为539分，达到6级水平的学生比例仅为1.9%，低于新西兰、新加坡、澳大利亚、加拿大、芬兰、日本、英国等7个国家。达到5级水平的占12.8%，低于新西兰、新加坡、韩国和芬兰。没有达到2级水平的为6.6%，而韩国6.1%的学生没有达到2级。上海非连续文本分量表与连续文本分量表的成绩相差高达25分，在总成绩高于OECD平均值的参与国家和地区中，上海在两种文本形式量表上的成绩差异是最大的，说明上海不同文本形式的课程内容分布可能不均衡。

现状三：课业负担较重

上海学生报告每周校内上课时间为28.3小时，校外上课时间为6.5小时，校内外共计34.8小时，而这还并不包括学生作业的时间。可见学生的课业负担是比较繁重的，每周校内外上课时间比最少的国家美国和芬兰多出10小时以上。在参加PISA2009的全部65个国家和地区中，上海学生报告的每周校内上课时间位于第14位，校外上课时间为第9位，校内外总的上课时间列第12位。我们不否认知识基础的作用，但是PISA的评价理念和技术，与常见的、常用的有所不同。要正确解答PISA试题，学生只需理解基本概念，灵活运用他们已经掌握的知识和能力，无需特别准备。它不是评价学生掌握学校课程内容的程度，而是评价学生能否应用学到的知识和技能解决生活中的实际问题。

为了全面测评与现实生活相关的阅读能力，PISA阅读框架覆盖各种不同目的的阅读内容。其中为满足个人兴趣而进行的阅读，如小说、传记，占测试内容的30%；为获取公共信息或参加大型社会活动而进行的阅读，如官方文件、公告，占30%；为完成工作或完成某项任务而阅读，如说明书、时间表、招工广告，占15%；为学习新知识而阅读，如其他学科的教材，占25%。

现状四:校间差异在缩小

上海 PISA 研究中心副研究员占盛丽博士认为,上海学生平均阅读成绩在 65 个 PISA 参与国和地区中位居第一,这与位于低端的上海学生不仅比例少而且成绩也不错有密切关系,也反映了学生之间差异相对较小。PISA 中国上海项目组的研究也反映,上海学生成绩的校间差异与 OECD 平均值差不多,而初中学生成绩的校间差异则低于 OECD 平均值。这说明,上海基础教育的均衡,尤其是义务教育阶段的校间均衡发展已取得成果。

上海市参加这项国际测试,对上海是非常有价值的。一是能通过国际的视野来看上海怎么样,这对我们清醒认识自己的进步和不足是非常重要的。二是学习和引进先进的评价理念,PISA 不是评价学生对知识的掌握程度,而是评价学生如何应用知识和技能解决实际问题,是考查学生适应未来社会挑战的能力,是前瞻性的评价。三是这项测试的目的不是为了选拔学生,而是为了研究成绩背后的原因,从而改进教育政策。

四、PISA 对教育的启示

(一)PISA 对学校的启示

第一,对语文课程改革的启示。上海师范大学语文教学专家王荣生教授指出,从语文课程这方面来说,有两点可以引起重视,一是阅读主体部分,我们过去整个教学客体部分花了很多时间,而主体方面,比如阅读的方法、阅读的态度、阅读的策略等课程教学没有纳入,我们的教材也没有体现。另一个是上海语文课程的构成,非连续性文本阅读这一块其实没有纳入,如图表阅读,应引起关注。

第二,对课堂教学的启示。上海市教委教研室谭轶斌指出,我们也很注重问题解决能力的素养,但多倾向于解决已知问题的能力,现在还要重视引导学生探索未知的问题。

第三,对教育评价的启示。一要规范考试命题的标准和程序;二要设计严格规范的命题程序;三要充分发掘和利用考试提供的信息。

(二)对学生及家长的启示

《质量与公平:上海 2009 年国际学生评估项目(PISA)结果概要》中指

出,PISA 测试结果对学生及家长有三点启示:一是适当开展趣味性阅读活动;二是养成正确的学习习惯,掌握各种有效的学习策略;三是不仅要掌握知识,而且要运用知识去解决各种实际问题,提高应对未来社会挑战的能力。

(三)对男生阅读的启示

最令人担忧的是阅读成绩的性别差异。测试结果显示,上海男生阅读平均成绩比女生低 40 分,OECD 平均值男生比女生低 39 分。从各个分量表的表现来看,男生也普遍低于女生,上海有 6.6%的男生阅读素养低于 2 级水平,而女生的该项比例只有 1.6%。从全球来看,各个国家和地区都是女生成绩高于男生,连多年来在 PISA 测试中排名高居榜首的芬兰,男生也比女生低 55 分。

这个问题已经引起了世界各国教育界人士的强烈关注。为什么在同样的教育体系之下,接受同样的教育,男女生的阅读成绩差异如此之大?分析原因主要有两方面。一是生理的差异。从大脑来看,有关语言机制的大脑功能,男女有别,女生的言语表达能力和语法能力要高于男生。从青春期来看,女生的青春期大约在 14 岁,男生的青春期大约在 16 岁,可见,男生的生理和心理成熟期比女生晚,独立能力和自控能力的形成也比较晚,这会在一定程度上影响学习。另一方面则是教育的“失衡”和“偏心”。学校的语文教材选的大多是散文、小说、诗歌等,其中少有男生喜欢的体育、军事、历史等题材,对男生缺乏吸引力,这在一定程度上制约了男生对阅读的兴趣。

据华东师范大学心理与认知科学学院副教授邵志芳认为男女生的学习风格不太一样,女生是联系型的学习风格,男生是分隔型或者独立型的学习风格。比如,看同一本小说,女生会把自己放置到小说的故事情节中,觉得自己和小说里的人物有一定关联,而男生往往能置身于故事情节之外。

显而易见,不能尊重和满足男生的兴趣爱好和学习风格的教育方式,对男生阅读成绩差有不可推卸的责任。联合国教科文组织曾于 2003 年启动了一项“为了所有人的性别和教育”的调查,调查报告里提供的一份 PISA 测试结果显示,女孩在所有教育评分上都胜过男孩。由此,报告提出,21 世纪的基础教育更需要关注男孩的教育。如何激发和培养学生阅读的兴趣，尤其是怎样帮助男生爱上阅读，是一项需要人类社会并肩攻克的世界级课题。

（四）PISA 对家校协作的启示

学生的阅读素养如何，不仅仅是孩子个人努力的结果，还受到很多其他因素的影响。国际的测评项目除了监测孩子阅读素养的表现之外，还了解各种因素是否会对孩子的阅读产生影响。他们制订一系列的相关调查问卷，包括学生问卷、家长问卷和学校问卷，要求学生、家长、教师和校长填写，以此来查看社会、家庭、学校和个人对学生阅读情况的影响。例如，国际阅读素养进展研究就设置了 4 种调查问卷：分别是学生调查问卷、家庭调查问卷、教师调查问卷和学校调查问卷。通过对国际学生评价项目和国际阅读素养进展研究这几年监测结果的分析，我们发现监测结果都比较一致，这对于我们培养中小学生的阅读素养具有很好的借鉴意义。监测结果 PISA2009 分析发现，师生关系、语文课纪律风气、教师激发阅读参与的策略都与学生的阅读成绩存在显著的正相关。OECD 在分析影响学生阅读表现的因素后发现，父母受教育程度、父母职业、家庭财务、家庭教育资源、家庭文化资源等家庭经济社会文化地位指数对学生阅读成绩有影响。总结起来主要有以下几个方面：

学生方面：学生为了兴趣在阅读上花的时间越多、阅读材料类型越丰富、阅读态度越积极，他们就越容易成为一个好的阅读者。在学生的阅读素养培养过程中，我们不仅要鼓励学生去阅读，爱阅读，增加学生在阅读上所花的时间，还要尽可能地为学生提供类型多样的阅读材料，这些阅读材料应该既涉及文学类、说明类和议论类的连续文本，也应该涉及那些包含图表、说明书之类的非连续文本。另外，学生对自身阅读情况和阅读水平的感知比较准确，和监测结果一致。

家庭环境方面：家长的阅读习惯和对待阅读的态度会影响孩子的阅读表现。在家中，父母每周花在阅读上的时间越长（国际阅读素养进展研究认为一般每周应该在 6 个小时以上），家长对孩子进行阅读的行为越支持，孩子的阅读表现会越好。而家庭对孩子阅读除了提供精神上的鼓励之外，还应该在物质上为孩子阅读创造一个良好的环境。国际阅读素养进展研究的研究结果表明,家庭拥有的儿童书籍越多,孩子的阅读表现就越好。另外,父母应该鼓励孩子与自己讨论交流有关文化和社会的问题,这样也可以帮助孩子提高其自身的阅读素养。

学校与家庭之间的交流状况也与孩子的阅读表现有密切的关系。父母经常与学校保持联系、积极参加学校的各项教育活动,其孩子的阅读表现相对会比较好。

学校方面:学校提供的阅读资源丰富程度、学校的安全状况与学生的阅读水平有较大的关系。那些阅读资源比较丰富、校园内外安全状况较好的学校,学生阅读表现会比较好。另外一个比较重要的研究发现是,高阅读水平的学生在阅读课上更愿意选择默读而不是大声朗读。国际阅读素养进展研究的研究结果表明,在众多参与监测的国家中,56%的老师每天会要求大部分四年级学生对着所有学生进行大声朗读。相比之下,学生很少会对着自己大声朗读。有趣的是,那些经常独自默读的学生阅读表现水平更好。

培养孩子的阅读素养,需要学校和家庭的共同努力。如果学校和学生家长这两方力量能够为孩子的阅读提供肥沃的泥土、充足的阳光和水源,孩子必然会像幼苗那样茁壮成长。

第三节　小学生阅读素养评价实践指南

一、小学生阅读素养评价标准制定的依据

(一)依据《义务教育语文课程标准(2011年版)》

语文课程应激发和培育学生热爱祖国语文的思想感情,引导学生丰富语言积累,培养语感,发展思维,初步掌握学习语文的基本方法,养成良好的学习习惯,具有适应实际生活需要的识字写字能力、阅读能力、写作能力、口语交际能力,正确运用祖国语言文字。

1.《义务教育语文课程标准(2011 年版)》规定的阅读目标

《义务教育语文课程标准(2011 年版)》第二部分第七条从宏观上对义务教育阶段的学生的阅读素养提出了总体要求:具有独立阅读的能力,学会运用多种阅读方法。有较为丰富的积累和良好的语感,注重情感体验,发展感受和理解的能力。能阅读日常的书报杂志,能初步鉴赏文学作品,丰富自己的精神世界。能借助工具书阅读浅易文言文。背诵优秀诗文 160 篇(段)。六年课外阅读总量应在 145 万字以上。其中三个学段都提出了具体的目标要求:

第一学段阅读目标(1~2 年级)

(1)喜欢阅读,感受阅读的乐趣。养成爱护图书的习惯。

(2)学习用普通话正确、流利、有感情地朗读课文。学习默读。

(3)结合上下文和生活实际了解课文中词句的意思,在阅读中积累词语。借助读物中的图画阅读。

(4)阅读浅近的童话、寓言、故事,向往美好的情境,关心自然和生命,对感兴趣的人物和事件有自己的感受和想法,并乐于与人交流。

(5)诵读儿歌、儿童诗和浅近的古诗,展开想象,获得初步的情感体验,感受语言的优美。

(6)认识课文中出现的常用标点符号。在阅读中体会句号、问号、感叹号所表达的不同语气。

(7)积累自己喜欢的成语和格言警句。背诵优秀诗文 50 篇(段)。课外阅读总量不少于 5 万字。

第二学段阅读目标(3~4 年级)

(1)用普通话正确、流利、有感情地朗读课文。

(2)初步学会默读,做到不出声,不指读。学习略读,粗知文章大意。

(3)能联系上下文,理解词句的意思,体会课文中关键词句表达情意的作用。能借助字典、词典和生活积累,理解生词的意义。

(4)能初步把握文章的主要内容,体会文章表达的思想感情。能对课文中不理解的地方提出疑问。

(5)能复述叙事性作品的大意，初步感受作品中生动的形象和优美的语言，关心作品中人物的命运和喜怒哀乐，与他人交流自己的阅读感受。

(6)诵读优秀诗文，注意在诵读过程中体验情感，展开想象，领悟诗文大意。

(7)在理解语句的过程中，体会句号与逗号的不同用法，了解冒号、引号的一般用法。

(8)积累课文中的优美词语、精彩句段，以及在课外阅读和生活中获得的语言材料。背诵优秀诗文 50 篇(段)。

(9)养成读书看报的习惯，收藏图书资料，乐于与同学交流。课外阅读总量不少于 40 万字。

第三学段阅读目标(5~6 年级)

(1)能用普通话正确、流利、有感情地朗读课文。

(2)默读有一定的速度，默读一般读物每分钟不少于 300 字。学习浏览，扩大知识面，根据需要搜集信息。

(3)能联系上下文和自己的积累，推想课文中有关词句的意思，辨别词语的感情色彩，体会其表达效果。

(4)在阅读中了解文章的表达顺序，体会作者的思想感情，初步领悟文章的基本表达方法。在交流和讨论中，敢于提出看法，作出自己的判断。

(5)阅读叙事性作品，了解事件梗概，能简单描述自己印象最深的场景、人物、细节，说出自己的喜爱、憎恶、崇敬、向往、同情等感受。阅读诗歌，大体把握诗意，想象诗歌描述的情境，体会作品的情感。受到优秀作品的感染和激励，向往和追求美好的理想。阅读说明性文章，能抓住要点，了解文章的基本说明方法。阅读简单的非连续性文本，能从图文等组合材料中找出有价值的信息。

(6)在理解课文的过程中，体会顿号与逗号、分号与句号的不同用法。

(7)诵读优秀诗文，注意通过语调、韵律、节奏等体味作品的内容和情感。背诵优秀诗文 60 篇(段)。

(8)扩展阅读面。课外阅读总量不少于 100 万字。

2.《义务教育语文课程标准(2011年版)》关于阅读教学建议

《义务教育语文课程标准(2011年版)》对阅读教学的实施做出了明确的规定,具体如下:

(1)阅读是运用语言文字获取信息、认识世界、发展思维、获得审美体验的重要途径。阅读教学是学生、教师、教科书编者、文本之间对话的过程。

(2)阅读是学生的个性化行为。阅读教学应引导学生钻研文本,在主动积极的思维和情感活动中,加深理解和体验,有所感悟和思考,受到情感熏陶,获得思想启迪,享受审美乐趣。要珍视学生独特的感受、体验和理解。教师应加强对学生阅读的指导、引领和点拨,但不应以教师的分析来代替学生的阅读实践,不应以模式化的解读来代替学生的体验和思考;要善于通过合作学习解决阅读中的问题,但也要防止用集体讨论来代替个人阅读。

(3)阅读教学应注重培养学生感受、理解、欣赏和评价的能力。这种综合能力的培养,各学段可以有所侧重,但不应把它们机械地割裂开来。

(4)在理解课文的基础上,提倡多角度、有创意的阅读,利用阅读期待、阅读反思和批判等环节,拓展思维空间,提高阅读质量。但要防止逐字逐句的过深分析和远离文本的过度发挥。

(5)各个学段的阅读教学都要重视朗读和默读。各学段关于朗读的目标中都要求"有感情地朗读",这是指,要让学生在朗读中通过品味语言,体会作者及作品中的情感态度,学习用恰当的语气语调朗读,表现自己对作者及其作品情感态度的理解。朗读要提倡自然,要摒弃矫情做作的腔调。

(6)应加强对阅读方法的指导,让学生逐步学会精读、略读和浏览。有些诗文应要求学生诵读,以利于丰富积累、增强体验,培养语感。

(7)在阅读教学中,为了帮助理解课文,可以引导学生随文学习必要的语文知识,但不能脱离语文运用的实际去进行"系统"的讲授和操练,更不应要求学生死记硬背概念、定义。

(8)要重视培养学生广泛的阅读兴趣,扩大阅读面,增加阅读量,提高阅读品位。提倡少做题,多读书,好读书,读好书,读整本的书。关注学生通过多种媒介的阅读,鼓励学生自主选择优秀的阅读材料。加强对课外阅读的指导,开展各种课外阅读活动,创造展示与交流的机会,营造人人爱读书的良好氛围。

3.《义务教育语文课程标准(2011 年版)》关于阅读评价建议

语文课程评价具有检查、诊断、反馈、激励、甄别和选拔等多种功能,其目的是为了考察学生实现课程目标的程度,检验和改进学生的学习和教师的教学,改善课程设计,完善教学过程。《义务教育语文课程标准(2011 年版)》对阅读领域的评价,也提出了明确的规定和要求,具体如下:

(1)阅读评价:要综合考察学生阅读过程中的感受、体验和理解,要关注其阅读兴趣与价值取向、阅读方法与习惯,也要关注其阅读面和阅读量,以及选择阅读材料的能力。重视对学生多角度、有创意阅读的评价。语文知识的学习重在运用,其概念不作为考试内容。

(2)朗读的评价:小学六年的朗读的总要求是能用普通话正确、流利、有感情地朗读课文。根据阶段目标,各学段的要求可以有所侧重。评价学生的朗读,可从语音、语调和语气等方面进行综合考察,评价“有感情地朗读”,要以对内容的理解与把握为基础,要防止矫情做作、拿腔拿调。

(3)诵读评价:重在提高学生的诵读兴趣,增加积累,发展语感,加深体验和领悟。在不同学段,可在诵读材料的内容、范围、数量、篇幅、类型等方面逐渐增加难度。

(4)默读的评价:应从学生默读的方法、速度、效果和习惯等方面进行综合考察。

(5)精读的评价,重点评价学生对阅读材料的综合理解能力,要重视评价学生的情感体验和创造性的理解。第一学段可侧重考察对文章内容的初步感知和文中重要词句的理解、积累;第二学段侧重考察通过重要词句帮助理解文章,体会其表情达意的作用,以及对文章大意的把握;第三学段侧重考察对文章表达顺序和基本表达方法的了解领悟。

(6)略读的评价,重在考察学生能否把握阅读材料的大意。浏览的评价，重在考察学生能否从阅读材料中捕捉有用信息。

（7）文学作品阅读的评价，着重考察学生感受形象、体验情感、品味语言的水平，对学生独特的感受和体验应加以鼓励。第一学段侧重考察学生能通过朗读和想象等手段，大体感受作品的情境、节奏和韵味；第二学段侧重考察在阅读全文基础上对重要段落和语句的细致阅读，具体感受作品的形象和语言；第三学段，可通过考察学生对形象、情感、语言的领悟程度，以及自己的体验，来评价学生初步鉴赏文学作品的水平。

（8）阅读古代诗词和浅易文言文的评价：重点考察学生的记诵积累，考察他们能否凭借注释和工具书理解诗文大意。词法、句法等方面的概念不作为考试内容。

（9）课外阅读的评价：要重视学生课外阅读的评价。应根据各学段的要求，通过小组和班级交流、学习成果展示等方式，了解学生的阅读量和阅读面，进而考察其阅读的兴趣、习惯、品位、方法和能力。

阅读评价建议

维度	具体要求
情境维度	享受阅读乐趣，为个人发展而阅读。
文本维度	叙事性作品、诗歌、说明性文章、浅显文言文、简单的非连续性文本。
认知维度	掌握朗读、默读、浏览、诵读方式，了解、推断、体会、判断、领悟、理解、向往、体味等基本阅读思维方式，不同文本的阅读方法。
阅读量	背诵优秀诗文 60 篇（段），小学阶段课外阅读总量不少于 150 万字。

（二）依据 PISA 阅读素养的评价标准

1.依据 PISA 阅读素养的评价标准

（1）PISA 纸笔测试的评价标准

PISA 的纸笔测试的评价主要建立在情境、文本、认知这三个维度上。它们可以评价学生为什么读、读什么和和怎么读这三方面的阅读素养。表 1 显示了阅读素养评价框架的主要内容及其内在关系。我们正是通过对这一因素的系统操作来构建任务，从而形成纸笔测试标准。

表 1　阅读素养评价框架的维度及其内在关系

维度	主要内容	具体因素
情境 （为什么读）	个人应用	满足自己的兴趣
	公共应用	与广泛的社会有关
	教育情境	用于教学
	职业情境	与工作场所有关
文本 （读什么）	媒介 （文本以何种形式呈现）	纸质版 电子版
	环境 （读者是否能改变文本）	作者为主（读者为接受者） 消息本位（读者可以改变）
	文本形式 （如何呈现文本）	连续性文本（句子）
		非连续性文本
		混合文本
		多重文本
		描述性文本
	文本类型 （文本的修辞结构为何）	叙述型（回答是什么）
		说明型（回答“如何”）
		议论型（回答“为什么”）
		指示型（提供指导）
		交流型（交换信息）
认知方面 （怎么读）	获取与检索	文本中的信息
	整合与理解	读到的东西
	反思与评价	跳出文本联系自己的已有经验

其中，文本方面的媒介、环境、文本形式、文本类型以及阅读情境这几方面是研究者选择阅读材料的重要依据。而编制阅读问题的重要依据则应是认知方面的三个要求。通过对这三方面要求的具体分析，可用下面的表格呈现出 PISA 阅读素养评价在认知维度的具体要求及内容。

表 2　PISA 阅读素养评价在认知维度的具体要求及内容

维度	认知方面	评价内容	具体要求
来自文本的资讯信息	获取与检索	寻找信息	获取事件发生的时间、地点、背景、任务、文章的主题、字词定义、观点等信息。
		选择收集信息	
	整合与理解	形成广义的整体的理解	确认文章的写作目的，解释、说明顺序，明确图、表的数据范围、用途，了解文本各部分的关系，明确整篇文章或文本各部分的基本假设或内涵等。
		发展解释	
连接外在知识与经验	反思与评价	文本内容的反思与评价	提取已有的知识经验，建构对文章的深层认识。
		文本形式的反思与评价	评价文章的结构、类型、语言特点，作者的写作风格以及语言运用的细微差别。

（2）调查问卷的编制标准

PISA 除试卷测试外，还通过收集关于学校的背景信息、学生、学生的家庭以及他们对学习的态度等信息，从个体学习者、教学、学校及教育体制四个层面进行深层次分析。遵循可实施的原则，根据当地学生的实际情况，我们将要编制一份针对学生的具有综合性的调查问卷，和纸笔测试卷一起发放给学生。题目中将会涉及的有关学生自身、家庭及学校的相关信息，作为最后分析影响学生阅读素养形成因素的重要依据。

二、小学生阅读素养评价标准的形成

（一）制订“小学生阅读素养评价标准细化表”

我们通过对 PISA 阅读素养评价标准的分析，依据《义务教育语文课程标准（2011 年版）对小学生阅读能力的要求和阅读评价建议，结合小学生语文课程学习的实际，初步拟定了小学生阅读素养的评价细则。然后充分征求广大一线语文教师和家长的意见，最后形成“小学生阅读素养评价标准细化表”。

表 3 小学生阅读素养评价标准细化表

一级指标	二级指标	得分
获取与检索（30 分）	寻找信息(15 分)	
	选择收集信息(15 分)	
整合与理解（40 分）	整体感知文本(10 分)	
	形成解释(30 分)	
反思与评价（30 分）	文本内容的反思与评价(15 分)	
	文本形式的反思与评价(15 分)	

(二)评价标准各维度内涵

1.获取与检索

(1)寻找信息

寻找信息主要指学生根据要求,能够在文本所提供的信息中快速找到所需要的信息的素养,如事件发生的时间、地点、背景等。检测这一维度的题目一般是阅读中最简单的题目,因为一般情况下这些信息在文章中都有现成的答案,只要认真阅读,会很迅速找到。

(2)选择、搜集信息

选择、搜集信息是在寻找信息的基础上进行的,主要是对文本隐含信息的理解。这一过程需要学生依据文本信息而进行一定的选择、整合及逻辑理解。因为在测试中,所需要的信息不只是某一项,可能由几个信息组合而成或所给出的信息不是以直接的方式呈现,这就需要学生进行辨别、组合,从中提取出有价值的信息,或从所给词语中找到与文中某个词语的内涵相符的一个,这些都是选择和搜集信息。

2.整合与解释

(1)整体感知文本

整体感知文本是指学生结合他们已有的知识经验,对文本内容的整体感知与初步概括、初步建构意义的过程。对学生这一素养的考查主要有概括文本的大意、推断文本的主旨、对文本的情绪体验等。

(2)形成解释

形成解释是指在学生深入地阅读文本后，利用所得到的文本信息对相关问题做出一个合理的解释。这是一个识别文本隐含寓意的过程，通常是针对文本中的某一问题或说法，从文本内容、自己的知识经验和生活体验来谈对文本内容的理解，以及自己的体验、感受、启示和理解。在阅读中可以通过让学生找出文本中的关键词语，根据上下文理解句子的内涵，从文本中的信息中找到相关问题的原因等题目来考查这一素养。

3.反思与评价

(1)文本内容的反思与评价

对文本内容的反思与评价是指学生根据自己已有的常识和经验，结合文本内容，对文本做出合理的评价，从而建构对文本深层次的理解。例如评价文本中的某个观点，并且说明自己的理由，或者是利用文本给出的一些标准，解决其他情境中的问题，如“根据以上的课外活动时间表，你认为小丽可以参加哪个兴趣小组呢”这样的问题。

(2)文本形式的反思与评价

对文本形式的反思与评价是指学生站在文本之外的立场，联系自己原有的知识经验来客观地反思、评价文章的形式特点的素养，比如评价文章的结构、类型语言特点，鉴评作者的写作风格，识别文本材料的逻辑组织方式等。

第四节　小学生阅读素养评价实践探索

一、H 市基于小学生核心素养的学业评价方式改革实验

(一)基于小学生核心素养的学业评价方式改革实验简介

1.实验背景

为贯彻落实国家中长期教育改革和发展规划纲要，贯彻落实教育部《关

于推进中小学教育质量综合评价改革的意见》文件精神，全面贯彻落实市政府《关于印发H市义务教育三大提升工程实施方案的通知》《H市“十三五”教育事业改革与发展规划》等文件要求，深入推进全市基础教育改革和发展，深化教育评价改革，切实减轻学生课业负担，促进学生健康成长和全面发展，全面提升基础教育质量，H市教育局围绕“建立健全中小学教育教学质量和学生学业质量评价体系及常态化监管机制”的目标，开展了小学生学业评价方式改革实验等一系列教育评价改革活动。

2.实验进展情况

“H市小学生学业评价方式改革实验”项目，旨在切实改变小学生学业评价和呈现方式，改变单纯用考试分数呈现学生学业状况的做法，实现对小学生学业成绩的全面评估分析。该实验自2013年10月开始进行试点，2016年扩大改革实验规模，试点学校从原有的4所学校扩展到142所学校，实验学科从小学数学单科扩展到语文、数学、英语、科学四门学科。2017年1月，实验已覆盖四个大区全部小学以及其他县(市)区部分小学，共计206所，覆盖学生8万余人。

3.实验内容

本实验工作是通过具有该市特色的学业评价云服务平台，建立以学业数据收集为基础，结合教育测量理论，以学科核心素养为核心的评价体系。通过对学生学业水平的检测自动诊断出学生学科核心素养发展情况，开展有针对性的教学和微课讲解。目前，围绕实验工作，已建立以下教育信息化应用系统：(1)学业大数据采集分析系统；(2)个性化统计分析系统；(3)学科质量分析系统；(4)学业数据管理系统；(5)智能化教研分析系统；(6)基础数据管理系统。

4.实验目标

(1)为教育决策和学校教育教学管理活动提供参考和指导：通过大数据分析，形成多层次的评价分析报告，为各级教育主管部门教育决策提供参考，对各级各类学校教育教学管理活动提供指导和支持，为广大学生和家长提供服务。

(2)为全市基础教育阶段学校教育教学质量实施全面监测奠定基础:基于学业水平监测,逐步拓展到学生品德发展、身心健康、兴趣特长、学业负担、教师专业发展水平、师生关系、学校课程领导力、社会满意度等,全面掌握全市基础教育阶段学校教育教学管理和发展状况。

(3)引导教育发展方向,形成科学的教育价值观和质量观:充分发挥评价的导向作用,引导学校树立科学的教育质量观,促进学校优质化、特色化、可持续化发展;引领全社会正确认识和评价教育质量,切实扭转单纯依据考试成绩来评价学校和学生的错误倾向,促进学生健康成长和全面发展。

5.评价思想

2016年2月,教育部下发《中国学生发展核心素养(征求意见稿)》,指出"学生发展核心素养是深化课程改革,落实立德树人目标的关键因素,是促进学生全面发展的必备品格和关键能力"。2016年9月,教育部发布《中国学生发展核心素养》,明确了核心素养以培养"全面发展的人"为核心,分为文化基础、自主发展、社会参与三个方面,综合表现为人文底蕴、科学精神、学会学习、健康生活、责任担当、实践创新六大素养,具体细化为国家认同等十八个基本要点,并将学生核心素养的发展作为检验和评价教育质量的重要依据。

围绕国家在教育发展,教育质量评价及学生发展核心素养上的不断改革,教育理念、评价思想也正发生着整体性的变革。H市教育局教科院基于学生发展核心素养的要求,结合全市教育实际和教育改革发展现状,从五个方面制定小学生评价实验工作的评价思想:

(1)去分数化评价:引导社会、学校、家长、学生关注学业本身,而非测量指标值;

(2)诊断式评语:鼓励式评价;

(3)逐题得失分析:指导家长、学生全面了解该学科的问题分布;

(4)批注错误原因:帮助家长、学生关注问题本身,而非结果;

(5)自学视频讲解:形成"学而时习之,温故而知新"的评价诊断提升机制。

6.评价方法和工具

H 市开展小学生评价实验改革，每学期期末主要采用诊断性评价和总结性评价方式测试小学四、五、六年级语文、数学、英语和科学。

诊断性评价：在每次实验工作开始之前，由市教科院组织学科教研员、骨干教师共同研究课程标准，全面分析教学重难点及相应的学习困难度，研制相关前置评价框架。

总结性评价：对学生所取得的学业成就作出全面鉴定，复盘整个学期教学方案的有效性。

评价工具：通过结构性的定性与定量相结合，会给每位学生形成学业报告单，为学生指明学习方向，同时为市级教育主管部门、区、校级管理者、学科教师提供统一的判断标准，提供市级学科综合评价报告、市级学科报告、区级学科综合报告、区级学科报告、校长报告、班主任报告和教师报告。为市级教育决策、学校教育管理、班级教育教学提供可量化的数据依据。

（二）基于小学生核心素养语文素养评价探索与分析

第一部分，2016～2017 学年度第二学期四年级阅读素养评价测试与分析。

1.全市各领域分析

领域	市平均等级
对语言的分析理解能力	B
分析语段，概括提炼语言信息	B
句子基本知识及运用	B
围绕主题表达、组织表达内容、表达方法和语言	A
对语段关键内容的把握	A
对语段的阅读理解	B
提取信息进行语言表达	A
文学知识的理解与积累	A
根据语境理解词语	B

续表

领域	市平均等级
汉字、词语与语境的关系	A
熟语的积累与运用	B
理解文本，获得审美体验	B
理解辨析词语	A
简单修辞手法的运用	A
经典古诗文的理解与积累	A
规范书写汉字	A
阅读理解所提供的材料	A

2.知识点得分情况概述

题号	所属领域	知识点	分值	平均等级	得分率
1	规范书写汉字	运用水笔规范工整书写汉字	3	A	0.92
2	汉字、词语与语境的关系	根据情境填写汉字	6	A	0.77
3	理解辨析词语	同音字、多音字、近反义词辨析	12	A	0.82
4	句子基本知识及运用	修改病句	9	B	0.7
5	文学知识的理解与积累	课外阅读	6	A	0.84
6	经典古诗文的理解与积累	记背本册教材和《课标》指定的诗句	6	A	0.84
7	熟语的积累与运用	名言、警句、俗语	6	B	0.7
8	对语段的阅读理解	理解掌握总分段落结构	3	B	0.73

续表

题号	所属领域	知识点	分值	平均等级	得分率
9	简单修辞手法的运用	认识比喻、拟人的用法，会写比喻、拟人句	4	A	0.89
10	根据语境理解词语	阅读中对词语的理解	2	B	0.61
11	分析语段，概括提炼语言信息	对一段文字提取信息并加以概括	3	B	0.75
12	对语言的分析理解能力	对段落中心内容的的正确把握	2	B	0.6
13	理解文本，获得审美体验	用简要语言表达阅读感受或观点	4	B	0.72
14	阅读理解所提供的材料	读懂非连续文本核心内容，并正确操作	4	A	0.95
15	对语段关键内容的把握	关注非连续性文本中的细节提示	2	A	0.79
16	提取信息进行语言表达	借助非连续性文本实际问题	3	A	0.84
17	围绕主题表达、组织表达内容、表达方法和语言	根据提示和要求，联系生活，组织素材，规范表达，能正确使用标点符号	25	A	0.75

通过知识点学情分析表明，“名言、警句、俗语”“阅读中对词语的理解”“对段落中心内容的的正确把握”等领域的得分率较低，说明在语文教学中，要加强语文积累和阅读实践，扩大课外阅读量。在课堂训练中重视阅读方法的指导，引导学生从阅读实践中培养能力。“运用水笔规范工整书写汉字”“读懂非连续文本核心内容，并正确操作”“认识比喻、拟人的用法，会写比喻、拟人句”等知识点掌握较好。

3.典型试题分析

(1)对语言的分析理解能力

（二）动物的“慈母”心

①你见过母鸡育雏的情景吗？母鸡“咯咯咯”地招呼孩子啄食，啄食又吐出，顾不得自食。小鸡“玩”累了，母鸡就让它们一个个紧贴在自己温暖的胸腹下休息。下雨了，它展开翅膀，犹如撑开的大伞，为小鸡挡风遮雨。

②熊猫对子女的抚抱等动作好像人类一样 。当小熊猫刚降生世间，熊猫妈妈便用嘴把它叼起来，抱在怀里，不时地亲吻，舔干孩子湿漉漉（lù）的皮肤。当孩子学会走路，熊猫妈妈紧跟在后，用爪子“擦掉”小仔身上的泥土。

③许多在地面上筑巢的鸟类，一旦遇到敌害，还会来一套“调虎离山”计。比如在灌木丛中，一窝刚出壳的小鹌（ān）鹑（chún）被狐狸发现了，正在窝中的鹌鹑妈妈为了孩子免遭不幸，“扑”地飞了出来，只展开一边翅膀，另一边翅膀好像折断了似的。狐狸以为猎物唾（tuò）手可得，便舍弃巢穴中的小鹌鹑，猛地扑向鹌鹑妈妈。当狐狸的爪子就要抓到时，鹌鹑妈妈便机灵地飞向高空。但有时来不及逃避，为了孩子的安全，鹌鹑妈妈就成了狐狸的腹中之物。

10. 联系上下文理解词语意思。

调虎离山：________________________________

唾手可得：________________________________

11. 第①自然段中，作者从________、________、________三个方面来写母鸡关心、爱护小鸡。

12. 第③自然段中，作者举了一个什么具体事例来表现鹌鹑妈妈爱护孩子的？

13. 读了第③自然段画“____”的句子，你有什么感受？

____

____

案例1:阅读中对词语的理解即根据语境理解词语(题号:10)

区域	全市	07区	05区	04区	02区	06区	11区
等级	B	B	B	B	B	B	B
得分率	0.61	0.63	0.58	0.65	0.64	0.64	0.51
区域	12区	08区	09区	10区	03区	01区	
等级	B	B	A	C	B	B	
得分率	0.68	0.63	0.82	0.42	0.63	0.63	

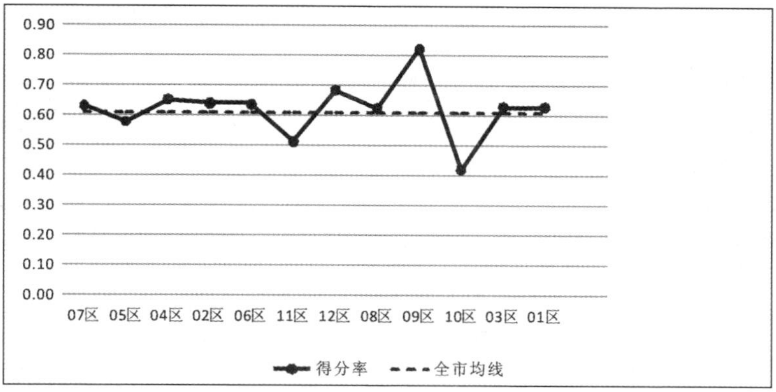

分析：整体来看，该领域全市掌握情况较均衡。

在“根据语境理解词语”领域，11 区、10 区掌握程度较低，与全市平均水平有差距，需要在教学中给予关注，尤其在阅读教学中，要引导学生体会词语用法，品析词语与语境的关系，活学活用。09 区掌握较好。

本题有两个考查方向：一是联系语境理解词语意思；二是用通顺简练的语言表达词语意思。学生答错的原因多在第二个方面。在平时教学中，很多教师忽视了理解词语的过程和方法，学生大多是通过工具书获得对词语的理解，一知半解。建议教师在阅读教学中多加关注，多设计类似的语言训练，引导学生摆脱对工具书的依赖。

案例 2：对一段文字提取信息并加以概括（见上一面 11 题）

各知识点区域得分率

区域	全市	07 区	05 区	04 区	02 区	06 区	11 区
等级	B	B	A	A	A	B	B
得分率	0.75	0.66	0.77	0.78	0.76	0.63	0.73
区域	12 区	08 区	09 区	10 区	03 区	01 区	
等级	A	A	B	A	A	B	
得分率	0.82	0.81	0.60	0.92	0.83	0.73	

分析：整体来看，该领域全市掌握情况良好。

在“分析语段，概括提炼语言信息”领域，07 区、06 区、09 区掌握程度较低，与全市平均水平差距较大，需要在教学中给予关注，其余均在平均线上，10 区相对较好。

案例 3：对段落中心内容的的正确把握（见前面 12 题）

各知识点区域得分率

区域	全市	07 区	05 区	04 区	02 区	06 区	11 区
等级	B	C	B	A	A	B	C
得分率	0.6	0.39	0.53	0.77	0.81	0.59	0.44
区域	12 区	08 区	09 区	10 区	03 区	01 区	
等级	B	A	A	D	A	B	
得分率	0.74	0.83	0.76	0.22	0.80	0.70	

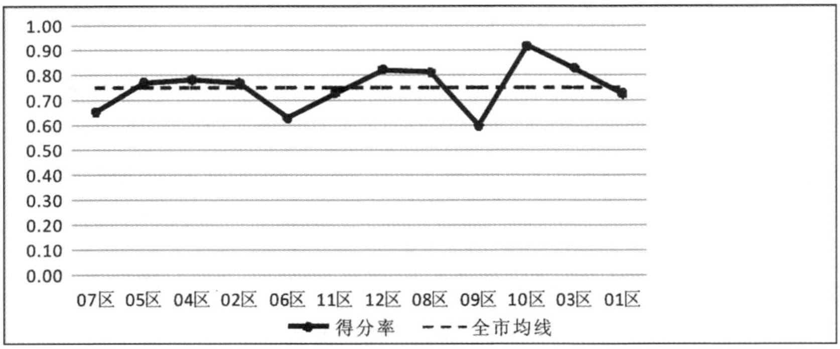

分析：整体来看，该领域全市掌握情况较好。

在“对语言的分析理解能力”领域，07 区、11 区、10 区掌握程度较低，与全市平均水平差距较大，需要在教学中给予关注。县区教研需要将此作为研究重点，分析原因，研究对策，缩小差距。其余均在平均线上，02 区、08 区相对较好。该题答错原因主要是：1.学生对该段文字的内容认识不完整，抓不住重点信息。2.学生不能用简练的文字叙述自己的理解，内容冗杂。建议：平时的阅读教学中，要加强概括能力的训练，指导概括课文的方法和要求，让学生在讨论和评析中培养语言概括能力。

案例 4：理解文本，获得审美体验，简要语言表达阅读感受或观点。（见前页 13 题）

各知识点区域得分率

区域	全市	07 区	05 区	04 区	02 区	06 区	11 区
等级	B	B	A	B	B	A	B
得分率	0.72	0.69	0.82	0.7	0.51	0.75	0.67
区域	12 区	08 区	09 区	10 区	03 区	01 区	
等级	A	A	A	B	C	A	
得分率	0.76	0.84	0.83	0.72	0.46	0.85	

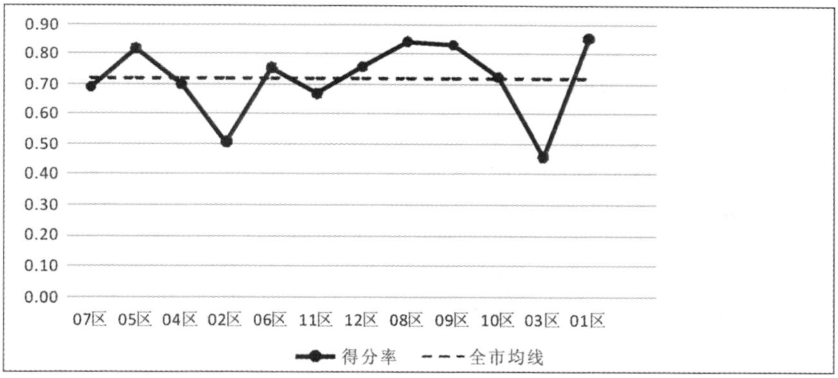

分析：整体来看，该领域全市掌握情况较均衡。

在“理解文本，获得审美体验”领域，02 区、03 区掌握程度较低，与全市平均水平差距较大，需要在教学中给予关注。建议在教学中要体现“以学生为主体”的课程理念，关注学生个体的独特体验，鼓励学生乐于表达阅读观点。01 区掌握较好，希望继续努力。

（2）对语段关键内容的把握

四、语文与生活

在日常生活中，我们经常接触到二维码：到超市购物可以通过扫二维码付款；扫描图书中的二维码，就可以获取更多的阅读资源……那什么是二维码呢？今天我们就来了解一下。

材料一：

二维码是一种黑白相间的图形，主要用于记录数据信息。由于二维码储存信息量大，制作又非常方便，它已经被广泛应用于生活的各个角落。

材料二：

通过扫描二维码，可以帮助我们做许多的事，例如：

- 获取信息（名片、地图、无线密码、资料）
- 网站跳转（跳转到手机网站）
- 广告推送（浏览商家推送的广告）
- 手机电商（手机直接购物）
- 优惠促销（可以下载优惠券，抽奖）
- 手机支付（扫描二维码，可完成付款）

材料三：

扫描二维码有时候会刷出一条链接，提示下载软件，而有的软件可能藏有病毒。其中一部分病毒下载安装后，会对手机、平板电脑造成不良影响；还有部分病毒一旦下载，就会导致手机自动发送信息并扣取大量话费。所以，在扫描二维码时一定要多留心，来源不明的二维码一律不去扫描。

14. 根据以上材料判断，在正确的说法后面打“√”，在错误的说法后面打“×”。

(1)二维码是一种数字号码。（　　）

(2)随意扫二维码可能会影响到我们手机的使用安全。（　　）

(3)二维码可以让我们实现用手机付款。（　　）

(4)二维码的出现让我们的生活变得更加便捷。（　　）

15. 二维码由于（　　　　　　　　）、（　　　　　　　　），所以被广泛应用。

16. 王小红用爸爸的手机听英语录音，忽然收到一条带有二维码图片的信息，上面说如果扫描这个二维码就可以成为**公司的金牌会员，还有可能抽取100万元的大奖。王小红十分激动，想立即去扫描。如果你就在王小红的身边，结合以上材料，你会如何劝她？

____

____

____

案例 1:读懂非连续文本核心内容(见前页 14 题)

各知识点区域得分率

区域	全市	07 区	05 区	04 区	02 区	06 区	11 区
等级	A	A	A	A	A	A	A
得分率	0.95	0.96	0.96	0.96	0.95	0.95	0.92
区域	12 区	08 区	09 区	10 区	03 区	01 区	
等级	A	A	A	A	A	A	
得分率	0.92	0.95	0.96	0.95	0.94	0.96	

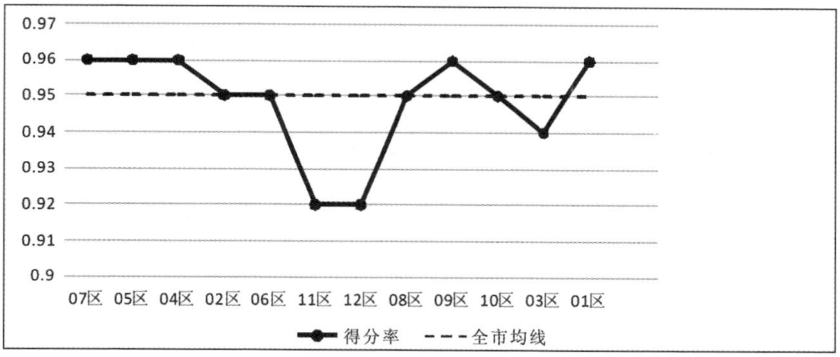

分析:整体来看,该领域全市掌握情况差距较大。

在“阅读理解所提供的材料”领域,11 区、12 区掌握程度较低,与全市平均水平差距较大,需要在教学中给予关注。01 区掌握较好。

案例 2:关注非连续性文本中的细节提示(见前页 15 题)

各知识点区域得分率

区域	全市	07 区	05 区	04 区	02 区	06 区	11 区
等级	A	A	A	A	B	A	A
得分率	0.79	0.79	0.80	0.79	0.75	0.79	0.77
区域	12 区	08 区	09 区	10 区	03 区	01 区	
等级	B	A	A	A	A	A	
得分率	0.72	0.84	0.84	0.75	0.84	0.82	

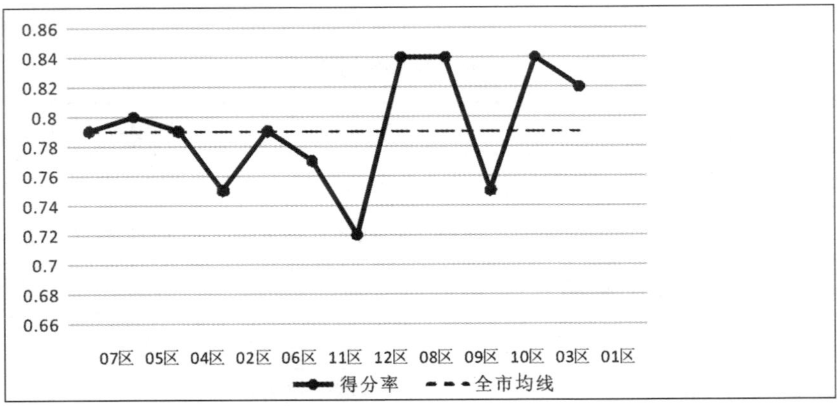

分析：整体来看，该领域全市掌握情况较均衡。

在“对语段关键内容的把握”领域，12 区、02 区、10 区掌握程度较低，与全市平均水平差距较大，需要在教学中给予关注，教学中多开展专题训练，帮助学生掌握提取语言信息的方法；08 区、09 区、03 区掌握较好。

案例 3：提取非连续文本信息进行语言表达（见前页 16 题）

各知识点区域得分率

区域	全市	07 区	05 区	04 区	02 区	06 区	11 区
等级	A	A	A	A	A	A	A
得分率	0.84	0.80	0.87	0.84	0.93	0.76	0.83
区域	12 区	08 区	09 区	10 区	03 区	01 区	
等级	A	A	A	A	A	A	
得分率	0.80	0.93	0.89	0.94	0.92	0.79	

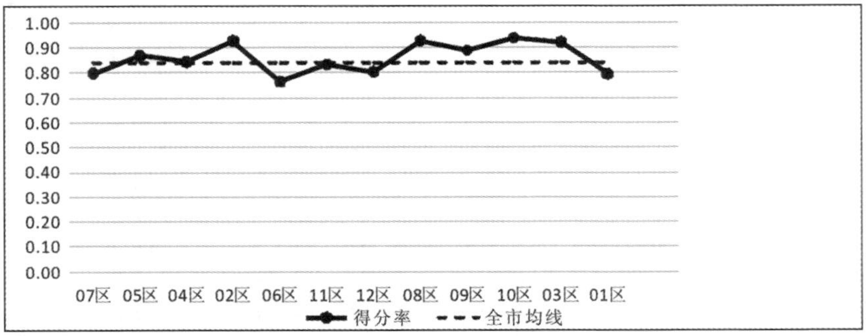

分析:整体来看,该领域全市掌握情况较均衡。

在"提取信息进行语言表达"领域,06 区、12 区、08 区掌握程度相对较低,需要在教学中给予关注。02 区、10 区掌握较好。非连续性文本的阅读是语文实践性的具体体现,在平时的阅读教学中,教师要将此项训练列入计划,引导学生将语文学习与生活实际结合起来。

(3)对语段的阅读理解

三、阅读理解

(一)

夏日里的荷花更是让人流连忘返。她们羞涩地从水里露出了一张张甜美的笑脸,像一个个展示绿色盛装的模特儿。有的如白玉纯洁无瑕,有的似翡翠碧绿晶莹 …… 出淤泥而不染 。 看!那满湖的荷花,真是婀娜多姿啊!瞧!那一朵朵荷花犹如披着轻纱的仙女在湖中沐浴,娇羞欲语。随风飘来阵阵清香,沁人心脾。花丛中,还有一群儿童不顾荷花姑娘的羞涩,光着身子在湖中嬉戏打闹呢!

8. 这段话是__________结构,主要围绕"____"这句话来写的。

9. 从这段文字中找一个比喻句,用"______"画出;找一个拟人句,用"~~~~~~"画出。再写一个比喻句。

比喻句:____

案例 1:理解掌握总分段落结构(见(一)第 8 题)

各知识点区域得分率

区域	全市	07 区	05 区	04 区	02 区	06 区	11 区
等级	B	A	A	B	B	B	B
得分率	0.73	0.75	0.76	0.74	0.69	0.72	0.68
区域	12 区	08 区	09 区	10 区	03 区	01 区	
等级	B	B	A	B	B	B	
得分率	0.69	0.74	0.77	0.74	0.71	0.73	

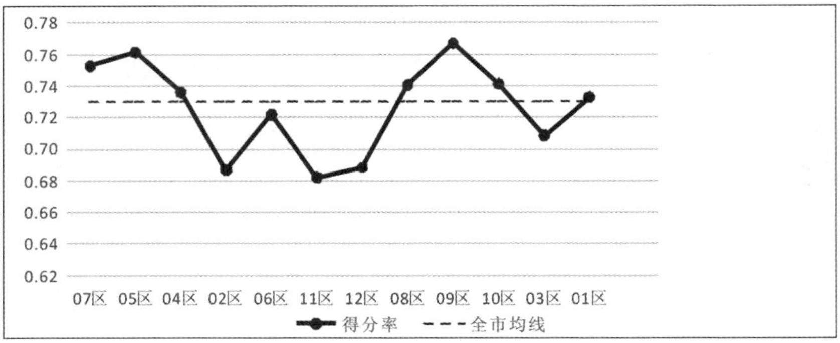

分析:整体来看,该领域全市掌握情况差异较大,说明语段阅读理解不仅是语文学习的重点,也是难点,教师在这方面的教学质量参差不齐,值得我们关注。

在"对语段的阅读理解"领域,02 区、11 区、12 区掌握程度较低,与全市平均水平差距较大,需要在教学中给予关注。09 区、05 区掌握较好。

案例 2:修辞手法的运用,认识比喻、拟人的用法,会写比喻、拟人句(见前页(一)第 9 题)

各知识点区域得分率

区域	全市	07 区	05 区	04 区	02 区	06 区	11 区
等级	A	A	A	A	A	A	A
得分率	0.89	0.91	0.93	0.89	0.95	0.85	0.92
区域	12 区	08 区	09 区	10 区	03 区	01 区	
等级	A	A	A	A	A	A	
得分率	0.84	0.91	0.94	0.87	0.86	0.95	

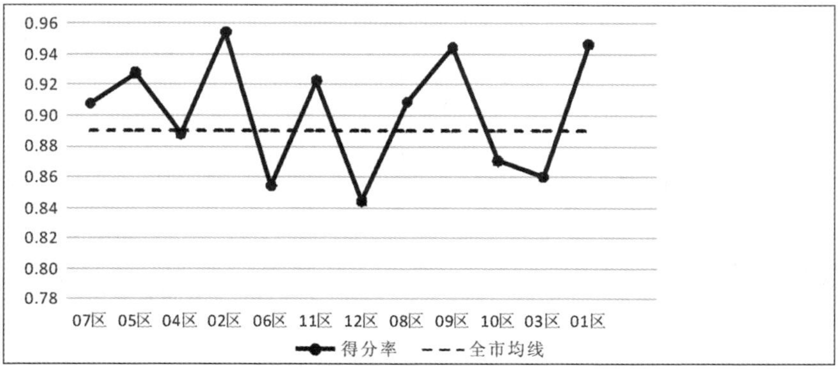

分析:整体来看,该领域全市掌握情况有一定差异,区域表现不平衡。

在“简单修辞手法的运用”领域,06 区、12 区掌握程度较低,与全市平均水平差距较大,需要在教学中给予关注。02 区掌握较好。

(4)文学知识的理解与积累

案例:文学常识连线题(见下面第 5 题)

5. 将成语与相对应的历史人物用线连起来。

初出茅庐	岳　飞
妙手回春	曹　操
卧薪尝胆	包　拯
铁面无私	勾　践
精忠报国	诸葛亮
望梅止渴	华　佗

各知识点区域得分率

区域	全市	07 区	05 区	04 区	02 区	06 区	11 区
等级	A	A	A	A	A	A	B
得分率	0.84	0.89	0.90	0.87	0.83	0.87	0.62
区域	12 区	08 区	09 区	10 区	03 区	01 区	
等级	B	B	A	A	A	A	
得分率	0.62	0.70	0.88	0.87	0.80	0.88	

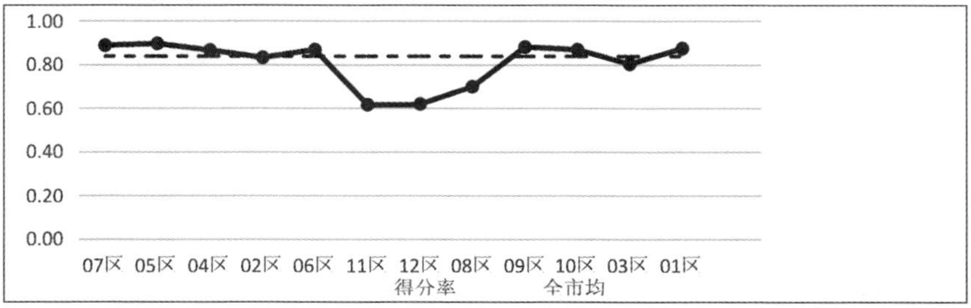

分析:整体来看,该领域全市掌握情况较均衡。

在“文学知识的理解与积累”领域,11 区、12 区、08 区掌握程度较低,与全市平均水平差距较大,需要在教学中给予关注。其他区的情况较为均衡。

(5)经典古诗文的理解与积累

案例:记背本册教材和《课标》指定的诗句(6 题)

各知识点区域得分率

区域	全市	07 区	05 区	04 区	02 区	06 区	11 区
等级	A	A	A	A	A	A	B
得分率	0.84	0.92	0.91	0.85	0.86	0.84	0.55
区域	12 区	08 区	09 区	10 区	03 区	01 区	
等级	B	B	A	A	A	A	
得分率	0.72	0.57	0.91	0.89	0.84	0.81	

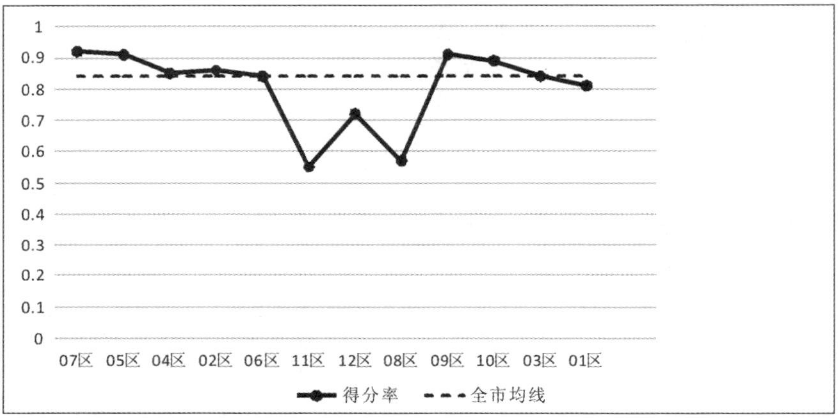

分析:整体来看,该领域全市掌握情况较均衡。

在“经典古诗文的理解与积累”领域,11 区、08 区掌握程度较低,与全市平均水平差距较大,需要在教学中给予关注。07 区掌握较好。

第二部分, 2016~2017 学年度第二学期五年级阅读素养评价测试与分析。

1.总体情况概述

本次学业评价方式改革实验共有 12 个区域,覆盖 187 所学校,累计 3 万余五年级学生参与试点。本次测评:全市五年级语文平均分为优秀,表明学生对于知识点整体掌握情况较好;中位数 85 分,即按照高低顺序排列的考生分数中居于中间位置的分数为 85 分;其中众数 86 分,在本次考试中,取得 86 分的学生数最多,表明本次考试中优秀学生数占比较高。

本次考试,根据学生考试总分,划分为优秀、良好、合格、待合格 4 个等级,详细说明如下:

优秀:[85,100](总分大于等于 85 分,小于等于 100 分)。

良好:[70,85)(总分大于等于 70 分,小于 85 分)。

合格:[60,70)(总分大于等于 60 分,小于 70 分)。

待合格[0,60)(总分大于等于 0 分,小于 60 分)。

本次考试,各小题根据学生得分率,划分为 A、B、C、D4 个等级,详细说明如下:

A:[0.75,1](得分率大于等于 0.75,小于等于 1)。

B:[0.5,0.75)(得分率大于等于 0.5,小于 0.75)。

C:[0.25,0.5)(得分率大于等于 0.25,小于 0.5)。

D:[0,0.25)(得分率大于等于 0,小于 0.25)。

2.学业水平

(1)学业等级分布

学业等级	人数	占比
优秀	18440	52.25%
良好	14744	41.78%
合格	1424	4.04%
待合格	681	1.93%

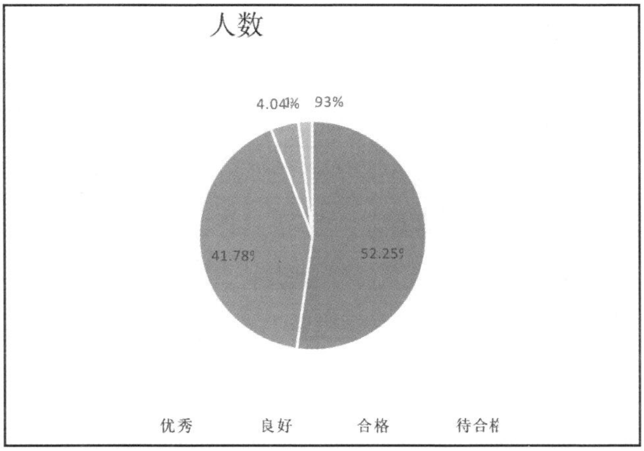

（2）等级分布

通过学业等级分布表明，优秀（85～100 分）等级占比接近 53%，优秀、良好、合格（60 分以上）等级占比达 98.07%，表明全市学生在学科素养情况较好，学生整体学业水平达到良好标准。待合格率 1.93%，占比较小，说明落后面很小。

（3）学业等级分布

通过学业等级分布表明，各区域优秀率占比均较高，表明各区域大部分学生整体掌握较好。尤其是 03 区、09 区、01 区、04 区、05 区、07 区表现优异。11 区、12 区合格以下等级占比较大，需要关注。

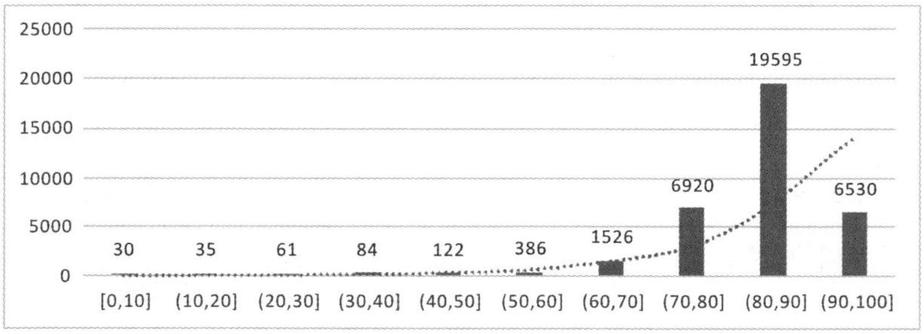

通过分段统计数据表明，(80,90］占比 55.53%，(60,70］占比 4.43%，即优秀转化空间和良好转化空间较大。另外，待合格分数段的学生共有 681 人，平均每所学校 4 人，学校可重点关注。

3.领域学情分析

领域	市平均等级
分析语言，进行语言运用	B
分析句子，训练语文技能	A
句子基本知识及运用	A
围绕主题表达、组织表达内容、表达方法和语言	A
拼音及汉字的掌握	A
掌握学习方法，进行实际运用	A
提取信息进行语言表达	B

续表

领域	市平均等级
文学基础知识运用	A
熟语的积累与运用	B
理解文本,获得审美体验	B
理解辨析词语	A
积累词句、片段,提高言语表达	A
积累诗句,进行填写	A
联系实际进行能力运用	A
规范书写汉字	A
阅读理解所提供的材料	A
阅读相关材料,进行理解	B

4.知识点学情分析

(1)知识点得分情况概述

题号	所属领域	知识点	分值	平均等级	得分率
1	规范书写汉字	运用水笔规范工整书写汉字	3	A	0.93
2	拼音及汉字的掌握	根据拼音和语境填写字词	10	A	0.93
3	理解辨析词语	多音字及不同的含义、词语理解辨析及运用	10	A	0.91
4	句子基本知识及运用	常见说明方法、标点、修辞手法的掌握及运用	8	A	0.93
5	文学基础知识运用	了解写作手法、人物的特点	6	A	0.91
6	积累诗句,进行填写	记背本册教材和《课标》指定的诗句	6	A	0.97
7	熟语的积累与运用	填写谚语、歇后语及格言、警句	6	B	0.71
8	积累词句、片段,提高言语表达	词语、句子的理解及在文中的表达效果	2	A	0.92

续表

题号	所属领域	知识点	分值	平均等级	得分率
9	阅读相关材料，进行理解	提取信息，结合生活事例加以理解	4	B	0.75
10	掌握学习方法，进行实际运用	结合文本，理解词语的方法	2	A	0.85
11	分析句子，训练语文技能	理解句子，加上适合的标点	3	A	0.80
12	分析语言，进行语言运用	体会句式、语序的表达效果	2	B	0.57
13	理解文本，获得审美体验	透过文字符号感悟和理解作者表达的情感	4	B	0.55
14	阅读理解所提供的材料	读懂材料相关内容，进行自主选择	3	A	0.93
15	联系实际进行能力运用	联系生活，设计公益广告	2	A	0.79
16	提取信息进行语言表达	提取材料信息以及口语表达	4	B	0.61
17	围绕主题表达、组织表达内容、表达方法和语言	根据提示和要求，联系生活，组织素材，规范表达，能正确使用标点符号	25	A	0.81

通过知识点学情分析表明，“透过文字符号感悟和理解作者表达的情感”“体会句式、语序的表达效果”“提取材料信息以及口语表达”较低，教学过程需要特别关注。“记背本册教材和《课标》指定的诗句”“根据拼音和语境填写字词”“读懂材料相关内容，进行自主选择”掌握较好。

（2）知识点等级分布

题号	所属领域	知识点	等级 A	等级 B	等级 C	等级 D
1	规范书写汉字	运用水笔规范工整书写汉字	89.04%	8.57%	2.00%	0.39%
2	拼音及汉字的掌握	根据拼音和语境填写字词	92.96%	5.40%	0.85%	0.79%

续表

题号	所属领域	知识点	等级 A	等级 B	等级 C	等级 D
3	理解辨析词语	多音字及不同的含义、词语理解辨析及运用	89.90%	9.44%	0.46%	0.20%
4	句子基本知识及运用	常见说明方法、标点、修辞手法的掌握及运用	94.64%	4.42%	0.67%	0.27%
5	文学基础知识运用	了解写作手法、人物的特点	89.57%	8.81%	1.10%	0.52%
6	积累诗句，进行填写	记背本册教材和《课标》指定的诗句	92.75%	6.59%	0.47%	0.19%
7	熟语的积累与运用	填写谚语、歇后语及格言、警句	38.28%	43.22%	15.17%	3.33%
8	积累词句、片段，提高言语表达	词语、句子的理解及在文中的表达效果	85.81%	13.11%	0.19%	0.88%
9	阅读相关材料，进行理解	提取信息，结合生活事例加以理解	64.12%	23.93%	7.39%	4.56%
10	掌握学习方法，进行实际运用	结合文本，理解词语的方法	79.42%	13.77%	1.23%	5.58%
11	分析句子，训练语文技能	理解句子，加上适合的标点	64.84%	27.77%	4.15%	3.25%
12	分析语言，进行语言运用	体会句式、语序的表达效果	51.76%	15.42%	0.05%	32.78%
13	理解文本，获得审美体验	透过文字符号感悟和理解作者表达的情感	38.28%	33.46%	14.89%	13.38%
14	阅读理解所提供的材料	读懂材料相关内容，进行自主选择	87.98%	8.23%	3.06%	0.74%
15	联系实际进行能力运用	联系生活，设计公益广告	72.87%	16.25%	6.81%	4.07%

续表

题号	所属领域	知识点	等级 A	等级 B	等级 C	等级 D
16	提取信息进行语言表达	提取材料信息以及口语表达	37.22%	49.49%	9.76%	3.52%
17	围绕主题表达、组织表达内容、表达方法和语言	根据提示和要求，联系生活，组织素材，规范表达，能正确使用标点符号	80.89%	17.95%	0.67%	0.49%

5.典型问题分析

（1）句子基本知识及运用

4. 按要求完成练习。

（1）判断下列说法，对的打“√”，错的打“×”。

①“每个窗子里都透出灯光来，街上飘着一股烤鹅的香味，因为这是大年夜——她可忘不了这个。”句中破折号表示声音的延长。（　　）

②“小梁，别浪费东西了。我……我不行啦。”句中省略号表示说话断断续续。（　　）

（2）给下列句子选择正确的说明方法，将序号填在括号里。

A. 打比方　B. 举例子　C. 列数字　D. 下定义

①兵马俑一号坑东西长230米，南北宽62米，总面积有14260平方米。（　　）

②石拱桥的桥洞成弧形，就像虹。（　　）

（3）照样子，写句子。

例：书是一把钥匙，能打开知识的大门。

书是____________，能________________。

（4）“天宫二号”发射成功，每一个炎黄子孙都感到自豪。（改为反问句）

____

____

案例：常见说明方法、标点、修辞手法的掌握及运用（见前页第4题）

各知识点区域得分率

区域	全市	07 区	05 区	04 区	02 区	06 区	11 区
等级	A	A	A	A	A	A	A
得分率	0.93	0.91	0.94	0.93	0.94	0.91	0.95
区域	12 区	08 区	09 区	10 区	03 区	01 区	
等级	A	A	A	A	A	A	
得分率	0.94	0.85	0.96	0.93	0.96	0.91	

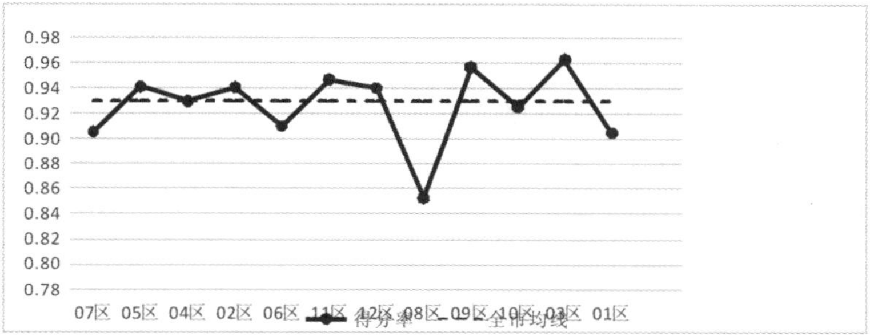

分析:整体来看,该领域全市掌握情况较均衡。

在“句子基本知识及运用”领域,08 区掌握程度较低,与全市平均水平差距较大,需要在教学中给予关注,03 区掌握较好。

(2)文学基础知识运用

5. 填空。

(1)我国的“四大名著”指的是《三国演义》《水浒传》《红楼梦》和《____________》,其中令人印象深刻的有神机妙算的诸葛亮,多愁善感的林黛玉,还有____________(填四字词语)的__________(填人物名)。

(2)茅檐低小,____________________。醉里吴音相媚好,白发谁家翁媪?

(3)判断下列句中对人物的描写方法,将序号填入括号内。

A. 外貌描写　B. 动作描写　C. 语言描写　D. 心理描写

①小胖墩儿跳起来,立刻退后两步,一闪身脱了单褂儿,叉着腰。(　　　)

②赵氏走近上前道:“爷,别人都说的不相干,只有我能知道你的意思!”(　　　)

案例:了解写作手法、人物的特点(见上面第5题)

各知识点区域得分率

区域	全市	07 区	05 区	04 区	02 区	06 区	11 区
等级	A	B	B	B	B	B	B
得分率	0.91	0.93	0.93	0.91	0.87	0.88	0.89
区域	12 区	08 区	09 区	10 区	03 区	01 区	
等级	B	B	B	B	B	B	
得分率	0.95	0.91	0.92	0.90	0.93	0.92	

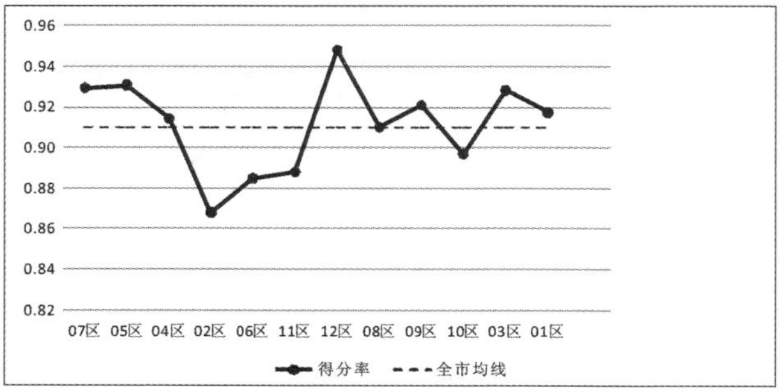

分析:整体来看,该领域全市掌握情况差异较大,但整体情况较好,大部分区域都在良好等次。

在“文学基础知识运用”领域,02区、06区掌握程度较低,与全市平均水平差距较大,需要在教学中给予关注,12区掌握较好。

(3)积累诗句,进行填写

6. 将古诗的题目、诗句和作者用线连起来。

《游园不值》	儿童急走追黄蝶,飞入菜花无处寻	叶绍翁
《牧童》	春色满园关不住,一枝红杏出墙来	吕 岩
《宿新市徐公店》	草铺横野六七里,笛弄晚风三四声	杨万里

案例:记背本册教材和《课标》指定的诗句(见前页第6题)

各知识点区域得分率

区域	全市	07 区	05 区	04 区	02 区	06 区	11 区
等级	A	A	A	A	A	A	A
得分率	0.97	0.98	0.97	0.98	0.97	0.97	0.93
区域	12 区	08 区	09 区	10 区	03 区	01 区	
等级	A	A	A	A	A	A	
得分率	0.93	0.88	0.97	0.97	0.98	0.98	

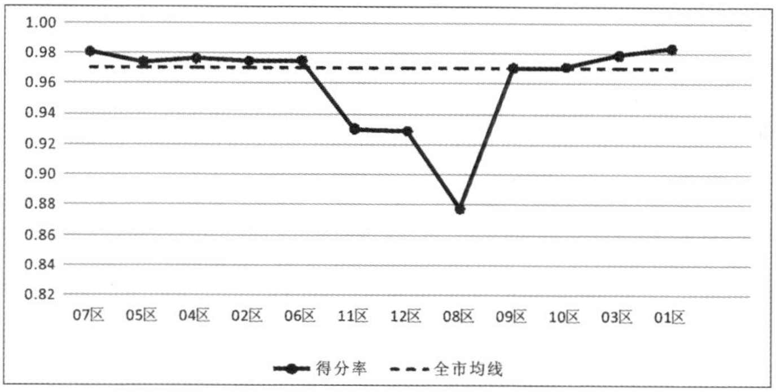

分析：整体来看，该领域全市掌握情况较均衡，等级较高，但个别区域差距较差，应引起重视。

在“积累词句、片段，提高言语表达”领域，08 区掌握程度较低，与全市平均水平差距较大，需要在教学中给予关注，建议开展专项调查，分析原因，重视古诗文学习和积累。01 区、07 区掌握较好。

（4）熟语的积累与运用

7. 根据意思补写句子。

①俗话说得好：“人心齐，________。”经过大家的努力，图书馆新进的一千多册图书很快被摆放得整整齐齐。

②七月的天气令人捉摸不透，刚刚还是艳阳高照，此刻竟大雨滂沱，真是：“孙猴子的脸——________”。

③请用一句格言或警句来勉励自己珍惜时间：________________。

案例：填写谚语、歇后语及格言、警句（见前页第 7 题）

各知识点区域得分率

区域	全市	07 区	05 区	04 区	02 区	06 区	11 区
等级	B	B	B	B	B	B	A
得分率	0.71	0.75	0.70	0.71	0.59	0.68	0.76
区域	12 区	08 区	09 区	10 区	03 区	01 区	
等级	A	A	B	B	B	B	
得分率	0.80	0.83	0.73	0.73	0.69	0.67	

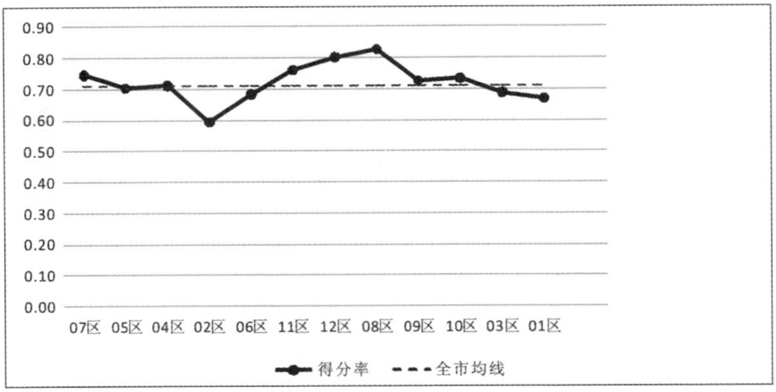

分析：整体来看，该领域全市掌握情况较均衡，但整体等级不高，说明在该领域还有很大的努力空间。

在“熟语的积累与运用”领域，02 区掌握程度较低，与全市平均水平有差距，需要在教学中给予关注，08 区掌握较好。

（5）阅读相关材料，进行理解

（一）祖父的园子（节选）

花开了，就像睡醒了似的。鸟飞了，就像在天上逛似的。虫子叫了，就像虫子在说话似的。一切都活了，要做什么，就做什么。要怎么样，就怎么样，都是自由的。倭瓜愿意爬上架就爬上架，愿意爬上房就爬上房。黄瓜愿意开一朵花，就开一朵花，愿意结一个瓜，就结一个瓜。若都不愿意，就是一个瓜也不结，一朵花也不开，也没有人问它。

8. 阅读短文，想想“园子”和“童年”给作者留下了怎样的印象，再选择恰当的词语填空。

（　　　　　　　）的园子　　（　　　　　　　）的童年

9. 请发挥想象，结合生活实际，仿照文中画波浪线的句式写一句话。

____

____

案例 1:词语、句子的理解及在文中的表达效果(见前页第 8 题)

各知识点区域得分率

区域	全市	07 区	05 区	04 区	02 区	06 区	11 区
等级	A	A	A	A	A	A	A
得分率	0.92	0.97	0.89	0.93	0.98	0.87	0.86
区域	12 区	08 区	09 区	10 区	03 区	01 区	
等级	A	A	A	A	A	A	
得分率	0.88	0.85	0.98	0.97	0.93	0.99	

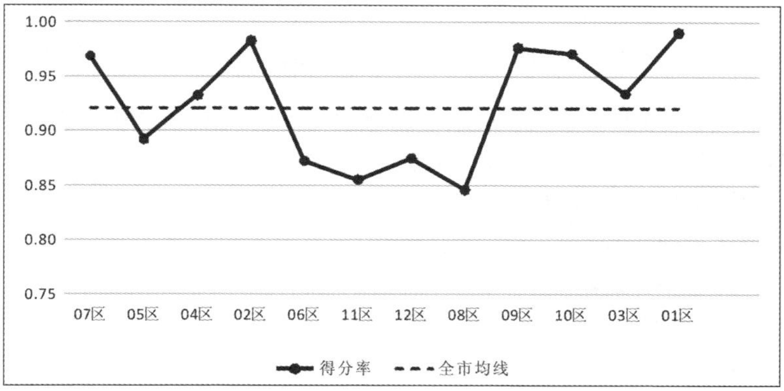

分析:整体来看,该领域全市掌握情况差异较大,但整体水平较高。

在“积累词句、片段,提高言语表达”领域,11 区、12 区、08 区掌握程度较低,与全市平均水平差距较大,需要在教学中给予关注,01 区、02 区掌握较好。

案例 2:提取信息,结合生活事例加以理解(见前页第 9 题)

各知识点区域得分率

区域	全市	07 区	05 区	04 区	02 区	06 区	11 区
等级	B	B	B	A	B	A	B
得分率	0.75	0.71	0.64	0.79	0.67	0.76	0.61
区域	12 区	08 区	09 区	10 区	03 区	01 区	
等级	C	A	A	A	A	A	
得分率	0.50	0.91	0.77	0.96	0.75	0.87	

分析:整体来看,该领域全市掌握情况较均衡。

在“阅读相关材料,进行理解”领域,12 区、11 区掌握程度较低,与全市平均水平差距较大,需要在教学中给予关注,建议上述地区加强该项教学的专项研究。10 区掌握较好。

(6)掌握学习方法,进行实际运用

(二)一枚硬币

①“卖报、卖报……看晚报嘞!”一个清脆的童音在刚降临的暮色中显得格外清新。每当她卖掉一张报纸时,她那被寒风吹红的脸上便漾 满了笑容。

②不知是怜爱这个冷风中的女孩,还是被她那清脆的声音所吸引,我掏出一元钱:“小姑娘,给我一张。”她迅速地抽出一张报纸,恭敬地递给我,又从小口袋里掏出零钱找给我。这时公交车来了,我刚迈步,小女孩连忙喊:“阿姨!等一等……钱!”我想把那五毛钱留给小女孩,就头也没回地上了公交车。

③我刚坐下,那清脆的声音又响在我的耳旁:“阿姨,您的钱!”我吃了一惊,为了五毛钱,她竟然上了车,真不可思议……

④“阿姨,找您五毛钱,还有十块钱……”

⑤“十块钱?怎么回事?”我诧异了。

⑥“嗯,您刚才买报纸掏手套时,钱掉在地上了。”她把一枚金灿灿的五角硬币和十块钱塞到了我的手里,并轻松地长舒了一口气。我被她的纯真打动了!我暖着小女孩的双手:“你为什么出来卖报?”

⑦“我……”她有些不好意思,“邻居张奶奶病了,我放了学就替她卖报。”

⑧车到了下一站,小女孩下了车,瘦小的身影消失在人群里。她那清脆的童音却久久回荡在我的耳旁。

⑨多好的孩子,她有一颗金子般的心!这颗心　如暖流涌入心田　这颗心　似芳香沁人心脾　这颗心　像晚霞染红天际

10. 文中四个加点的词语,我理解了(任选一个)________________.它的意思是________________________________。

11. 在第⑨自然段空白处加上标点。

12. 找出短文的中心句,用“ ~~~~ ”划出来。

13. 文中四次写到小女孩“清脆的”声音,这样写有什么好处?为什么那清脆的童音久久回荡在我的耳旁?

____

____

____

案例 1:结合文本,理解词语的方法(见前页第 10 题)

各知识点区域得分率

区域	全市	07 区	05 区	04 区	02 区	06 区	11 区
等级	A	A	A	A	A	A	A
得分率	0.85	0.89	0.88	0.86	0.87	0.82	0.87
区域	12 区	08 区	09 区	10 区	03 区	01 区	
等级	A	A	A	B	A	A	
得分率	0.85	0.87	0.88	0.67	0.89	0.85	

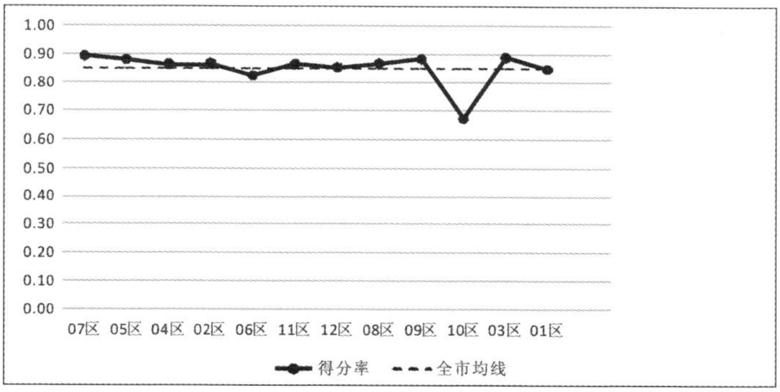

分析:整体来看,该领域全市掌握情况较均衡。

在“掌握学习方法,进行实际运用”领域,10 区掌握程度较低,与全市平均水平差距较大,需要在教学中给予关注。理解词语是小学语文学习的重要内容,建议教师结合阅读教学,多开展类似专项训练,在语境中领会词语表达效果。07 区掌握较好。

案例 2:理解句子,加上适合的标点(见前页 11 题)

各知识点区域得分率

区域	全市	07 区	05 区	04 区	02 区	06 区	11 区
等级	A	A	A	A	A	A	B
得分率	0.8	0.84	0.84	0.83	0.76	0.79	0.65
区域	12 区	08 区	09 区	10 区	03 区	01 区	
等级	B	A	A	A	A	A	
得分率	0.70	0.77	0.81	0.79	0.82	0.83	

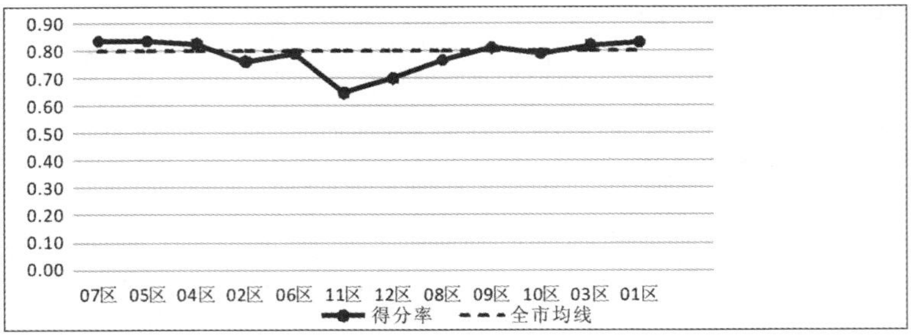

分析：整体来看，该领域全市掌握情况均衡，各区之间差异很小，值得保持。

在“分析语言，进行语言运用”领域，11 区、12 区掌握程度较低，与全市平均水平有差距，需要在教学中给予关注，07 区掌握较好。

案例 3：理解文本，获得审美体验（见前页 12 题）

各知识点区域得分率

区域	全市	07 区	05 区	04 区	02 区	06 区	11 区
等级	B	B	B	B	B	C	B
得分率	0.57	0.63	0.59	0.64	0.52	0.45	0.74
区域	12 区	08 区	09 区	10 区	03 区	01 区	
等级	B	B	B	C	B	B	
得分率	0.73	0.62	0.56	0.47	0.63	0.63	

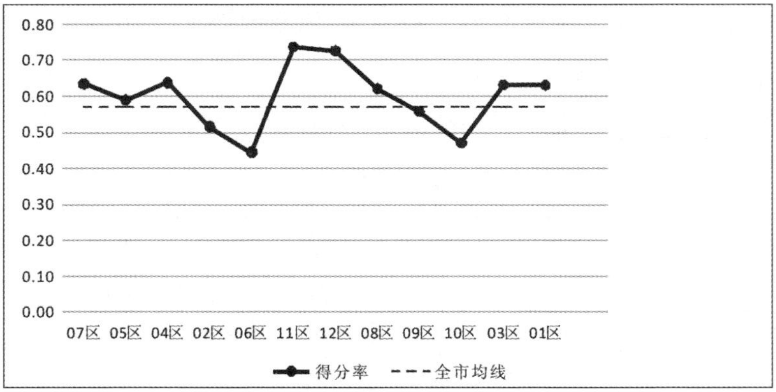

分析：整体来看，该领域全市掌握情况较均衡，但整体等分率较低。语言分析与运用是语文学习的主要任务，需要我们在今后的教学中多关注。

在“分析语言，进行语言运用”领域，06区、10区掌握程度较低，与全市平均水平差距较大，需要在教学中给予关注，11区掌握较好。

本题考察模块：分析语言，进行语言运用知识点：“体会句式、语序的表达效果”中心句中文章的核心内容；找中心句是考查学生对文章内容的理解和概括。学生不能准确找到中心句，一方面说明没有认真阅读，读深读透，另一方面说明读后没有思考和提炼。平时教学中经常有“找中心句”的训练，但是如果仅作为应试来看待，学生仍不得要领。建议在教学中，指导学生通过一读二想三提炼，正确掌握文章的核心内容，这样一来，“找中心句”就不难了。

案例4：透过文字符号感悟和理解作者表达的情感（见前页13题）

各知识点区域得分率

区域	全市	07区	05区	04区	02区	06区	11区
等级	B	B	B	B	B	C	B
得分率	0.55	0.64	0.53	0.61	0.62	0.42	0.50
区域	12区	08区	09区	10区	03区	01区	
等级	B	B	B	B	B	B	
得分率	0.60	0.63	0.71	0.50	0.71	0.63	

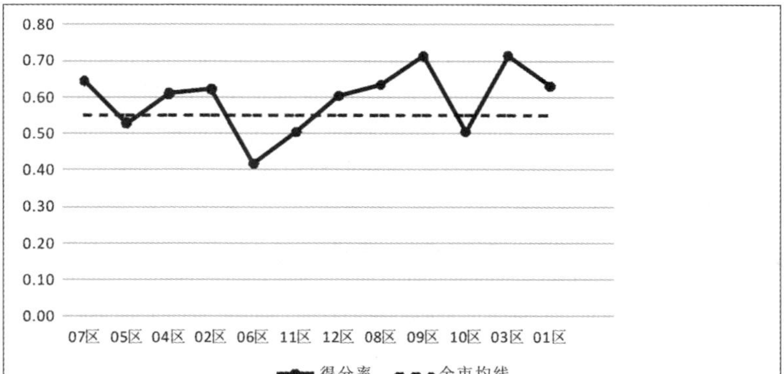

分析：整体来看，该领域区域之间有差异，全市掌握情况一般，部分区域学生的阅读水平亟待提高。

在“理解文本，获得审美体验”领域，06区掌握程度较低，与全市平均水平差距较大，需要在教学中给予关注。建议在教学中要关注学生的个体体验，鼓励学生积极参与阅读讨论，勇于表达个人观点。09区、03区掌握较好。

本题考察知识点“透过文字符号感悟和理解作者表达的情感”，文中多次用“清脆的”来形容小女孩的声音，表现了作者对小女孩的喜爱和赞赏，但是不少同学在阅读中忽视了这些细节，没有站在作者的角度去品味语言的内涵，说明平时读书不够精细。建议在平时阅读教学中，教师多引导学生关注用词用语的作用，从细节处去品味作者的情感。

（7）提取信息进行语言表达

今年，除了地铁在合肥跑起来，公共交通最火的要数共享单车了。在“ofo”小黄车和“骑呗”小绿车相继投放合肥后，“摩拜”单车也正式进驻。以下是相关信息，请仔细阅读后完成练习。

【使用流程图】

下载APP ➡ 扫描二维码 ➡ 注册新用户 ➡ 支付押金及骑车费用 ➡ 手动上锁并结束行程

【总体评价】

评价项目＼单车种类	ofo“小黄车”	骑呗“小绿车”	摩拜“小橙车”
押金费用	99元	150元	299元
收费标准	1元/1小时	1元/1小时	1元/30分钟
外观外貌	★★★	★★★	★★★★
安全系数	★★★	★★★	★★★★
投放数量	★★★★	★★	★★★

14. 妈妈要骑共享单车去买菜，我推荐她用____________，因为____________________________

15. 请你为共享单车设计一条公益用语，呼吁大家增强公众意识。

____

____

16. 结合“使用流程图”和生活实际或媒体报道，谈谈共享单车在使用与管理上还存在哪些问题，试着提出几点建议。

____

____

____

案例 1:读懂材料相关内容,进行自主选择(见前页第 14 题)

各知识点区域得分率

区域	全市	07 区	05 区	04 区	02 区	06 区	11 区
等级	A	A	A	A	A	A	A
得分率	0.93	0.96	0.94	0.96	0.95	0.91	0.88
区域	12 区	08 区	09 区	10 区	03 区	01 区	
等级	A	A	A	A	A	A	
得分率	0.95	0.91	0.87	0.92	0.98	0.95	

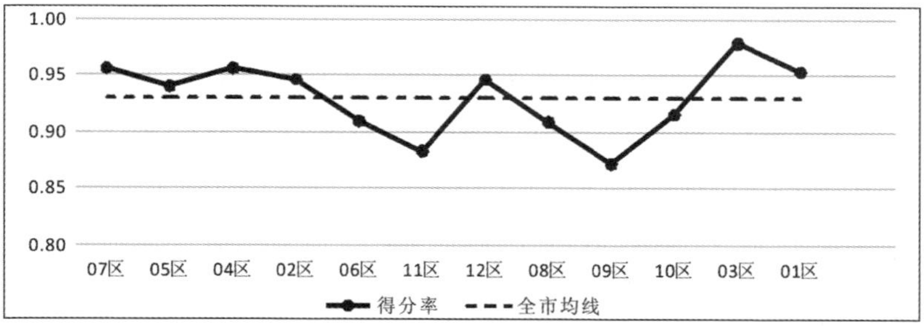

分析:整体来看,该领域全市掌握情况差异较大,但整体等级较高,说明学生阅读理解水平较高。

在“阅读理解所提供的材料”领域,09 区、11 区掌握程度较低,与全市平均水平差距较大,需要在教学中给予关注,03 区掌握较好。

案例 2：联系生活，设计公益广告（见前页 15 题）

各知识点区域得分率

区域	全市	07 区	05 区	04 区	02 区	06 区	11 区
等级	A	B	A	A	A	B	A
得分率	0.79	0.74	0.85	0.87	0.86	0.68	0.78
区域	12 区	08 区	09 区	10 区	03 区	01 区	
等级	A	A	A	A	A	A	
得分率	0.86	0.80	0.91	0.48	0.98	0.87	

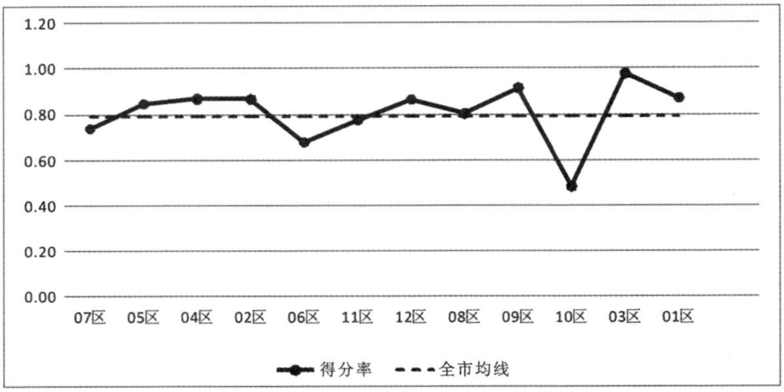

分析：整体来看，该领域全市掌握情况较均衡。

在“联系实际进行能力运用”领域，10 区掌握程度较低，与全市平均水平差距较大，需要在教学中给予关注，03 区掌握较好。

案例 3：提取材料信息以及口语表达（见前页 16 题）

各知识点区域得分率

区域	全市	07 区	05 区	04 区	02 区	06 区	11 区
等级	B	B	B	B	B	B	B
得分率	0.61	0.57	0.62	0.65	0.59	0.52	0.64
区域	12 区	08 区	09 区	10 区	03 区	01 区	
等级	B	B	B	B	B	B	
得分率	0.62	0.54	0.69	0.59	0.71	0.59	

分析：整体来看，该领域全市掌握情况较均衡，但整体等次不理想，说明

在提取语言信息方面,学生还没有掌握正确有效的方法。

在“提取信息进行语言表达”领域,06 区、08 区掌握程度较低,与全市平均水平有差距,需要在教学中给予关注,03 区掌握较好。

本题考察模块“提取信息进行语言表达”,考察知识点“提取材料信息以及口语表达”。正确答案:围绕部分共享单车被破坏、拆除、据为私有、随意停放影响城市的秩序等存在问题来谈。问题要说清楚,观点要明确、理由要充分。全市平均等级:B,得分率:0.61。

答错原因分析及教学建议:这是一道开放题,考查学生能否在阅读文本之后产生联想,合理提出自己观点。有些学生在生活中缺少观察思考,忽视了身边的事物和现象,对共享单车了解不够(农村的学生从各种媒体的报道中也能了解共享单车),难以提出相应的问题,更不能提出自己的观点了。语文学习与日常生活是密切联系的,希望教师和家长引导学生在生活中学习语文,“语文即生活,生活即语文”就是这个道理。

(三)基于小学生核心素养学业水平评价改革实验的启示

1.对小学生阅读素养测试题编制的启示

(1)选取适合的阅读材料

进行阅读素养测试,首要的就是选取合适的阅读材料。几年来我参与 H 市学业评价方式改革实验测试工作的命题、审题、组织测试、网上阅卷和分析反馈等全过程,学业阅读材料的选取需要经过许多步骤,包括教师的建议、文章的筛选、专家的审核、样题的确定等。选取阅读材料,一般要考虑以下几个方面:文章内容的现实阅读意义和价值、文章的文本形式与文本类型、文章涵盖内容的范围、文章生僻的内容、文章的篇幅长度、从文章中提出问题的可能性等。就小学生而言,首先,测试的文章应以记叙文、说明文为主,并且文章内容要尽量贴近现实。其次,阅读材料涵盖的内容要尽量广泛。例如 PISA 的阅读素养测试基本上涵盖了学生在学校内外可以接触到的所有阅读材料的种类,这不仅满足了不同需要、不同层次学生的阅读需求,而且是从一个成人的角度来考虑,尽可能展示真实的生活情境,这对于当前我们偏重文学材料而忽略实用类文章的现实情况来说,PISA 的选文理念值得借鉴。再次,还要考虑在实际测试中,被试者在所规定的时间内能不能有效地完成所有阅读文章。所以,小学生的阅读文章篇幅不宜过长,这样才能保证文章数量多一些,尽可能多地得到被试学生阅读素养水平的信息。最后,选取阅读材料还应考虑从文章中提出问题的可能性。这是从试题编制的数量和质量这一层面考虑的。必须选取合适的文章,从而更好地考查学生的阅读素养。

(2)明确测试题目编制的目的

试题的编制直接决定了试题编制者要考查学生哪方面的能力,决定了试题的有效度。阅读试题的编制,既要尽可能不重复考查基础知识内容,同时也要避免阅读试题主要考查的是学生的书面表达能力。换句话说,就是要明确阅读试题是不是真正测试的是学生的阅读素养。因此,评价者必须明确阅读试题到底想考查学生的哪些能力,想让学生达到什么目标。借鉴PISA测试,阅读素养测试题主要关注学生的三种能力,即获取与检索信息的能力、整合与理解文本的能力以及反思与评价文本内容和文本形式的能力。这三种能力之间是一种递进提升的关系,而在具体操作中又是一个螺旋上升的过程。所以在测试前,命题者要明确测试的目标、阅读能力的组成要素和发展层级,使整个测试体现出明确的指向性和清晰的层次性,这样就可以避免测试命题的盲目性与随意性。

(3)遵守阅读测试工具研制的程序

如果说阅读教学是通过教材内容以及各种阅读材料和阅读活动来培养核心素养,那么,阅读素养测试则是通过情境材料和试题来考量核心素养培养得如何、是否达到预期以及如何改进。阅读教学与阅读测试正好是一个完整的“回合”。

可见,阅读素养的关键是学生主动参与到阅读中;主动与阅读材料“碰撞”——不仅接受更是选择性“用于”新情境、“用于”生活实际、主动“挑战”阅读材料——主动对阅读材料进行反思、怀疑、批判、质疑、修正、完善等。而阅读测试则要想方设法考出这些“能力”。那么,评价实验改革就要用具体的看得见、教得着、考得出、用得上的指标,来检测学生的理解、运用、反思和评价的能力。需要严格按照阅读测试工具的研制程序进行测试工具的研制。一般研制试卷的程序:a.研制测试双向细目表,b.搜集情境材料,c.读懂情境材料,d.提出问题,e.“过滤”问题确定题目,f.写备选项或参考答案,g.确定评分标准等。

（4）加强关键环节研究

多年来的命题实践表明,上面列举的七个程序缺一不可,其中,研制测试双向细目表是第一步必须做的,更为重要的是读懂情境材料和提出问题两个环节。

如何读懂情境材料呢?命题者读不懂读不透情境材料就无法进行命题,犹如教师读不懂读不透课文就无法进行阅读教学一样。如文学类的叙事性作品,必须读懂人物及人物关系、主要事件或主要情节、表达方式或表现手法、含义和主旨,并且对内容和形式,特别是关键词句表达情意的作用和表达效果等有自己的看法和反思。如果是信息类情境材料,还要认真思考怎样用它来解决现实生活中的问题。可以设计一个生活情境,考察学生运用情境材料来解决生活问题的能力。

如何提出问题?我们常说,恰当的问题是有效测试的核心,不仅能提高测试的效度,而且能显著改善教师的教学和学生的学习。所谓“恰当的”就是在各阶思维水平上都有“问点”,尤其是在高阶思维水平上。因为,阅读教学总是教师提出“恰当的”问题,启动学生的思维进而“走进”文本进行思考和琢磨,与同伴包括教师讨论、交流,同时,产生自己的问题,并想方设法解决或提出来与同伴讨论、交流。

所谓阅读能力测试,就是命题人员根据情境材料提出问题,考生阅读情境材料并连接生活经验思考后回答问题,阅卷人员根据考生的回答评判其阅读(情境材料)能力的高下。命题者提问的基本步骤一般为盲问、归类和过滤。其中,“盲问”就是有疑就问,不放过任何一个问题。可以采用“逐段+整篇”提问的方式。“归类”即按照“阅读能力”模型的五级思维,给所提问题进行分类、归类,看各层次思维水平的问题是否都有。“过滤”即把归类后的问题放到“双向细目表”中去筛选、去粗取精,确定能够进入测试工具的问题(即题目),再确定题型。题型,一般分为客观题和主观题。客观题,如填空题、匹配题、选择题等;主观题,如开放式的简答题等。

2.对小学生阅读素养评价的启示

(1)阅读素养评价要关注学生核心素养

尽管我国的新课程改革在课堂教学领域取得了很大的进步,但是在评价领域还有许多地方值得探讨。从评价理念来看,我国现在的小学语文阅读测试大多数都以新课标为基础,与学校所学课程知识联系在一起,重在考查学生对具体的课程知识掌握的程度以及综合运用所学知识解决实际问题的能力。但是H市学业评价实验改革通过对PISA阅读测试试题的研究发现,我们应该重点关注学生语文核心素养,关注小学生终身的学习和发展,关注学生在实际生活中可以用到的基本知识和技能,并考虑选择可以承载这些知识和技能的阅读内容。这样的阅读素养测试才能促进阅读教学,才能促进学生核心素养的培养,才更有价值和意义。

(2)要构建科学合理的阅读素养评价体系

现实中,对阅读教学的研究较多,成果也较丰富,而对阅读素养评价研究较少,至今还没有形成严密的行之有效的评价体系。具备一套有效的阅读素养评价策略,在某种程度上可以有效地促进语文课堂教学。我们对小学生阅读素养的评价应重点关注学生未来发展的潜能,兼顾考查现实水平这一层面,以评价来引领阅读教学,争取做到"教"与"考"的协调一致,而不是"教考分离"。就"考"而言,应该避免试题只体现命题者自己的意志,而应为被试的小学生搭建一个展示自身阅读思维与阅读素养的平台,让语文阅读成绩成为小学生学习与思考的结果,而不是命题者命题思维的结果。我认为应该借PISA阅读评价框架和上海绿色评价,结合本地实际,研究建立一套科学有效的阅读素养评价体系,以促进学生阅读素养的发展。

(3)将读书习惯的养成作为阅读的核心素养加以评价。

考试是指挥棒,对教学改革会直接起到强大的作用。语文考试评价中如果注意考查学生因课外阅读而扩展的知识面,甚至将学生每天的读书时间,每个学期的读书量也作为评价学生语文的硬性指标,我们语文教学的面貌就会因此而产生巨大的改变。2000年几位美国学者对北京一年级学生阅读情况进行调查并且与美国一年级学生进行比较,结果发现中国儿童的阅读量大概相当于美国儿童的六分之一左右。造成这一差距原因当然是多方面的，但不能否定，语文评价中缺少对学生读书习惯的评价，是产生这种结果的主要原因。我们的语文评价，看重的是学生对所教的课文内容是否理解，课文中的生字词语是否掌握等等，这些当然也是必须的，但是语文评价仅仅限于学生对所教课本的掌握，不关注学生的读书兴趣和读书习惯，这样的评价对培养学生读书习惯肯定是不利的。

3.对小学阅读教学改革的启示

（1）阅读教学目的应有明确的指向

阅读教学的目的不明，可能是导致小学语文阅读教学低效的一个重要原因。我们课标将阅读和阅读目的合二为一，指出阅读是搜集处理信息、认识世界、发展思维、获得审美体验的重要途径。

小学生阅读与成人阅读虽然都是以书面文本为对象的阅读行为，但其阅读的目的是截然不同的。成人阅读或为愉悦生活，或为了解信息，或为研究学问等等。因为成人已经具备了一定的阅读技能，因此其阅读主要是根据阅读目的对阅读文本进行理解、欣赏或评价。而小学生“阅读”目的是“学习阅读”，按照我们对儿童学习阅读的过程观察，小学生学习阅读的过程大致需要经历两个阶段，第一阶段是从不会阅读到会阅读，这一阶段主要是识字，认识常用词语和基本句型，通过 2~3 年的反复训练，正常儿童一般就可以学会阅读，具备最基本的阅读技能，至于那些有阅读障碍的儿童则所需时间会更长。第二阶段是从阅读不熟练到能熟练的阅读。据脑科学研究，学生从不会阅读到学会阅读，一直到能够熟练阅读，一般需要 8~9 年的时间。美国学者莫提默·J 艾德勒和查尔斯·范多伦合著的《怎样阅读一本书》，将人的阅读能力发展划分为四个层次：第一层次是基础阅读，在这个层次阅读主要读懂这篇文章说什么，能摆脱文盲状态；第二层次是检视阅读（即熟练阅读），主要强调阅读的熟练，比如十五分钟内读完一本书，能说出这本书写什么，说出书的类别，比如是小说、历史、科学论文等等；第三层次是分析阅读，能分析文本主题、结构、写作特色风格等，这是最好的阅读方式，但需要掌握相当的阅读技能；第四层次是主题阅读，相当于研究性阅读，阅读时可能会读很多书,分析这些书中都谈到的问题,并且在此基础上创造性地形成新的观点,这是最主动、最有效的一种阅读。小学阶段的阅读训练,主要是第一层次基础阅读和第二层次检视阅读,重点是解决读懂文章和熟练阅读的问题,小学生阅读的重点或主要任务是在大量的阅读实践中养成熟练的阅读技能。

《语文课程标准》对阅读的作用进行了解说,并没有指出阅读的核心内容,也没有明确说明学生阅读的目的。因此,目前我们急需从理解、运用、反思书面语言和参与书面阅读活动的角度来界定阅读能力,把实现个人发展目标、增长知识、发挥潜能并参与社会活动作为学生的阅读目的,使阅读教学有一个明确的努力方向。

《语文课程标准》没有明确地将读书习惯培养作为语文课程的主要目标。语文课程标准中虽然将有关阅读方面的目标定得很细也比较具体,但是比较多的是强调阅读的能力培养和阅读的方法指导,没有将"养成读书习惯"这一核心素养作为阅读教学的主要目标。语文课程标准 1~3 学段阅读目标,虽然各个年段都提到了课外阅读,也规定了读书数量,但只是在第二学段阶段目标中提出"养成读书习惯"这条目标。其实将"养成读书习惯"作为中年段也就是三四年级目标,显然不符合儿童年龄特点。引导学生养成读书习惯应该是贯穿小学和初中语文课程最重要的一项目标,而这一目标在总目标和分年段目标中都没能充分凸显。可见现行课程标准对培养学生读书习惯的重要性缺少认识,对各学段如何培养学生读书习惯没有具体明确的要求,对读书习惯培养是小学语文课程的核心素养这一点意识不强。

(2)阅读教学方式有待改革

《义务教育语文课程标准(2011 年版)》提出:"阅读是运用语言文字获取信息、认识世界、发展思维、获得审美体验的重要途径。阅读教学是学生、教师、教科书编者、文本之间对话的过程。"这就是说,阅读教学的过程应该是学生、教师、文本之间的多重对话,是思想碰撞和情感交流的过程。而现实语文课堂教学中,缺少学生有效的阅读实践。当下小学语文课程的基本教学形态就是教师带着学生一篇一篇讲读课文。听教师分析讲读课文的阅读教学方式,教学效率不高,学生不感兴趣,甚至非常抵触,许多学生的语文能力阅读素养也不高,学生对语文课不感兴趣的现象依然存在。著名的语文教育专家吴忠豪指出:“学生在小学阶段最需要学习的不是分析课文,而是熟练的阅读技能,学生有了自动化或半自动化地阅读技能,阅读一本书不费劲了,才有可能喜欢读书。熟练的阅读技能听教师一篇篇讲课文是没用的,只有通过自身大量的阅读实践。现代语文教学采用的讲读课文这种方式,其目的是想培养学生分析课文的能力,其实严重超越了小学生认知水平的发展,并且由于教师大量分析讲解挤占了课堂教学时间,没有用于学生有效的阅读实践,这对学生读书习惯的养成也非常不利。”

阅读是学生的个性化行为。阅读教学应引导学生钻研文本,在主动积极的思维和情感活动中,加深理解和体验,有所感悟和思考,受到情感熏陶,获得思想启迪,享受审美乐趣。要珍视学生独特的感受、体验和理解。教师应加强对学生阅读的指导、引领和点拨,但不应以教师的分析来代替学生的阅读实践,不应以模式化的解读来代替学生的体验和思考;要善于通过合作学习解决阅读中的问题,但也要防止用集体讨论来代替个人阅读。

阅读教学应注重培养学生感受、理解、欣赏和评价的能力。这种综合能力的培养,各学段可以有所侧重,但不应把它们机械地割裂开来。

在理解课文的基础上,提倡多角度、有创意的阅读,利用阅读期待、阅读反思和批判等环节,拓展思维空间,提高阅读质量。但要防止逐字逐句的过深分析和远离文本的过度发挥。

4.对开展小学生阅读活动的启示

(1)增加阅读时间,培养阅读兴趣

阅读素养之所以如此重要,是因为它是一个人能力的基础。而衡量阅读素养的一项非常重要的因素,就是阅读时间的投入。阅读兴趣指读者对阅读活动的一种注重倾向、积极态度和喜爱程度,阅读兴趣要从小培养,所以对孩子阅读素养的培养要从早期开始,也就是 0~6 岁就要开始。阅读兴趣怎么培养?当然得依靠环境熏陶,在环境中潜移默化。对于儿童来说,一方面就是家庭的环境,另一方面就是学校环境。在问卷调查中,在读幼儿园这一问题上,有 25.5%的学生没有或者只能读了一年或少于一年的幼儿园。

这有可能是造成学生阅读素养总体水平较低的一个原因。因为有很多幼儿园通过举办一些读书活动、建设一些小型图书馆等方式，为激励孩子们热爱读书创造环境。此外，问卷调查中，学生为了兴趣而阅读花费的时间以及为了兴趣而去图书馆的频率这两个问题的调查结果反映，学生的阅读投入时间总体较少，也很少去图书馆借书来读读。此外，家庭环境对学生阅读时间的投入的影响也很大。在调查中有一项值得注意的是，被试学生中有相当一部分学生认为家里无法给其提供一个安静的读书空间。这会直接影响到学生阅读时间的投入，进而影响其阅读素养的发展。阅读时间的投入是影响学生阅读素养的一个重要因素。不管是家长还是老师、学校，应尽可能为学生营造一个良好的阅读环境，逐渐培养学生的阅读兴趣。学生自己也必须多花时间进行阅读。投入的时间与阅读素养的高低必然是成正比的。

（2）指向阅读策略，提高阅读效率

阅读策略对提升小学生的阅读素养起着重要作用。小学生阅读素养的培养不仅仅依靠阅读时间的投入、语文教师的阅读教学等因素，学生还要具备一定的阅读策略，才能从本质上提高自己的阅读素养。在被试者的问卷调查中，有一些题目就涉及对学生阅读策略的调查。结果显示，有相当一部分学生在完成阅读任务时没有很好地掌握一些基本的阅读策略。教师和家长要有计划地指导小学生阅读的方法或策略，每次花 10～15 分钟指导学生一些阅读的方法，余下的时间就是让学生自由阅读，引导学生在阅读中运用学到的方法。如在需要理解和记住文章信息时，学生应该在文章重要部分做标记，用自己的话书写文章摘要，读完文章后与他人讨论文章内容等等。在阅读一篇又难又长的文章时，将最重要的句子做标记，然后将这些重点尽可能用自己的话写成摘要，写完后再检查文章每一段的要点是否都包含在摘要中；将新知识与之前学过的其他科目的知识联系起来，试着通过个人的经验理解文章；尽可能去弄清楚自己没有真正理解的概念；试着背通文章一些精彩段落；对于又长又难的好文章应反复阅读。学生将这些好的阅读策略运用到阅读中去，才能实现高效阅读，从而丰富自己的阅读读经验，提高阅读素养。

二、“互联网+”阅读素养评价实验

阅读，是语文素养的重要组成部分，它不仅仅是一种语文技能，也是关乎学生可持续成长、可持续学习能力的重要素养。H市某小学基于社会发展需求研发的阅读平台，其目的并不是提供电子阅读平台，而是一个帮助学生记录自己阅读轨迹的平台，通过平台的分析系统，学生能够更加清晰地了解自己的阅读行为，为教师提出个性化的教育方案提供决策依据。该平台有效利用了信息技术对阅读评价中的积极作用，充分调动学生自主学习的积极性，通过生生合作、师生互动、师生共享丰富的教学资源，让孩子们的学习变得轻松愉快，充分体现出数字化环境下阅读方面自主学习、自主监测的创新。

阅读对人类发展有极其重要的意义已成为人们的共识。学生的阅读素养，一直都是学生综合素质中最重要的部分。而现有的发展模式之下，教师无法切实了解学生的阅读经历，也无法准确定位学生的阅读水平，很难有针对性地对学生进行推荐、跟进、指导。如何全面、科学地诊断、提升阅读素养成了人们迫切需要研究和解决的问题，尤其是在当今社会日益走向互联网数字化的大环境下，研究如何依托互联网环境对阅读素养的监测、评价更具有前瞻性和必要性。H市B区某小学结合学校现有研究基础，以小学生阅读素养的实践研究为突破口，率先搭建了小学生阅读素养自主评价和帮助提升的数字平台。借助互联网数字化平台，学生能对自身的阅读习惯、阅读兴趣、阅读理解力等方面做自我评估，有效提升其阅读素养；依托平台提供的大数据，教育者可以对学生个体或群体的阅读素养有更为客观的了解，从而更有针对性的开展阅读教育，全面提升学生的阅读素养。

（一）构建互联网+阅读素养评价平台

学校与公司共同研发基于互联网的阅读环境，营造了开放、动态、交互的学习环境，能即时记录学生的阅读轨迹，通过平台的分析系统，学生能够更加清晰直观地了解自己的阅读行为，查看自己的阅读能力层次。因为网络平台上的信息流动和互动，可以让阅读的目的、意义和动力大为增强。通过实时的数据采集，科学的模型计算，能真实记录学生阅读轨迹，了解学生阅读的现状。

互联网+阅读素养评价平台包含三大体系：

第一,阅读素养评价体系。学生通过登录平台,留下阅读痕迹,就能对其阅读习惯、阅读兴趣作分析。阅读完相应的书,还可简要回答后台推送的题目,这些题目是按预设的六大能力层次设计。通过答题分析判断学生的阅读能力层次分布。这些数据,使得教师、学校、家庭对学生个体或群体的阅读素养有更为客观的掌握,从而更有针对性地开展阅读引领。

第二,资讯推荐体系。通过平台,定期向学生、家长、老师推送关于阅读的资讯以及阅读活动的信息,实现优质阅读资源的最大共享。

第三,阅读素养提升体系。通过后台的数据分析,进行阅读素养诊断,自动推送相应的个性化的阅读反馈和建议。每学期,平台都可以为每个孩子提供一份一学期的阅读报告,作为阶段性的阅读成绩单。这份报告清晰地显示出学生个体的阅读指数,比如阅读了哪些书、一学期的阅读量、阅读种类、阅读能力、阅读建议等等。老师和家长可以针对学生个体情况做更有针对性的干扰和指导。

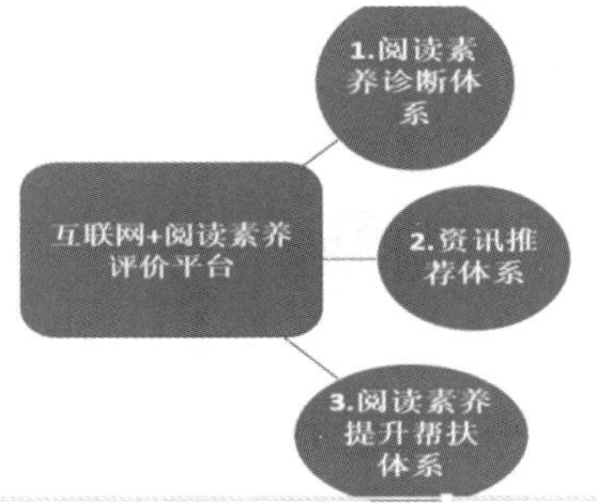

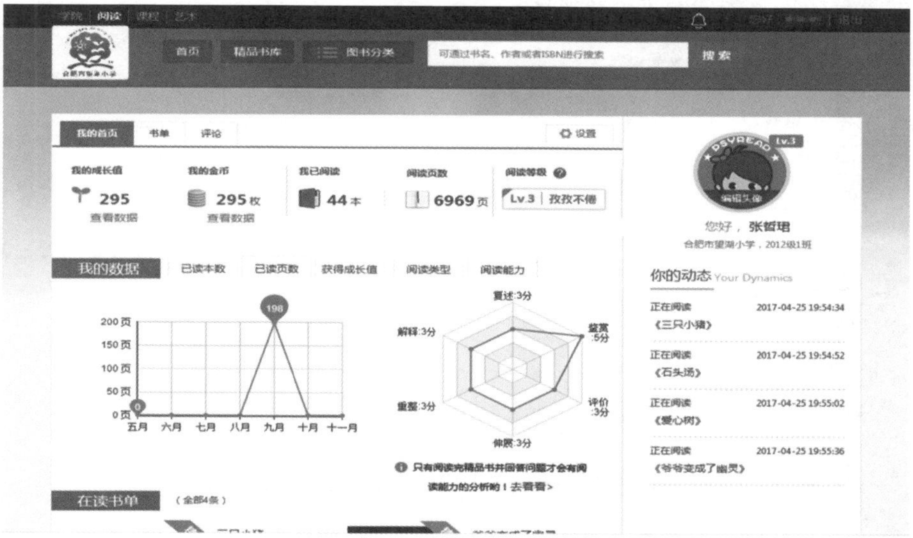

首页
精品书库
图书分类
可通过书名、作者或者ISBN进行搜索
搜索
我的首页
书单
评论
设置
我的成长值
295
查看数据
我的金币
295 枚
查看数据
我已阅读
44 本
阅读页数
6969 页
阅读等级
Lv.3 孜孜不倦
您好，张哲珺
合肥市望湖小学，2012级1班
我的数据
已读本数
已读页数
获得成长值
阅读类型
阅读能力
复述:3分
鉴赏:5分
评价:3分
伸展:3分
重整:3分
解释:3分
只有阅读完精品书并回答问题才会有阅读能力的分析哦！去看看>
你的动态 Your Dynamics
正在阅读 2017-04-25 19:54:34
《三只小猪》
正在阅读 2017-04-25 19:54:52
《石头汤》
正在阅读 2017-04-25 19:55:02
《爱心树》
正在阅读 2017-04-25 19:55:36
《爷爷变成了幽灵》
在读书单 （全部4条）

合肥市望湖小学
首页
图书分类
书名
请输入要搜索的名称
搜索
您好，张超... | 退出
这几本书让你成为完美父母
近期活动 Activity 更多 >
【小思阅读课】《假如给我三天光...
截止日期：10-07
难度级别：挑战
积分奖励：1分
我要参加
阅读素养测试 Reading Test
思来氏学生阅读素养测试是一项与思来氏阅读平台同步推出的，用于评估学生阅读素养发展水平的人机互动测试。与传统的语文阅读理解测试不同，该测试主要集中于评估学生对文本细节、核心内容、评价鉴赏等方面的能力水平。
了解详情>
筛选标签 Label
学校推荐 更多 >

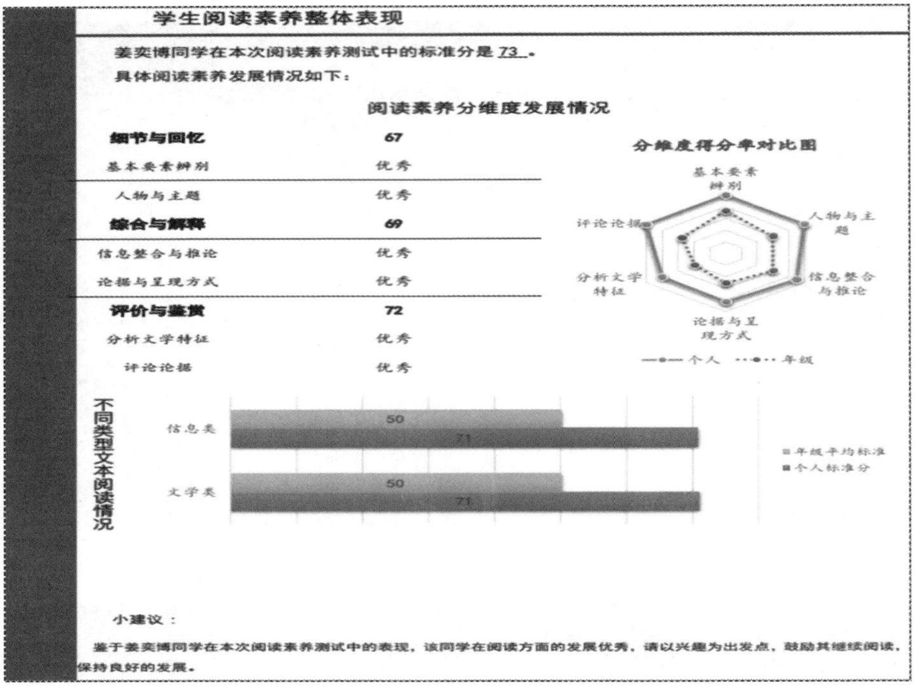
学生阅读素养整体表现

姜奕博同学在本次阅读素养测试中的标准分是 73 。

具体阅读素养发展情况如下：

阅读素养分维度发展情况

细节与回忆	**67**
基本要素辨别	优秀
人物与主题	优秀
综合与解释	**69**
信息整合与推论	优秀
论据与呈现方式	优秀
评价与鉴赏	**72**
分析文学特征	优秀
评论论据	优秀

小建议：

鉴于姜奕博同学在本次阅读素养测试中的表现，该同学在阅读方面的发展优秀，请以兴趣为出发点，鼓励其继续阅读，保持良好的发展。

(二)完善评价标准充实题库

阅读素养是对学生阅读能力和阅读习惯等方面的综合概括，由阅读训练和实践而获得。学生阅读素养测试，即通过评估体系来检测学生阅读素养处在哪种层次，各维度平衡情况等等。其中阅读能力是测试的重点，阅读测试题的制订则是基础。我们基于学生现状，借鉴 PISA、PIRLS 等国际上较为权威、典型、成熟的阅读能力测试机构，设计了阅读的广度、深度、习惯和兴趣四个测试维度，体现了阅读六个阅读能力层次即复述、解释、重整、伸展、评鉴、创意等等。

互联网+阅读素养评价标准

维度	具体细则	
广度	学生阅读的书籍类型和涉及的知识领域广度	涵盖复述、解释、重整、伸展、评鉴、创意六个阅读能力层次
深度	学生对文本的归纳概括、细节把握、句子排序、批判思考、实际应用等能力	
习惯	学生阅读习惯的养成情况，如阅读时间、地点、时长等	
兴趣	学生阅读的目的、偏好阅读的书籍类型、感兴趣的知识领域等	

教研室组织、发动全区语文骨干教师，对适合学生阅读且学生喜欢阅读的900余本精品童书命制了一万余道趣味阅读素养测试题，全部投入平台试题库，供学生评价测试选用。

（三）互联网+阅读素养评价成效

1. 实时诊断小学生阅读喜好，大数据改革了依靠经验和直觉的做法

阅读平台旨在客观、全程记录学生的阅读足迹，呈现出的数据可以清晰看到学生个体什么时候开始读了什么书，读的时长、读得怎么样，在一段时间内读了哪些书，这些书分别是什么类别等等；对一个群体而言，可以分析出整个群体的阅读喜好与倾向。这些数据不仅成为老师了解和分析学生阅读状况的好帮手，也为学校选购图书以及更有针对性地开展阅读活动提供了决策依据，改变了依靠经验和直觉的传统。

不同类型书籍阅读量统计对比

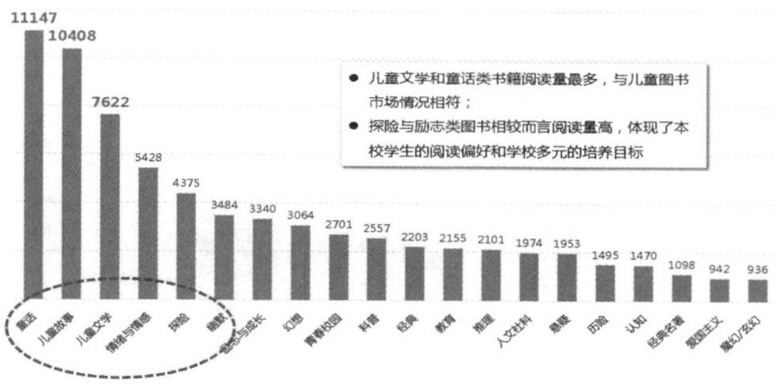

2. 分析班级阅读现状，引导小学生全面科学阅读

学校和老师了解到班级阅读数据，就会深层次分析其中的原因，会适当介入引领学生。比如，学生已经进入中高年级，却仍过于热衷图画书，或是只关注某一类别的书目，老师就可以进行干预和引导，促使学生阅读更加全面，从而得到全面提升。对于推荐书目，学生阅读较少，也可以反思，是书目内容不适合还是另有原因？这些细致的分析都将更有效地调控教师的引导行为。

各年级平均阅读量与周活跃度

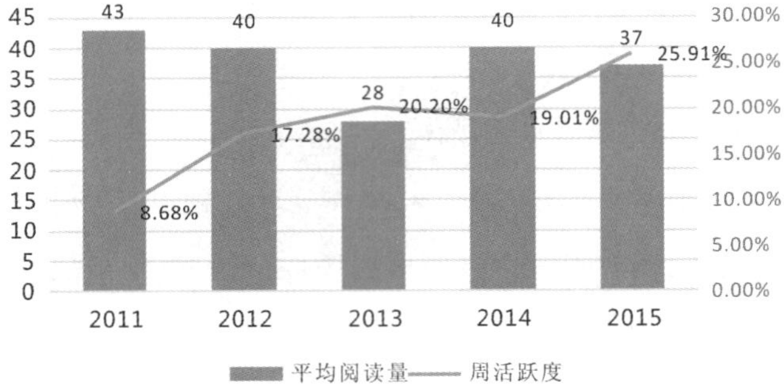

仔细分析上面图表,对比各年级发现,2013 级阅读量最低,其他各年级阅读量相对均衡;已毕业的 2011 级每周登录次数不多,但每次记录的数量较多,建议鼓励高年级同学在保持阅读量的基础上,多登陆平台参与评论笔记等互动。

各年级平均阅读量与阅读质量

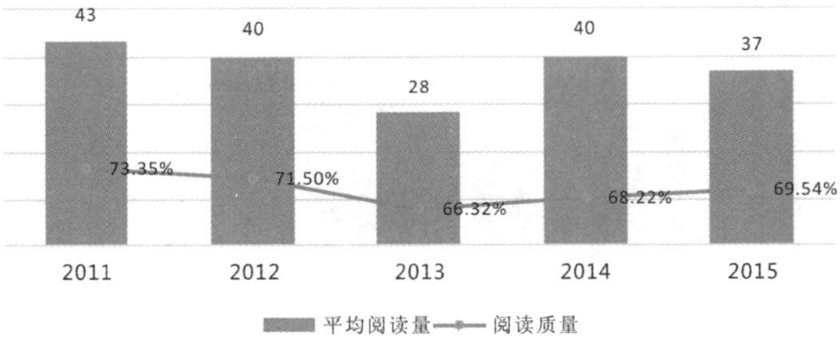

对学校层面而言,通过管理后台,可以通过统计图表,直接了解各个班级的阅读状况。从阅读质量和数量的对比来看,各年级阅读量和阅读质量都较均衡,其中五年级学生阅读量较少且正确率偏低,学校可建议五年级语文老师认真查找原因,及时推介图书引导学生注重课外阅读。

3. 跟踪诊断每个学生,增强对小学生阅读的个性化指导

学生通过平台终端进入“个人中心”,能够更加清晰直观地了解自己的阅读册数、页数、等级等,查看自己的在读书单及阅读能力层次等。教师也可以通过管理后台清晰地看见学生的阅读足迹,对学生的阅读进行个性化的干预和指导。如高同学每日完成阅读数量统计表显示,该同学在 2016 年

4 月 1 日阅读平台上线开始，非常积极地登录平台，甚至在一周内读了近 80 本书，这对于一个三年级学生来说有些不可思议。经过调查分析，该同学读的大多是绘本类图书，而且存在“刷书”的状况。经过对该生进一步引导，她明白了不能爱慕虚荣，应该踏踏实实记录，将阅读视野打开，涉猎更加广泛些，阅读的题材不仅局限于故事类、绘本类，还应读读文学、历史、自然百科等图书。5 月份以后，该同学读书比较稳定，基本上每周阅读量在 5 本左右，而且读书的范围也比较广。

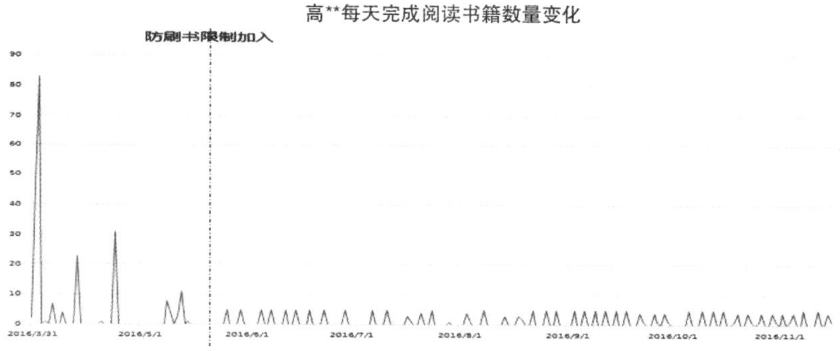

平台还会定期对学生的阅读素养进行诊断测评，有利于教师针对学生的长处和短板进行指导。此项测试旨在诊断学生在不同情境下对图文信息的理解程度。测试工具参考了在国际教育界得到公认的阅读测试范式，并结合中国语言文字的特点，制订了符合中国学生的阅读素养维度，全面而有体系地对学生的阅读素养进行评估，并且能在科学评估的基础上为学校、教师和家长提供帮助学生提高阅读能力的建议。测试选用的文章为儿童在学习、生活和娱乐过程中可能会接触到并需要处理的文本类型，力争反映学生对各种文本类型的理解能力。选文一类为文学类作品，包括小说、非小说和诗歌，一类为信息类，包括议论文、说明文和应用文。不仅覆盖了多个学科，也将考察范围拓展到校外可能接触到的文章类型，例如网站新闻、账单等。

某某同学在本次阅读素养测试中的标准分是 58 。

具体阅读素养发展情况如下：

阅读素养分维度发展情况

细节与回忆	**63**
基本要素辨别	优秀
人物与主题	优秀
综合与解释	**58**
信息整合与推论	良好
论据与呈现方式	良好
评价与鉴赏	**42**
分析文学特征	合格
评论论据	良好

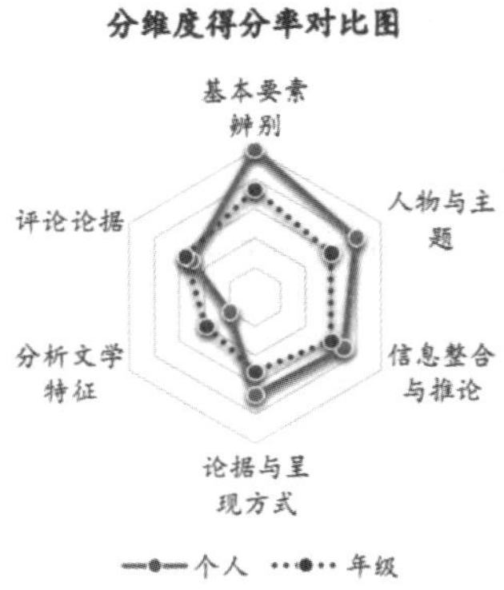

某某同学的分维度得分对比雷达图直观显现该同学在信息类素养方面，如对文本细节的把握，文本基本要素、主题、推论等超出年级平均水平，但是在评价与鉴赏方面是弱项。鉴于此，我们建议该同学加强在阅读中的思考，尝试对作者的写作方法和作者的观点提出自己的意见，尝试平时在阅读中加强概括与归纳能力的训练。

4.提供了丰富馆藏的参照，合理补充了学校图书

拥有深受学生欢迎的图书，让学校图书馆馆藏更加优质、丰富，是提升学生阅读品味的重要保证。每年的图书采购，学校基本上是组织教师代表、学生代表和家长代表一起选购，以期让更好的书引进图书馆。尽管如此，采购的种类依然很局限。当拥有学生的真实阅读数据后，就能一目了然地了解学生的阅读兴趣和取向，为图书采购提供一定的指引方向。

如"平台阅读榜单"所示，是一年来学生的阅读体裁排行。很显然，学生普遍对绘本、儿童故事、漫画、儿童文学以及小说比较感兴趣，而对科普及人文类读物不感兴趣。采购时，一方面应该满足学生阅读的兴趣需求，选取学生普遍感兴趣的类别添置。另一方面，也应该分析现有的科普和人文类书目为什么不受欢迎，是因为不够通俗吸引人，还是其他因素所致，这样有针对性地补给才更加合理、客观，符合教育的需求。

平台阅读排名前 200 榜单

排名	书籍名称	书籍ISBN
1	小王子	9787020042494
2	《父与子》全集	9787544702829
3	查理九世	9787594262128
4	爷爷一定有办法	9787533273460
5	小猪唏哩呼噜	9787531332091
6	哈利波特与混血王子	9787020053230
7	三体	9787536692930
8	蝴蝶·豌豆花	9787543475663
9	窗边的小豆豆	9787544250580
10	花木兰	9787533276409
11	大地时钟/最美的科普	9787534655562
12	稻草人	9787535331748
13	奇妙的数王国	9787514801910
14	不一样的卡梅拉	9787539169224
15	猜猜我有多爱你	9787532463459
16	蚯蚓的日记	9787533273477
17	蝴蝶·豌豆花	9787543480568
18	夏洛的网	9787532733415
19	没头脑和不高兴	9787534228728
20	南瓜汤	9787533263102
21	小猪唏哩呼噜	9787531324577
22	木偶奇遇记	9787543957879
23	长袜子皮皮	9787500742586
24	查理九世：外星怪客(17)	9787534272516
25	笨狼的故事	9787534216916
26	丁丁历险记（共22本）	9787500755005
27	稻草人	9787020072064
28	鸭子？兔子？	9787539449265
29	石头汤	9787544237475
30	查理九世：地狱温泉的诅咒(18)	9787534272523
31	稻草人	9787531343820
32	蓝色的兔耳朵草笑猫日记	9787533255916
33	昆虫记	9787020095568
34	小白的选择笑猫日记	9787533266097
35	狼王梦	9787534256301
36	查理九世(4法老王之心)	9787534262104
37	球球老老鼠笑猫日记	9787533263317
38	那个黑色的下午笑猫日记	9787533261986
39	查理九世(2恐怖的巫女面具)	9787534262128
40	神笔马良洪汛涛经典童话纪念版	9787534266683
41	假如给我三天光明	9787507512359
42	青蛙和蟾蜍（全四册）	9787533260897
43	三国演义（上下卷）	9787500779070
44	一粒种子的旅行	9787544248648
45	水浒传	9787534650604
46	洋葱头历险记	9787532433971
47	爱的教育	9787020061433
48	博物馆奇案	9787550216419
49	永远的西瓜小丑笑猫日记	9787533269005
50	父与子	9787806575208

5. 多种有趣评价活动，激发了学生持续阅读的兴趣

在阅读平台，学生每读一本书都可以写读书笔记或评论，以此增进学生与平台中其他读者的交流互动，赢得一定积分，有效促进学生对阅读的浓厚兴趣。此外，通过富有挑战的积分升级体系、阅读达人榜、公众微信号互动等多种方式，都能激励更多学生参与阅读活动。

（四）互联网+阅读素养评价实验的几点思考

1.互联网+阅读素养评价任重道远

国家教育部2013年6月正式颁布的《教育部关于推进中小学教育质量综合评价改革的意见》明确要求“建立健全中小学教育质量综合评价体系”，具体要做到建立综合评价指标体系，健全评价标准，改进评价方式方法以及科学运用评价结果。推进评价改革的基本原则之一是“综合考查学生发展情况，既要关注学业水平，又要关注品德发展和身心健康；既要关注共同基础，又要关注兴趣特长；既要关注学习结果，又要关注学习过程和效益”。这就要求学校能够更加准确地记录学生成长过程中的点滴。教育信息化，毫无疑问是实现综合评价改革的必要条件。互联网+阅读素养评价实验已经取得显著成效，但还任重道远。

因为，学生的阅读素养一直以来都是学生核心素养中重要的一部分，互联网+阅读素养评价实验，有效记录小学生的阅读足迹和阅读行为，学校利用平台数据能切实了解学生的阅读经历，准确了解学生的阅读水平，同时依靠图书馆图书分级系统、推荐资源系统，教师很容易为学生推荐合适的书籍。但如何根据数据更全面、科学地诊断并提升小学生的阅读素养还需要深入研究。阅读素养评价的试题如何更丰富、更有趣，满足小学生的需要，如何在数字化的大环境下，全面评价小学生课内外阅读的素养，需要所有老师热情加入阅读素养评价实验中，潜心开展研究和实践。

2.互联网+阅读素养评价呼唤老师读书

H市B区某小学结合学校现有研究基础，以小学生阅读素养的促进实践研究为突破口，率先搭建了小学生阅读素养自主评价和帮助提升的数字平台。借助数字化平台，学生能对自身的阅读习惯、阅读兴趣、阅读理解力等方面做自我评估，有效提升其阅读素养；依托平台提供的大数据，教育者可以对学生个体或群体的阅读素养有更为客观的了解，从而更有针对性地开展阅读教育，全面提升学生的阅读素养。学生阅读素养的提升，倒逼每位教师特别是语文教师尽快提升阅读素养。互联网+阅读素养评价要求每位语文教师热爱阅读，要求每位老师研究不同年级、不同性格孩子的阅读兴趣和阅读倾向，熟悉儿童阅读素养，呼唤每位语文老师经常阅读、喜爱读书、乐于阅读。

3.互联网+阅读素养评价尚需完善推广

通过网络平台促进、提升学生的阅读素养，是大势所趋，同时也是件任重道远的事。通过研究发现，充实平台题库、提升题目质量是非常重要的事情；学生还不具备随时随地登录平台记录使用的条件；老师们利用数据跟进指导的意识还不够强；平台还需要进一步维护和优化；平台的研发成果没能在区域范围内得到推广……课题组将会在后续研究中持续跟进，不断优化，真正促进和提升学生的阅读素养。

第四章 小学生口语交际素养评价

第一节　小学生口语交际素养评价理论引航

一、小学生口语交际的内涵

口语交际是人们最基本、最经常的社会实践活动。口语交际能力，是一种在交往的过程中表现出来的灵活机敏的听说能力和待人处世的能力。如今已进入21世纪，随着现代社会交往范围日益扩大，交往活动日益频繁，口语交际能力成为人们的重要素质。口语交际素养也是语文素养的重要组成部分。《义务教育语文课程标准(2011年版)》明确指出“要使学生具有日常口语交际的基本能力，在各种交际活动中，学会倾听、表达与交流，初步学会文明地进行社会交往和人际交流，发展合作精神”。

1.什么是口语交际?

口语交际是听话、说话能力在实际交往中的应用，听话、说话是口语交际的重要组成部分。口语交际还包括交际过程中分析、综合、判断、推理、概括、归纳等思维能力，分析问题和解决问题的能力，实际操作能力，创造能力等，在口语交际训练中只有让学生多种感观都参与到活动中来，才能切实提高口语表达能力。

口语交际是一项新鲜而古老的训练内容，口语交际也是一种教学策略和方式，是知识与能力的综合应用和体现，在平时训练中，要让口、耳、眼、手等多种感官并用在语言实践中以提高口语交际能力。

口语交际的生成过程一般包括构思阶段、转换阶段、执行阶段和输入反馈阶段四个过程。构思阶段,是说话者根据自己的目的,在头脑中产生所要表达的思想,确定说话的内容。转换阶段,是说话者运用说话规则将要表达的思想转换成言语信息。执行阶段,是将头脑中的言语信息变成口头语言的过程。输入和反馈阶段,是在谈话人输出了言语信息的声音后,听话人接受并反馈信息的过程。

2. 口语交际有哪些特点?

一是具有“交际性”。交际是每一个社会人生存的基本需要。交际的意义在于达成理解,进行沟通。通过口语交际,达成对世界的认识和理解;通过口语交际,沟通信息、沟通思想、沟通情感。口语交际是我们探索世界、理解世界的最重要的方式,也是我们最基本的生存方式。所以,基本的交际能力,不但是培养社会人才的需要,更是个人追求幸福生活的需要。

口语交际的核心是“交际”。与过去的听说活动相比,这是根本的、价值取向上的转变。其区别在于,口语交际是在真实的交际状态下发展听和说的能力,所有的口语交际,都直接指向交际的目的、交际的功能,即使是独白式的表达,也不是自说自话,而是为了谋求某种理解和沟通,是为了达到与人交往的需要。独白式口语交际并不排斥“交际”。所以,口语交际能力所包含的,绝不仅仅是听说能力的简单相加,而是包含着丰富的交际技巧、交际方法、交际策略、交际心理等因素。听说能力是交际的基础,听不明白、说不清楚,交际无从谈起;但是只会听说,也不一定能达到交际效果。要想成功交际,还要考虑交际对象,考虑语言环境,如身份、场合、时机等。如有的人表达能力很强,认识事物也很深刻,但在表达观点时表现出争强好胜的性格,不考虑别人的感受,伤害了别人的情感,别人无法接受他的观点,他也不能很好地完成交际任务。抓住口语交际中的“交际”这个核心,有助于我们进一步思考口语交际教学的目标定位。

二是具有口语性。口语交际是“口语”的交际,而非“书面语”的交际。有老师认为,口头说出来的就是口语,在口语交际课上,只要学生在进行口头表达,只要学生在听、在说,他们的口语交际能力就在发展,其结果是把口语交际课上成了口头作文课。事实上,口头作文充其量是书面语的口头表达，与语文教学所要求的口语交际完全不能等同。从形式上看，口头作文是单向的，是直接为习作服务的，是作为习作指导的环节出现的，是不需要考虑交际效果的；口语交际则是多向的，是为了交际的目的服务的。从成果上看，口头作文是书面语的，口语交际则是口语的，二者在词汇的选择、句式的运用等方面，都有着显著的区别。口语交际课旨在提高学生的口头表达能力，应该强调口语交际的特殊性，明晰口语和书面语的界限。如果学生的口头表达由于教师的不当引导或是学生的错误理解，变成了表演式的、背诵式的、书面语的、口头作文式的表达，就偏离了口语交际的方向，无助于学生口语交际能力的发展。

三是具有互动性。口语交际强调信息的往来交互，因此，参与交际的人，不仅要认真倾听，还要适时接话，谈自己的意见和想法。这样，在双向互动，甚至多向互动中实现信息的沟通和交流。

四是具有实用性。口语交际其交流的话题来自于学生生活之中，训练的形式多是当面交谈，与生活实际状况没什么明显的区别，学生课堂上学的，正是生活中要用的，颇具实用价值。

二、小学生口语交际是走向成功的通行证

《义务教育语文课程标准（2011 年版）》明确指出："九年义务教育阶段的语文课程，必须面向全体学生，使学生获得基本的语文素养。小学生语文口语素养，是指小学生在日常生活和学习过程中，与人交际时所表现出的倾听、表达、应对等方面的习惯、能力、情感、态度等等。它是语文素养不可或缺的重要组成部分。"

当今，人际交往频繁，口语交际须臾难离。口语交际能力已经成为一种生活能力、生存能力。善于沟通、能说会道，已经成了人才的一个标志，成了走向成功的一张通行证。《义务教育语文课程标准（2011 年版）》中指出："口语交际能力是现代公民的必备能力。应培养学生倾听、表达和应对的能力，使学生具有文明和谐地进行人际交流的素养。""语文课程是一门学习语言文字运用的综合性、实践性课程。"口语交际是运用口头语言进行表达，而写作是运用书面语言进行表达。从运用的实际情况来看，说比写更直接，更

便捷，更频繁，也更贴近生活。如果语文教学培养的学生都是只能阅读与写作的书生，那又如何能适应未来社会生活的挑战？古人早就说："一人之辩，重于九鼎之宝；三寸之舌，强于百万之师。"卡耐基也说过："一个人的成功15%靠专业知识，85%靠人际沟通与公众演讲的能力。"具体来说，口语交际的作用如下：

1.适应社会发展的需要

随着改革开放的深入和市场经济的进一步发展，口头语言这一最基本、便捷的交际工具，担负着每个人社会交际的重任，所以培养小学生的口语交际能力显得尤为重要。因此，在小学语文教学中理应注重对小学生口语交际能力的培养。

2.适应教学改革的需要

"口语交际"与识字写字、阅读、习作、语文综合性学习构成了语文课程五个方面的主要内容，《义务教育语文课程标准（2011年版）》明确指出："小学生应具有日常口语交际的基本能力，在各种交际活动中，学会倾听、表达与口语交际。"

3.素质教育的要求

口语交际能力的培养，有利于促进小学生思维，提高小学生的语言表达能力，有利于促进小学生多方面素养全面发展。培养小学生口语交际素养，是素质教育的要求。

4.小学生交际现实的需要

口语交际有利于增强小学生之间的交往，消除小学生交际时的羞怯心理，使学生无论在社会的大环境中或者在班级的小环境中，都能敢说，大大方方地说。

5. 培养良好的情感和健全人格的需要

口语交际使学生在相互说、练、演的过程中，感受到别人的关爱，同时也学会了去关爱别人。这样的交流，孩子们不但收获了知识，提高了表达能力，而且具有了良好的情感和健全的人格。

6.口语交际有助于提高教学效率

《义务教育语文课程标准(2011年版)》指出“让低年级学生进行口语交际能力的培养,有助于促进学生智力和思维的发展,有助于他们书面表达能力的发展,其效果直接对以后中、高年级的习作质量产生深远的影响”。

7.满足学生交际心理的需求

在传统语文教学中,教学情境单一,学生被动地进入角色进行枯燥的“练习”,只是让学生为了说话而说话,并没有唤起他们自觉主动、有目的的口语交际的意识和愿望,因而使语文教学不能切实有效地达到提高学生言语交际能力的目的。

三、小学生口语交际素养评价势在必行

1.口语交际素养评价是新课程改革的深切呼唤

新课程改革十多年来,广大语文教师的教学方式和学生的学习方式发生了巨大变化,但语文课程改革还存在许多问题和困惑,其中最关键的问题是语文课程评价改革。我们认为语文课程评价改革是语文教学的一个重要组成部分,也是教育教学中一个牵一发而动全身的重要因素。小学生语文口语评价是小学语文课程评价的重要内容之一,能促进广大语文教师改进母语教育,促进小学生语文学习,强化培养小学生倾听、表达和应对的能力,初步学会文明地进行人际沟通和社会交往能力。

2.口语交际素养评价是新时期发展的迫切需要

《义务教育语文课程标准(2011年版)》指出:“口语交际能力是现代公民的必备能力。应培养学生倾听、表达和应对的能力,使学生具有文明和谐地进行人际交流的素养。”当今,人类社会已经进入信息爆炸的时代,人际交往更加频繁,口语交际是人们最基本、最经常的交流活动。“出口成章”“能言善辩”是现代人生存的需要。小学阶段是学生学习语言的最佳时期,也是学生口语表达能力提高的关键时期,口语交际能力的培养须从孩子抓起。提高小学生的口语水平,培养良好的交际能力,为小学生的终身发展服务,使其成为真正的社会人已刻不容缓、势在必行。

3.口语交际素养评价是小学生全面发展的要求

《义务教育语文课程标准(2011 年版)》明确指出语文课程应激发和培育学生热爱祖国语文的思想感情,引导学生丰富语言积累,培养语感,发展思维,初步掌握学习语文的基本方法,养成良好的学习习惯,具有适应实际生活需要的识字写字能力、阅读能力、写作能力、口语交际能力,正确运用祖国语言文字。问卷调查显示目前小学生听、说、读、写诸能力中,“听说”的能力较差,至少有三分之一学生在口语交际中存在语句含糊、词汇贫乏、词不达意的现象,话语缺乏连贯性、条理性和文明性。出现以上情况的原因很多,其中最重要的原因是没有建立小学生口语评价的机制,学校和广大教师没有掌握小学生口语评价的策略和方法。我们意识到这个问题的严峻性和迫切性,并积极进行探索和研究。

4.口语交际素养评价是小学语文考试改革的需要

我们一直认为语文课程评价至关重要,但长期以来,听说能力“无评价”现象普遍存在。一方面受应试教育的影响,受长期考试模式的影响,认为凡是不考的东西就是不重要的,因此人们对口语交际重视不够,部分教师忽视了口语交际的教学。另一方面受客观条件的限制,很难实施对口语交际的评价,即使或多或少进行过评价,也大多停留在口头上,随意性强,没有专门的评价机制和评价方式。长期以来,由于口试操作难等方面的因素,语文考试重视了书面语言的读写,却忽略了口头语言的“听说”“朗读”等考查。考试中用“写话”代替“说话”,用预设好了的对话填空代替交际情景中的说话,阻碍了学生这个创新主体的持续全面发展。大多数学校仍然是一张试卷定乾坤,每学期进行一次语文集中笔试,这种考试评价只能重点考查识字写字、阅读理解、习作能力,学生的听说能力无法考查。而“评价”是课程实施的一个非常重要的环节,没有比较科学的评价方法,那么这门课程相关内容必将形同虚设。因此加强对口语交际评价的研究显得尤为重要,开展“小学生语文口语评价策略的研究与实验”也是我们小学语文考试改革的必然要求。

第二节　小学生口语交际素养评价问题透视

一、小学生口语交际素养不容乐观

《义务教育语文课程标准(2011年版)》指出:“口语交际能力是现代公民的必备能力。因此小学阶段应培养小学生倾听、表达和应对的良好习惯和基本能力,使学生具有文明和谐地与人进行人际交流的基本素养。”

然而,目前小学生的口语素养现状不容乐观,在听、说、读、写诸多能力中,表现出较差的是“听说”能力。许多小学生在倾听、表达和应对的习惯和能力方面存在这样或那样的不足和问题。

1.倾听素养

西方有句名言:“上帝分配给我们两只耳朵,而只给我们一张嘴。”意思就是要我们少讲多听。我们要让孩子知道,在人与人的交往中,学会倾听,不但能给予他人自信,使自己取得信赖,赢得友谊,也是了解别人的最好的方式。更要让学生明确:在课堂上,倾听是我们必须履行的一项学习使命,不会倾听就是不会学习。目前小学生在倾听方面还有许多不尽如人意的地方。

(1)缺乏倾听能力。在学习、生活中,不少孩子不会倾听。他们没有掌握倾听的能力,听课常常抓不住重点,听话常常抓不住要点。

(2)未养成倾听习惯。我们说“倾听”是一种技能,更是一种尊重,一种接纳,一种理解。现在许多孩子都缺乏静心、细心、耐心、专心倾听的良好习惯。有的孩子课堂上经常迫不及待地举手,急切地想发言,却对其余同学的发言或老师的提问没有耐心听或不屑听;许多学生都是独生子女,自我意识和表现欲望都特别强,他们无论在课堂上,还是日常与人谈话交流时,常常会毫无顾忌地无礼地打断对方,随意插嘴,不注意尊重、倾听别人。

(3)缺乏有效指导。日本东京大学教育学博士佐藤学先生在《静悄悄的革命》一书中说道："凡是学习好的学生都是会认真倾听的学生，凡是不会倾听的学生学习就不会好。"教师一般重视具体学习内容的指导，如注重朗读和习作的指导，而对于倾听，老师和家长往往只是泛泛要求，很少进行专门的、有效的指导和训练。

2.表达素养

学生的口语素养存在的问题集中体现在"表达"上。如有的学生胆子小，不敢说，更谈不上准确、清楚、大方地表达；有的学生不愿说，主要是心里有顾忌，担心说不好挨老师批评同学取笑；有的虽然愿说，但又说不清楚，啰嗦半天不知道在讲什么，自己想表达的意思说不出来；有的表达语句含糊、词汇贫乏；有的语无伦次，答非所问，词不达意；有的普通话不标准；还有的缺乏条理性……问卷调查表明有三分之一的学生在口语表达中或多或少缺乏准确性、连贯性、条理性和文明性。

3.应对能力

我们在低年级的课堂中，经常看到这样的现象：不少孩子总是不等听清老师的提问，就抢着发表自己的看法，经常出现答非所问的现象；有的孩子对于别人的发言总是充耳不闻，会出现回答重复的现象；还有的孩子不知道联系自己的生活和实际回答问题，发表见解。

二、小学生口语交际教学令人堪忧

口语交际教学是一种有主体有组织有计划有目标有内容有过程有策略有结果的教学活动，然而当下小学语文口语交际教学现状令人堪忧。

1.系统性不强

我们学生和老师使用的教科书有的口语交际教学话题杂乱，有的没有合理的教学梯度和教学序列，普遍忽视交际知识的学习。

2.真实性不够

没有立足于生活中的真实性，口语交际情境的设置应该立足于社会关系中的某种角色，或将来可能成为的某种角色来设计，尽可能让口语回到原生态交际中去。

3.交际问题的设置不够明确

口语交际的最高标准是符合情境性，其次则是交际任务中问题的解决程度。现在不少教师口语交际课的交际问题设置不够明确，影响交际任务中问题的有效解决。

4.交际目的不明确

需要区别交际目的和口语交际教学的目的。口语交际教学是为了让学生通过口语交际训练达到某种口语交际的要求，而交际目的则是在交际情境中为什么去交际的。

5.口语交际的规范性要求不够

目前的小学生口语交际教学大多只是描述性的要求，比如要有礼貌、语言简洁、表达流畅，却没有提供一个较为详明的比照标准或评价标准。

6.交际任务难度系数较低

交际任务的难度系数直接影响着学生的兴趣。如果都是学生日常生活中所熟知的内容，难度系数设置较低，则学生不屑于课堂上的口语交际训练。

7.只注重口语表达而忽视"交际"

目前的口语交际教学只重视口头语言的表达训练，对于学生的倾听能力和应对能力的培养不够。

口语交际能力是现代公民的必备能力。应培养学生倾听、表达和应对的能力，使学生具有文明和谐地进行人际交流的素养。

三、小学生口语交际素养评价存在误区

1.口语交际成为书面考题之弊

目前，大多学校对学生口语交际能力的评价采用传统的纸笔测验的方法。这种方式可考查学生语言的逻辑严密性和得体性，但面对异化的口语交际题，学生纯粹"纸上谈兵"，在回答时兴趣不浓，表现欲不强。往往会表

现出千人一面式的、机械的言语模式，在考虑问题角度、思维的顺序方面，极少有个性化的言谈方式。同时，这种评价无法针对口语交际的动态特征进行考评，更无法考察学生的参与意识、情感态度和交际过程中表现出来的能力和意识，学生真实的口语交际水平很难得到真正的考查和提高。

2. 口语交际成为印象考评之弊

也有学校不把口语交际列入书面考卷，纯粹让教师自主考评。鉴于学生的考评手册上有表达的评价项，老师们干脆纯粹凭印象中学生的课堂表现进行评定。但由于老师的记忆能力有限，即便是有意观察，在课堂上每次观察的结果只能代表学生的一次行为表现，不具有普遍性，更不能发挥评价的导向激励作用。

3. 口语交际的独白式评价之弊

第三种评价方式是小学相对统一的面试形式，考核内容的选择必须依据教材，贴近学生生活，通常为讲故事、演讲、独白式表演等。考核提前三天公布考核时间、内容和办法，并指导学生如何做好准备，老师现场根据评分办法评判。这种方式与上面两种相比有了进步，有一定的导向性，但缺点是班额人数多，耗时长，学生容易疲倦。

更关键的是，口语交际的核心是"交际"，强调的是人与人沟通和交流，尤其关注在交际过程中的应对能力。《义务教育语文课程标准(2011 年版)》指出："口语交际是听与说双方的互动过程。"交际意识和交际能力，只有在动态的交际活动中，才能呈现，口语交际的评价决不能忽视交际意识和交际修养的外在表现。

因此，以上三种评价方式都失之偏颇，如何解决口语交际动态与静态评价之间的矛盾，如何解决不同的交际语体之间的矛盾？需要立足学生的生活实践，立足学生的真实发展，将几方面进行融合，才是小学生口语交际评价的应然追求。

第三节　小学生口语交际素养评价实践指南

一、小学生口语素养评价标准依据

语文课程应激发和培育学生热爱祖国语文的思想感情，引导学生丰富语言积累，培养语感，发展思维，初步掌握学习语文的基本方法，养成良好的学习习惯，具有适应实际生活需要的识字写字能力、阅读能力、写作能力、口语交际能力，正确运用祖国语言文字。

《义务教育语文课程标准（2011 年版）》规定了口语交际目标，具体如下：

第一学段（1~2 年级）

（1）学说普通话，逐步养成讲普通话的习惯。

（2）能认真听别人讲话，努力了解讲话的主要内容。

（3）听故事、看音像作品，能复述大意和自己感兴趣的情节。

（4）能较完整地讲述小故事，能简要讲述自己感兴趣的见闻。

（5）与别人交谈，态度自然大方，有礼貌。

（6）有表达的自信心。积极参加讨论，敢于发表自己的意见。

第二学段（3~4 年级）

（1）能用普通话交谈。学会认真倾听，能就不理解的地方向人请教，就不同的意见与人商讨。

（2）听人说话能把握主要内容，并能简要转述。

（3）能清楚明白地讲述见闻，说出自己的感受和想法。讲述故事力求具体生动。

第三学段（3~4 年级）

（1）与人交流能尊重和理解对方。

（2）乐于参与讨论，敢于发表自己的意见。

（3）听人说话认真、耐心，能抓住要点，并能简要转述。

(4)表达有条理,语气、语调适当。

(5)能根据对象和场合,稍作准备,作简单的发言。

(6)注意语言美,抵制不文明的语言。

二、小学生口语交际素养评价的建议

(1)《义务教育语文课程标准(2011年版)》在评价建议中指出:口语交际的评价,须注重提高学生对口语交际的认识和表达沟通的水平。考察口语交际水平的基本项目可以有讲述、应对、复述、转述、即席讲话、主题演讲、问题讨论等。

(2)口语交际的评价,应按照不同学段的要求,综合考察学生的参与意识、情意态度和表达能力。第一学段主要评价学生口语交际的态度与习惯,重在鼓励学生自信地表达;第二、第三学段主要评价学生日常口语交际的基本能力,学会倾听、表达与交流。

(3)评价宜在具体的交际情境中进行,让学生承担有实际意义的交际任务,并结合学生在日常生活和学习活动中的表现,综合考察学生真实的口语交际水平。

第四节　小学生口语交际素养评价实践探索

一、小学生口语交际素养阶段性评价

(一)口语交际素养阶段性评价策略

《义务教育语文课程标准(2011年版)》指出:评价学生的口语交际能力,应重视考察学生的参与意识和情意态度。评价必须在具体的交际情境中进行,让学生承担有实际意义的交际任务,以反映学生真实的口语交际水平。口语交际素养阶段性评价不仅要关注语言,也要关注非语言的因素。在语言方面,不仅借助评价激活学生语言储备,规范学生口头用语,还要借

助评价培养学生言语的得体性和应变性;在非语言因素方面,要把交往态度、习惯、方法、沟通能力、处事能力等也置于评价的视野。

口语交际阶段性评价要综合考查学生的倾听和表达能力,教师要尊重儿童口语发展规律,以鼓励、表扬的评价方式为主导,重视对学生多角度、有重点地评价。不管是评价主体,还是评价的内容都要针对学生学情,力求做到多元化,有针对性。

1.叙述型的评价策略

实施步骤:

提供话题 ⇒ 评价建议 ⇒ 叙述事件 ⇒ 深入思考

评价要点:

学生进行口语交际时,关注学生是否能够将话说完整,内容介绍清楚,表达自然流畅,在说一件事的时候能否说清楚事情发生的前因后果,并且主要将事情的经过说清楚。

【案例】:苏教版二下口语交际《最喜欢的一种水果》

【实录】:

生1:我最喜欢的一种水果是西瓜,它的身子圆圆的,外皮有青绿色的条纹,将它切开,就看见了红色的瓜瓤,吃上一口,真是甜津津的。

生2:我最喜欢的水果和你不一样,我喜欢吃桃子,桃子只有我的小拳头这么大,外皮有许多的细毛毛,不小心会弄得我一手都是,但是它的味道酸甜可口,是我最喜欢的。

教师:你们俩抓住了水果的外形、颜色、味道等,将话说得完整,我们听得也明白,但是老师有个小小的建议,说话时要看着对方,胆子大些,声音再响亮些,好吗?

【评析】:作为低年级学生,口语表达能力不是很强,教师在评价中能够发现学生表达时的优缺点,进行及时点评指导,鼓励为主,委婉地提出意见,让学生乐于进行口语表达。

2.解说型的评价策略

实施步骤：

评价改进 ⇒ 交流阐述 ⇒ 转换身份 ⇒ 资料收集

评价要点：

口语交际时，要关注学生是否能够根据已有知识经验组织语言，围绕主题发言，用词贴切，并能自然流畅地表达。

【案例】：苏教版四下口语交际《推荐或自我推荐》
【实录】1.在小组内交流，要说清楚推荐的理由，同时认真倾听同学的发言。 学生发言： 杨帆：大家好！我想推荐韦筱璐同学当纪律委员，理由有以下几点：她的自律意识很强，做事有条有理，能把自己的一切收拾得有条不紊，这样的人，也能把班组治理得有条不紊；她能虚心接受大家的意见，如果她能上任，一定会在大家的指导下，管理好班级的。 综上所述，韦筱璐同学很适合当纪律委员，请同学们投她一票！ 张卓岩：大家好！今天我想自荐当一名劳动委员。因为我平时热爱劳动，扫地时非常地认真负责，只要有纸片或者是哪个角落脏了，我就会立刻打扫干净。有时哪位同学生病了，我还会帮他值日。如果我当选了，一定会让我们班变得越来越整洁。请大家支持我，谢谢！ 2.小组内同学互评。 生3：我觉得杨帆同学能够围绕主题发言，内容丰富，条理清晰，说得理由也比较全面。 生4：张卓岩同学也挺不错，他的自荐理由很真实，而且我注意到别的同学在说的时候他很认真倾听，我觉得他的倾听能力很不错。 3.教师点评：刚才你们说得很不错，杨帆很善于观察，表达得也非常有条理；张卓岩能够准确认识自己的长处，并且能够勇于承担工作，但是在表达时候不大流畅，大概是紧张的缘故，希望以后继续努力。

续表

【案例】:苏教版四下口语交际《推荐或自我推荐》
【评析】: 在本次口语阶段测试中,采取了同学之间讨论互评的形式,评价的主体变成了学生,教师相机指导,提高学生倾听、互评能力。

3.辩论型的评价策略

实施步骤:

选定论题 ⇒ 评价建议 ⇒ 阐述辩论 ⇒ 准备材料

评价要点:

高年级口语交际经常采用这种形式,在辩论中,关注学生能否紧扣论题,根据生活中的种种矛盾,辨析正误,学会正确表达自己的观点,并且能够做到有理有据,表达自然流畅。教师要引导学生运用具体事例及材料进行辩论,及时发现对方辩手语言中的漏洞进行回击,但同时也应注意礼貌用语,不可言语过激,可从以下三方面进行指导:第一、帮助学生全面正确地分析所辩论的问题和双方的理由,指出正确的认识方法和结论。教师还可以建议学生继续研究探讨,并推荐阅读资料。第二、对辩论过程中各组学生的表现作出评价。指出哪些学生态度最积极,哪些学生提出的论据最有说服力,哪些学生应对最迅速,哪些学生语言最严密、表达最清楚,哪些学生最能发现对方的问题、反驳最有力。第三、指出本次辩论过程存在的问题,告诉学生一些组织辩论会的方法和进行辩论的常识。

4.表演型的评价策略

实施步骤:

评价建议 ⇒ 角色扮演 ⇒ 创设情境 ⇒ 合理选题

评价要点:

表演型是口语阶段测试中最为常用的一种形式,各个年级都可以使用,学生进行口语交际时,关注学生能否将自己想说的话说清楚,语言符合身份，关注学生是否具备与人沟通交流并处理问题的能力。

【案例】：苏教版三下口语交际《约请》
【实录】： 学生1：顾老师，您好，我们三(1)班想举办一次对全校开放的主题队会，其中有几个文艺节目想请您给我们指导一下，不知道您下午两节课后是否有时间到我们班级来指导？ 学生2：你真是个有礼貌的孩子，我很乐意去看看你们的节目。 教师：很好，在约请中不仅注意了礼貌用语，而且讲清了约请的原因以及时间和地点，将意思表达得清楚、明白。
【评析】： 由两位同学进行角色扮演，指导学生掌握约请的基本技巧，学生能够认真倾听，教师就同学约请情况有重点地进行评议。

在实际测评中，还有一些常用的测评形式，如：推销、座谈、采访、建议、演讲等，要根据学段特点及学生个体发展水平进行有针对性的评价，让学生既感受到自身口语能力的提高，又对存在的问题有清醒的认识，并且了解下一步努力的方向。

（二）口语交际素养阶段性评价实施步骤

1.开展师生调查分析

在实际教学中，教师课堂上对学生的口语能力训练随意性大，不够系统，针对性也不强，缺少评价方法，小学生的口语交际水平提高很慢。要想有的放矢，提高教师及学生的评价能力，在研究之初进行调查分析是十分有必要的。通过问卷、访谈或者其他方式收齐数据，进行整理分析，为实验的开展提供了依据。

2.编制测试工具

根据小学各学段的口语交际评价要求，按照小学低、中、高学段分别编制涉及语言积累、口语交际和倾听能力三个层面的评价量表。量表的制订，给老师和学生提出了具体的评价要求，使评价的目的性和针对性加强，不管是教师的适时评价反馈，还是学生的自评、互评能力都有了不同程度的提高，充分体现了阶段评价的有效性。

3.编选测试题目

编选测试题目要根据学段要求和小学生实际口语水平合理编选，既可以合理利用课内资源，调动学生已有经验，也可以与生活实践接轨，激发小学生表达兴趣。题型设计要灵活多样，如：童话、叙事、辩论、表演、采访等，在测试中教师要创设良好的口语情境，使学生乐于表达，以便通过测试能够真实反映学生的口语交际能力。

4.组织阶段性口语评价

学校每学期可以组织小学生进行一至两次的集中口语检测，检测中教师要注意对小学生的适时评价，以及引导小学生自评、互评，检测结束要及时总结分析，对前期小学生口语交际情况进行交流反馈，以促进教师课堂教学水平及小学生口语交际能力的提高。

（三）口语交际素养阶段性评价细则表

《义务教育语文课程课标（2011 年版）》提出，口语交际的目标是让学生“具有日常口语交际的基本能力，在各种交际活动中，学会倾听、表达与交流，初步学会文明地进行人际沟通和社会交往，发展合作能力”。从教学目标看，提出了“倾听”“表达”“交流”等目标，并将它们视为不可分割的整体，又提出了“人际沟通”“社会交往”“合作能力”等综合目标。因此，在实施评价时应当注意单项和综合相结合，根据口语交际特点，注重综合评价。下面重点介绍几种阶段性评价工具量表。

1.倾听能力评价细则表

倾听能力的评价要与说结合一体，共生共辅。可通过放录音或教师口述，然后要求学生笔答或口述，如听写、听述、听记、听答、听辨。评价类别上，教师可有意识地通过观察学生在课堂和生活两个情境中的表现，分别从倾听时的表情、思考、回答、应对和行动五个维度进行综合评价。

该量表体现了不同学段的不同要求。如“倾听时的应对”这一评价项目，第一学段重点评价学生能否“根据对话快速、正确应对”，第二学段重点评价“能把握主要内容快速、正确应对，能转述”，第三学段则将评价的重点落在“能抓住重点，快速、正确应对，清楚表达个人观点”。各个阶段评价标准有所变化，符合因材施教的原则，给小学生增加新鲜感，激发其参与热情。操作时，教师应当关注小学生倾听的态度，侧重于对小学生倾听和表达水平的评价，设计相关问题检测小学生的倾听质量，对小学生的表达要求不宜过高。现提供第二学段“倾听能力”评价量表，作为参考。

小学生口语交际素养阶段性评价细则表（表1）

（第二学段倾听能力）

学生：　　学校：　　班级：　　时间：

类别	评价项目	评价标准	学生自评	学生互评	教师评价	家长评价
课堂上	倾听时的表情	A 专注　B 漫不经心　C 游移，没在听				
	倾听时的思考	A 有疑问或质疑　B 看着对方 C 没反应				
	倾听时的回答	A 立即插嘴或举手要求　B 不举手，但看着对方　C 没反应，看上去没听				
	倾听时的应对	A 能把握主要内容快速、正确应对，能转述　B 能基本把握主要内容，应对与话题有偏差　C 不能把握主要内容，答非所问				
生活中	倾听时的表情	A 专注　B 漫不经心　C 游移，没在听				
	倾听时的思考	A 有疑问或质疑　B 看着对方　C 没反应				
	倾听时的回答	A 立即插嘴或举手要求　B 不举手，但看着对方　C 没反应，看上去没听				
	倾听时的应对	A 能把握主要内容快速、正确应对，能转述　B 能基本把握主要内容，应对与话题有偏差　C 不能把握主要内容，答非所问				
	倾听时的行动	A 能快速正确行动　B 有行动，有偏差　C 没有行动				
总体评价及等级						

【案例】三年级下学期期末倾听能力测试

【简介】:课堂上,要求学生听一段语言材料,并与教师进行面对面的交谈或进行口头回答问题。考查学生是否专注听,是否具有敏锐的听力和判断力。

【实录】:

师(目光与学生交流):听老师读句子,请小朋友想一想,这句话后面应该加上句号、问号还是感叹号?——今天的天气多好啊!

生(思考并举手):加感叹号。

师(微笑注视学生):说说你的理由,好吗?

生:句子后面有一个感叹词“啊”,表示感叹天气的好。

师:你能把这句话加上符号重复一遍吗?

生(专注且自信):今天的天气多好啊!

师(微笑且语气肯定):你有一双善于倾听的耳朵和一个会思考的大脑,真棒!

【评析】:测试前,老师强调了听答的要求——加上合适的符号,使学生明确了倾听的要求和目标,从而便于在考查中观察和判断学生的应对能力。该生倾听时表情专注,带着思考顺利完成与老师的应答过程,属于较优秀的实例。

2.语言积累评价细则表

根据语文课程标准对小学生的朗读要求“正确地读”“流利地读”“有感情地读”制定该量表。分别从“课内背诵”和“课外拓展”两方面进行综合考查。各学段选取现行使用教材中要求背诵的篇目,采用统一量表,从“内容”“语言”“情感态度”三个维度进行真实评价,侧重测查学生在朗读或背诵书面作品时普通话的标准程度,同时还应测查停连、语调、流畅程度及表达时的体态和表情。具体要求为:

(1)正确。指能用普通话标准音读准字音,较准确地读出音变(轻声、变调、儿化),做到不用方言;不读错字、不丢字、不添字、不改字。

（2）流利。指能在表达正确的基础上，做到自然连贯、流畅清晰，不破句、不结巴、不颠倒、不重复、不指读、不顿读和唱读。

（3）有感情。指能在表达正确、流利的基础上，根据文章的思想内容和感情线索的发展变化，选用适当的语调、语速、语音，并辅以表情和体态。使用该量表时，可以将随堂即时评价与阶段性评价相结合。在阶段性评价中，如果学生对自己的成绩不满意时，允许申请重新评价。

小学生口语交际素养阶段性评价细则表（表2）

（第二学段语言积累）

学生：　　所在学校：　　所在班级：　　评价时间：

类别	评价项目	评价标准	个人自评	学生互评	教师评价	家长评价
课内背诵	内容	A 能尊重文本，内容正确，读音准确，无增添、删减。				
		B 基本能尊重文本，内容基本正确，有少量增添、删减。				
		C 内容不正确，增添、删减较多。				
	语言	A 用普通话，声音洪亮，语速适中，流畅自然。				
		B 普通话较标准，声音较响亮，基本流畅自然，时有停顿。				
		C 普通话不够标准，声音较小，语速时快时慢，停顿多。				
	情感态度	A 自然大方，能根据关键词句并融入自己的感情来，能运用恰当的体态和表情。				
		B 较自然大方，能正确的融入并表达自己的感情，词句把握较好，有体态及表情。				
		C 精神较紧张，准备不够充分，偶有感情，缺少体态及表情。				

续表

类别	评价项目	评价标准	个人自评	学生互评	教师评价	家长评价
课外拓展	内容	A 能尊重文本，内容正确，读音准确，无增添、删减。				
		B 基本能尊重文本，内容基本正确，有少量增添、删减。				
		C 内容不正确，增添、删减较多。				
	语言	A 用普通话，声音洪亮，语速适中，流畅自然。				
		B 普通话较标准，声音较响亮，基本流畅自然，时有停顿。				
		C 普通话不够标准，声音较小，语速时快时慢，停顿多。				
	情感态度	A 自然大方，能根据关键词句并融入自己的感情来，能运用恰当的体态和表情。				
		B 较自然大方，能正确的融入并表达自己的感情，词句把握较好，有体态及表情。				
		C 精神较紧张，准备不够充分，偶有感情，缺少体态及表情。				
总体评价及等级						

【案例】三年级上学期期末语言积累能力测试

【简介】：由老师现场指定朗读三年级《日有所诵》上卷中的《瞌睡虫》，时间为2分钟。

【实录】：

师（微笑注视学生）：准备好了吗？我们可以开始了吗？

学生（手捧书，稍微有点紧张）：可以开始了。

师（翻到指定篇目）：好的，请你朗读《瞌睡虫》这一篇童谣，希望你能读出自己最好的水平。

生（轻轻舒口气）：瞌睡虫，中国台湾陈木城，一条条瞌睡虫，徐徐缓缓慢慢爬进我的耳中……（语速渐慢，皱眉眯眼，表情自然真实） 生（抬头看老师，充满期待） 师（微笑并注视学生）：你读得很流利，读出了童谣中小朋友打瞌睡的样子。不过，有个词发音不够准确，请跟我读一遍——朦朦胧胧。 生：朦朦胧胧。 师：好的，建议你以后能给不熟的字注上拼音，读得更好。 生（微笑点头）：嗯，好的。
【评析】：此次评价为课外拓展部分，该生的能力考查在量表中的表现为“内容”B、“语言”A、“情感态度”A，总体评价是“态度自然大方，准备充分，有较好的语感，普通话准确，断句恰当，能力优秀”，评定等级为A。

3. 口语交际素养评价细则表

该表评价项目中的“讲述”由提供素材“转述”和“讲述见闻”组成。两种讲述都指向学生口语表达能力的评价，但又有所侧重。建议使用“口语交际评价量表”时，对材料进行“转述”，重在评价学生即时表达的能力；“讲述见闻”，重在评价学生先准备再表述的能力。具体实施时，要关注学生的讲述是否完整、有条理，讲述时的态度是否自然大方。“情境性交流”中，教师所创设的情境要符合学生的学习、生活实际，让他们有话可说。检测时，可先引导学生进行小组合作，教师要尽可能仔细观察学生在小组交流过程中所表现出来的综合素养，如，协调能力、应对能力、表达能力，以及交往的态度和情感，而后进行综合评价。具体操作时，建议提供一组话题，由学生自由选择其中的一个话题。将选择同样话题的同学自由组成4~6人的小组进行讨论，必要时教师可参与，并引导学生在情境中互动。

小学生口语交际素养阶段性评价细则表(表3)

(第一学段)

学生：　　　所在学校：　　　所在班级：　　　评价时间：

类别	评价项目	评价标准	个人自评	学生互评	教师评价	家长评价
讲故事	内容	A 故事内容完整,情节生动。 B 故事内容较完整,故事大意较清楚。 C 内容要素欠缺,不完整。				
	语言	A 用普通话,发音准确,语句通顺,表达清楚,语气语调得当。 B 说普通话,发音较准确,语句较通顺,讲述欠流畅,语调比较平淡。 C 能说普通话,发音较准确,语句欠通顺,听众不能完全理解。				
	情感态度	A 自然放松,落落大方,有礼貌。 B 态度欠自然,有礼貌。 C 态度不大方,较为胆怯。				
讲述见闻	内容	A 讲述内容完整充实,情节生动。 B 讲述内容较为完整,有一定情节描述。 C 讲述内容不够完整,情节平淡。				
	语言	A 用普通话准确描述见闻,声音洪亮,词语得当,口齿清楚。 B 用普通话简单描述见闻,语意连贯,口齿清楚。 C 用普通话较为准确描述见闻,语意不太连贯,声音小。				
	情感态度	A 态度自然大方,表情丰富,能吸引听众。 B 态度自然大方,表情欠丰富,效果一般。 C 态度欠自然,独自讲述,缺乏感染力。				

续表

类别	评价项目	评价标准	个人自评	学生互评	教师评价	家长评价
情境性交流	内容	A 围绕主题进行对话，内容充实生动。				
		B 围绕主题进行对话，内容较完整。				
		C 基本能切合主题进行交流，内容不完整。				
	语言	A 用普通话正确地进行相关交流，语句通顺流畅。				
		B 用普通话，语句较为通顺，也较为连贯。				
		C 基本能说普通话，语句欠通顺。				
	倾听	A 能认真倾听他人讲话，不随意打断他人的说话，有礼貌。能听清音节和简单的句子，正确理解语义。				
		B 听别人讲话较认真，不随意打断他人的说话，有礼貌。能听清音节和简单的句子，大概理解语义。				
		C 听别人讲话不够认真，在别人的帮助下才能大概理解语义。				
	参与性	A 主动发言，积极与人交流，大多数意见得到别人的认可。				
		B 发言主动，但次数少，与他人沟通一般。				
		C 发言不积极，被动，不与他人交流。				
	情感态度	A 态度自然大方，有礼貌，喜欢和别人沟通。				
		B 态度较自然大方，不怯场，能与别人进行一定沟通。				
		C 说话态度不大方，很少或不跟别人沟通。				
总体评价及等级						

小学生口语交际素养阶段性评价细则表(表4)

(第二学段)

学生：　　所在学校：　　所在班级：　　评价时间：

类别	评价项目	评价标准	个人自评	学生互评	教师评价	家长评价
课内背诵	内容	A 转述完整,与原材料相符,正确转换人称及相关要素。				
		B 转述内容基本与原意吻合,个别地方转换不当。				
		C 转述时语言杂乱,跳跃性大,要素欠缺。				
	语言	A 语句通顺流畅,表达较清楚,语气语调得当,听众容易明了.				
		B 语句通顺,表达欠流畅,语调平淡,听众基本明了。				
		C 语句欠通顺,听众不理解。				
	情感态度	A 态度自然大方,有礼貌,懂得尊重别人。				
		B 态度欠自然,有礼貌。				
		C 态度不自然,没礼貌用语。				
讲述见闻	内容	A 情节完整,详略得当,对事件能较好地发表自己的看法。				
		B 情节较完整,详略不明显,对事件能发表自己的看法。				
		C 情节杂乱,详略不当,不能发表自己的看法。				
	语言	A 语句通顺流畅,有条理,用词贴切,语气、语调较适当。				
		B 语句通顺,表达欠流畅,条理欠清晰,语调平淡。				
		C 语句欠通顺,但主要成分正确。				
	情感态度	A 态度自然大方,体态、表情丰富,能吸引听众,有感染力。				
		B 态度自然大方,表情欠丰富,有一定感染力,效果一般。				
		C 态度欠自然,独自讲述,欠和听众沟通,缺乏感染力。				

续表

<table>
<tr><th>类别</th><th>评价项目</th><th>评价标准</th><th>个人自评</th><th>学生互评</th><th>教师评价</th><th>家长评价</th></tr>
<tr><td rowspan="15">情境性交流</td><td rowspan="3">内容</td><td>A 能围绕主题发言，内容丰富，条理清晰，论证较全面。</td><td rowspan="3"></td><td rowspan="3"></td><td rowspan="3"></td><td rowspan="3"></td></tr>
<tr><td>B 不能完全围绕主题，内容欠丰富，条理欠清晰。</td></tr>
<tr><td>C 跑题，没有实际意义。</td></tr>
<tr><td rowspan="3">语言</td><td>A 语句通顺，用词准确，表达流畅，语气语调适当。</td><td rowspan="3"></td><td rowspan="3"></td><td rowspan="3"></td><td rowspan="3"></td></tr>
<tr><td>B 语句通顺，表达欠流畅，语调平淡。</td></tr>
<tr><td>C 语句欠通顺，但主要成分正确。</td></tr>
<tr><td rowspan="3">倾听</td><td>A 能认真倾听他人发言，比较正确地理解其意图，有不同意见和不理解的地方主动与人商讨。</td><td rowspan="6"></td><td rowspan="6"></td><td rowspan="6"></td><td rowspan="6"></td></tr>
<tr><td>B 发言主动，但次数少，与他人沟通不足，被采纳的意见少。</td></tr>
<tr><td>C 发言不积极，被动，不与他人沟通。</td></tr>
<tr><td rowspan="3">参与性</td><td>A 主动发言，积极与他人沟通，次数较多，被采纳的意见较多。</td></tr>
<tr><td>B 发言主动，但次数少，与他人沟通不足，被采纳的意见少。</td></tr>
<tr><td>C 发言不积极，被动，不与他人沟通。</td></tr>
<tr><td rowspan="3">情感态度</td><td>A 态度自然大方，有亲和力，能很好的与别人合作。</td><td rowspan="3"></td><td rowspan="3"></td><td rowspan="3"></td><td rowspan="3"></td></tr>
<tr><td>B 态度自然大方，能与别人合作。</td></tr>
<tr><td>C 独自谈话，合作意识欠缺。</td></tr>
<tr><td colspan="2">总体评价及等级</td><td></td><td></td><td></td><td></td><td></td></tr>
</table>

小学生口语交际素养阶段性评价细则表(表5)

(第三学段)

学生:　　　　所在学校:　　　　所在班级:　　　　评价时间:

类别	评价项目	评价标准	自评个人	学生互评	教师评价	家长评价
转述	内容	A 把握主要内容,转述较完整,正确转换人称及相关要素。				
		B 转述内容基本与原意吻合,个别地方转换不当。				
		C 转述时语言杂乱,跳跃性大,要素欠缺。				
	语言	A 语句通顺流畅,停顿合理,有感染力,能清楚表达。				
		B 语句通顺,表达欠流畅,语调平淡,表达较清楚。				
		C 语句欠通顺,听众不理解。				
	情感态度	A 态度自然大方,能够使用礼貌用语,吸引听众。				
		B 态度较自然,有礼貌。				
		C 精神紧张,态度不自然,没礼貌用语。				
讲述见闻	内容	A 清楚地表达想法,感受真切,内容详略得当。				
		B 讲述主要内容,不够丰富生动,能简单发表看法。				
		C 简要讲述,有关系错误,没有发表看法。				
	语言	A 语言流畅生动,使用文明语言,有感染力吸引听众				
		B 语句通顺,表达欠流畅,条理欠清晰,语调平淡。				
		C 语句欠通顺,但主要成分正确。				
	情感态度	A 态度自然大方,体态、表情丰富,有感染力。				
		B 态度自然大方,表情欠丰富,有一定感染力。				
		C 态度欠自然,欠和听众沟通,缺乏感染力。				

续表

类别	评价项目	评价标准	自评个人	学生互评	教师评价	家长评价
情境性交流	内容	A 围绕主题发言，内容丰富，条理清晰，有说服力。				
		B 不能完全围绕主题，内容欠丰富，条理欠清晰。				
		C 跑题，没有实际意义。				
	语言	A 语句通顺，用词准确，表达流畅生动，语气语调适当。				
		B 语句通顺，表达较流畅，语调平淡。				
		C 语句欠通顺，但主要成分正确。				
	倾听	A 认真倾听他人发言，正确地理解其意图，主动与人商讨交流。				
		B 较认真倾听他人发言，能部分理解他人意图，主动交流少。				
		C 偶尔倾听他人发言，不能够主动与同学交流。				
	参与性	A 关注同伴，主动参与，巧妙应对，善于沟通。				
		B 主动参与发言，不够灵活，与他人沟通不足。				
		C 发言不积极，被动，不与他人沟通。				
	情感态度	A 态度自然大方，有感染力，能很好地与别人合作。				
		B 态度自然大方，能与别人合作。				
		C 合作意识欠缺，主动说话次数少。				
总体评价及等级						

【案例】五年级上学期期末口语交际能力测试
【简介】:老师制作签条,学生抽取一张,话题为"与伙伴分享自己喜欢读的书",5 分钟准备后,开始进行考查、记录和评价。话题进行时间为 5 分钟内。 实录: 师(拿出签条):不要紧张,请抽一张,看看是什么话题? 生 1(慎重抽取,并打开):我抽取的话题是"与伙伴分享自己喜欢读的书"。 师(微笑并注视):好的。你可以请同小组的同学一起来谈谈,时间为 5 分钟,你们要积极发言,但是也要注意照顾到其他同学,好吗? 生 1(邀请同学准备 5 分钟) 生 1(走上讲台):伙伴们,你们好! 我有好东西跟你们分享。 生 2(好奇并靠近):什么好东西啊? 快给我看看。 生 1(展示书封面):最近我读了一本非常有趣的书,叫《纳尼亚传奇》,这是一套魔幻系列书。作者和《魔戒》的作者是要好的朋友,故事讲述的是四个孩子通过一个魔衣柜进入奇幻的纳尼亚王国,与那里的白女巫等魔怪妖兽斗争,最终拯救了纳尼亚人民的故事。 生 2(充满兴趣):能给我们读一段吗? 生 1(激动且得意):当然可以啰!(开始读片段) 生 3:嗯,听起来是不错,我也想看。 生 1:告诉你们,《哈利波特》的作者罗琳也是这套书的忠实读者呢! 生 2、生 3:真的啊? 我也要去买一套回来!
【评析】:上述考查属于量表中的"情境性交流",学生 1 在话题内容选择上能够围绕主题,流畅表达,并照顾到其他两位伙伴,善于沟通和应答。学生 2 注意倾听和主动提出问题,参与性较高,学生 3 在参与性上略微内敛,表达不够充分。本小组 3 位学生总体评价为 A。

4. 口语交际素养阶段性评价记录表

使用本评价量表的最终结果应以等级加评语的方式呈现，评语记录应力求全面反映学生在理解能力、表达能力、交际能力和调控能力方面的水平，同时体现激励性。既要充分肯定学生的发展，又要委婉地指出存在的问题，更要指明努力的方向，以利学生不断进步，更好地体现评价服务于教学的目的。

小学生口语交际素养阶段性评价记录表（表 6）

学校　　　学年度第　　学期　　　　年　　月

学生	语言积累或口语交际				评价记录
	优秀	良好	合格	待合格	

小学生口语交际素养阶段性评价成绩汇总表（表 7）

（语言积累或口语交际）

学校　　　　学年度第　学期　　　　年　　月

年级	班级	班级人数	参试人数	优秀人数	优秀比例	良好人数	良好比例	合格人数	合格比例	待合格人数	待合格比例	备注
合计												

使用量表的注意事项：以上量表中，体现了知识能力、方法技巧与情感态度价值观三维目标的整合、课内外结合、加强口语运用和实践的思想，并力图简洁明了，突出重点。在具体操作中，不同学段、不同时间段可以有所增删和更改，以体现学段差异和班级情况差异。

由于口语素养阶段性评价是针对某一段教学过程中学生的表现而言

的，教师不可能对每个学生的表现提供全面、具体、准确的评价意见，因此需要引发学生自我反思，使教学成为一个“自我纠正系统”，还要借助小组评价和家长评价，使评价更全面，从而促使学生不断调整自己的行为。因此，使用量表进行评价，评价的主体可以是教师，可以是学生，也可以是家长。当然家长的评价存在水平参差、标准不统一、地点多变等不足。因此，在实施的过程中，要因地制宜，加以选择和调整，使其更客观地反映学生的口语交际水平。

二、小学生文本复述素养评价

（一）文本复述素养评价策略

学生口语复述能力是口语能力的重要组成部分，实施科学的复述能力的评价，应坚持情感性、激励性、差异性、综合性原则，构建多元化评价目标，倡导灵活的评价标准，注重评价主体、评价方式的多元化。在科学性的前提下，充分发挥评价的激励功能，促进学生口语复述能力的提高和发展。

1.分层评价的策略

学生因遗传、环境等多方面的原因，造成了学生的个体差异，具体表现在发展的潜能和特色的不同。评价如按同一个标准一刀切，那么势必扼杀了个性，抑制了创造性，这与现代素质教育的宗旨是格格不入的。

因此不能用同一标准来评价学生，评价标准的灵活性和层次性主要体现在三个方面：一是不同学生采用不同的客观标准，如目前采用试行的难易程度不同的题型等形式；二是同一个学生在不同的时间段可有不同的标准；三是不同学生可以逐步达到同一客观标准。

学生对自己的考评成绩不满意，可向教师申请任何难度题型的考查，也可以是认为自己能通过时提出再次考查。如对自己获得的成绩满意，可作为最终成绩，如不满意还可再次申请再考，直到满意为止。

【案例】：期末复述能力测试
【简介】：H市B区口语课题实验校之一的某小学，在每学期期中、期末测试前，组织每位学生参加复述测试，让学生抽签选择“文本复述”或“讲述见闻”题型。分别依据“内容、语言、情感态度”三方面的表现进行评价，老师在进行等级评价后，对学生复述过程简要记录，并给予当面评价，以便学生更好地了解自己在复述过程中的优缺点和问题，达到不断进步。 检测过后，有个别学生因为自身紧张等原因，认为在考场上发挥失常、成绩不理想，可以对照已获得的优秀或良好、合格、待合格等级，申请重新再考一次，如超过自己第一次的成绩，则教师以其第二次成绩记录入册。这种做法，既充分尊重每个学生的主体地位，给予学生多一次机会、一个宽松的测试氛围，又充分体现了分层评价的灵活性和创造性。
【评析】：分层评价的策略尊重了学生的个体差异，体现了评价标准的灵活性和层次性，做到复述内容“因材选材”，评价标准“因人而异”。

2.多元化主体的评价策略

一元化的教师评价具有合理性、权威性，的确不可缺少。但同班同学的评价来自不同的个体、不同的角度，会更全面、更亲切，故应采纳；同时，自评也不可缺少。

对学生个体而言，这种多元化的评价方式，使他能收获更多的鼓励，产生更大的动力，促进学生更好地发展。更为可喜的是，在自评训练中，学生的评价能力表现出惊人的进步。

评价主体的多元化，使学生改变了过去那种被动接受评判的状况，发挥了学生在评价中的主体作用。过去，学生除了不得不向家长汇报卷面成绩外，平时的学习情况怎样，很多同学的复述水平家长是不了解的。由于采取了评价主体多元化的手段，每次复述不再是仅仅发生在课堂中的事了，而是从学校延展到家庭。因此学生对每次复述都引起了重视，对复述的评价也尤为重视，学生对复述的关注度空前加大。在这个过程中，学生主动地学习，积极地改正自己的不足，充分发挥了学习的主体性。

在具体操作中，注重学生复述能力的发展，同一文本要求学生向多个评价主体复述。针对同一文本，学生可以先后向伙伴、家长、老师进行复述，再根据伙伴、家长、老师的评价进行一个最终的自我评判。具体流程如下：

学生自主复述 ⇒ 同学评价 ⇒ 家长评价 ⇒ 老师评价 ⇒ 自我评价

在具体复述评价中应该注意这样几点：第一：老师应该在评价之前拟定一个有效的评价标准，以便各个评价主体在评价过程中有据可依，确保评价的客观性。第二：在多元主体评价的过程中，不能过分强调复述的成绩，而应该突出此过程当中学生复述能力的发展。

【案例】：复述《三打白骨精》
【简介】：H 市 B 区某小学的李老师在指导学生复述《三打白骨精》一文时，充分发挥小组评价的积极作用。让学生先在四人小组内练一练，然后老师请同学上台复述。 评价要求：一是小组内的每位成员都必须积极参加（参与意识评价）；二是当一位同学复述时，其他同学要认真聆听并做好记录，包括用上多少关键词，哪些内容是自己想象的等等（情意态度评价）；三是每位同学给复述的同学打上等级，等级分为优秀、良好、合格、待改进（表达能力评价）；四是表达能力评价的参考项目是：仪态是否大方（1 分）、口齿是否清楚（2 分）、表达是否流畅（2 分）、对原文情节的复述是否完整（2 分）、有无创造性添加（3 分）。任务布置好后，各小组立刻行动起来。十五分钟后，复述结束。按照要求，各小组选出的同学上台复述。实践证明，学生小组内的评价真实、有效率，打分非常公平公正，推选出上台复述的学生不仅语言流畅，而且条理清楚，想象合理。
【评析】：此次复述，学生在小组内完成，每一个学生都参与到复述、倾听、评价、推选的活动中，改变了原有的一元化评价模式，学生在积极参与的同时能力也得到了发展。

3.激励性的即时性评价策略

教师在学生复述完成后，对其在复述中的态度、方法、效果等方面进行即兴点评的过程，主要起着反馈、激励、调控和导向的作用，因此，教师要做到评价及时、准确、到位。我们要注意其中的激励性功能，因为期待鼓励是每一个学生心理上的需求，真诚的赞美、恰到好处的表扬，能使学生体验到一种成功的喜悦，客观的激励性评价正是点燃学生希望之火，扶起他们的自信之树，引发学生积极进取、奋发向上的内在动力。

言语鼓励法：就是对学生的回答或者行为不是简单的从对与错中进行判断，而是在给予口头语言的鼓励的同时，适当穿插点评，采用口头语言赞扬学生时，合理适度的赞扬对学生口语复述的积极性起着积极的作用。

体态鼓励法：非言语性的“赞扬”和“谴责”是用表情动作表现出来的。即它是通过面部表情的变化，语音声调的高低，身段的姿态、手势等方式表达人的内心情绪。一个轻微的手势或一个小动作就足够把一个信息传送给学生，哪怕只有一个小小的“暗示”或一个“眼神”就能达到师生之间思想的沟通。

实物鼓励法 ：充分运用课堂教学中用的实物或者替代物对学生进行适当的奖励，以此表示对他们的赏识。比如在低段学生中可以用五角星、小红旗、小红花等表示奖励。对学生颁发此类实物奖励，能够充分激发低段学生的学习兴趣，使学生能够多方面地了解自己、赏识别人，促使学生的身心得到健康发展。

具体的操作中应该注意：

（1）鼓励要具有即时性，对学生在复述中表现比较好的地方要及时地给予鼓励，以便于学生能及时了解自己优点，从而使接下来的复述达到更好的效果。

（2）鼓励的目的只是让学生在复述中表现好的地方得到肯定，所以鼓励不能过于夸大，以免影响学生的判断。鼓励要适度，尤其是实物鼓励，不能过于频繁和贵重，以免学生把复述当成获得礼物的工具。

（3）鼓励要有依据，不能凭空捏造。鼓励是为了让学生及时的发现优点，提高复述能力的方式方法，所以每次鼓励一定要有据可依，确切的帮助学生找到自己的优点。

【案例】:复述《雨点》一课
【简介】:H 市 B 区某小学的魏老师指导学生复述《雨点》一课。 【实录】:在第一个学生站起来复述完全照本宣科的情况下,魏老师并没有打断,而是选择了听完,并给了这个孩子肯定,肯定她对课文记忆的熟悉,但是转而老师又提出了新要求:请学生在理解的基础上用自己的话来复述。 第二个站起来复述的同学表现明显好多了,但是似乎又没有那么通顺,而且将"池塘、小溪、江河、大海"的顺序弄乱了。 魏老师还是选择了等待,中途给予适当的引导。 当他说完,老师和同学们给他竖起了大拇指。 师:"说得真棒!你们一定都可以说得和他一样棒,不过老师想请大家回忆一下,老师上课时让大家注意池塘、小溪、江河、大海的特点了,大家还记得吗?" 生:"从小到大。" 师:"说的时候记住这个顺序哦。还有,睡觉、散步、奔跑、跳跃也是动作由小到大的。"接着魏老师又请起了第三个同学,这次他说得好多了,不仅注意到按照事物出现的顺序复述,同时用自己的语言说出了课文的主要内容。
【评析】:从以上这个案例片段中,我们不难看出,魏老师在指导学生复述时,恰当地使用了言语鼓励法、体态鼓励法,鼓励低年级的孩子在课堂上大胆复述,争取展现自己的最佳口语水平。

4.兼顾表现性和过程性的评价策略

对学生复述能力的评价要兼顾形成性评价与阶段性评价的综合运用。复述形成性评价是在平时的教学中采用"量表评价",要求学生对所学课文进行逐课复述,并允许学生对同一个文本进行多次复述,直到达到满意的效果。

小学生文本复述形成性评价表

<table>
<tr><td>学校</td><td></td><td>年 级</td><td>四年级上册</td><td>学生姓名</td><td></td></tr>
<tr><td colspan="2" rowspan="2">复述内容</td><td colspan="4">复 述 评 价</td></tr>
<tr><td>自 评</td><td>互 评</td><td>组 评</td><td>师 评</td></tr>
<tr><td colspan="2">2.但愿人长久</td><td>☆☆☆☆</td><td>☆☆☆☆</td><td>☆☆☆☆</td><td>☆☆☆☆</td></tr>
<tr><td colspan="2">6.天安门广场</td><td>☆☆☆☆</td><td>☆☆☆☆</td><td>☆☆☆☆</td><td>☆☆☆☆</td></tr>
<tr><td colspan="2">7.徐悲鸿励志学画</td><td>☆☆☆☆</td><td>☆☆☆☆</td><td>☆☆☆☆</td><td>☆☆☆☆</td></tr>
<tr><td colspan="2">8.虎门硝烟</td><td>☆☆☆☆</td><td>☆☆☆☆</td><td>☆☆☆☆</td><td>☆☆☆☆</td></tr>
<tr><td colspan="2">11.田园诗情</td><td>☆☆☆☆</td><td>☆☆☆☆</td><td>☆☆☆☆</td><td>☆☆☆☆</td></tr>
<tr><td colspan="2">12.桂花雨</td><td>☆☆☆☆</td><td>☆☆☆☆</td><td>☆☆☆☆</td><td>☆☆☆☆</td></tr>
<tr><td colspan="2">13.开天辟地</td><td>☆☆☆☆</td><td>☆☆☆☆</td><td>☆☆☆☆</td><td>☆☆☆☆</td></tr>
<tr><td colspan="2">14.普罗米修斯盗火</td><td>☆☆☆☆</td><td>☆☆☆☆</td><td>☆☆☆☆</td><td>☆☆☆☆</td></tr>
<tr><td colspan="2">15.一路花香</td><td>☆☆☆☆</td><td>☆☆☆☆</td><td>☆☆☆☆</td><td>☆☆☆☆</td></tr>
<tr><td colspan="2">16.说勤奋</td><td>☆☆☆☆</td><td>☆☆☆☆</td><td>☆☆☆☆</td><td>☆☆☆☆</td></tr>
<tr><td colspan="2">17.李时珍夜宿古寺</td><td>☆☆☆☆</td><td>☆☆☆☆</td><td>☆☆☆☆</td><td>☆☆☆☆</td></tr>
<tr><td colspan="2">18.维生素C的故事</td><td>☆☆☆☆</td><td>☆☆☆☆</td><td>☆☆☆☆</td><td>☆☆☆☆</td></tr>
<tr><td colspan="2">19.奇妙的国际互联网</td><td>☆☆☆☆</td><td>☆☆☆☆</td><td>☆☆☆☆</td><td>☆☆☆☆</td></tr>
<tr><td colspan="2">20.城实与信任</td><td>☆☆☆☆</td><td>☆☆☆☆</td><td>☆☆☆☆</td><td>☆☆☆☆</td></tr>
<tr><td colspan="2">21.珍珠鸟</td><td>☆☆☆☆</td><td>☆☆☆☆</td><td>☆☆☆☆</td><td>☆☆☆☆</td></tr>
<tr><td colspan="2">22.九色鹿</td><td>☆☆☆☆</td><td>☆☆☆☆</td><td>☆☆☆☆</td><td>☆☆☆☆</td></tr>
<tr><td colspan="2">总 评</td><td colspan="4">优　　　良　　　合格　　　待提高</td></tr>
</table>

此形成性复述评价量表是根据平时学生学习复述的情况，采用自评、互评、组评和师评相结合的方式，多元化记录学生平时的复述情况，真实地反映学生的复述水平。

表现性复述评价是指在期中和期末，组织学生进行口语测评工作，对学生的口语表现进行评价。在测评中设置有复述的相关活动内容及任务，如"文本转述"和"讲述见闻"。测评中，教师根据"情感、语言、内容"等对学生的表现进行评价。此量表在使用时可以让学生抽签选择"文本复述"或"讲述见闻"，分别依据"情感、语言、内容"等表现进行评价，老师在进行等级评价后应该对学生复述的过程进行简要记录，以便学生更好的了解自己的复述能力。案例如下：

【案例】苏教版二年级上册练习 2《讲童话故事》

【简介】：H 市 B 区某小学孙老师在执教苏教版二年级上册练习 2《讲童话故事》。

【实录】：孙老师首先请同学们在四人小组内，把提前准备好的童话故事说给小伙伴听，不仅要讲好自己准备的故事，还要注意听组内其他小朋友的故事，最后选出小组中讲得最好的同学代表本组参加班级讲故事比赛。根据学生的活动表现，对学生的复述能力进行表现性评价。

内容	语言	情感态度
A.能准确反映故事的主要情节、人物关系等内容。	A.语句通顺，句子结构完整，能用自己的语言复述，表达流畅，句子较多。	A.语态自然大方，能吸引听众，有感染力，听众反应较好。
B.基本反映故事的主要情节、主要人物，但相互关系有错误。	B.语句通顺，句子结构完整，能用自己的语言复述，句子较少。	B.语态自然大方，有一定感染力，但效果一般。
C.基本反映故事的主要人物活动，但故事情节有错误。	C.句子欠通顺，但能用自己的语言复述。	C.语态欠自然，独自讲述，语调平淡。
D.脱离故事随意说或不会复述。	D.仅能背诵故事中的只言片语或不会复述。	D.精神紧张、不敢发言。

【评析】：本次活动安排，将学生的复述能力融入到一次具体的活动中。在活动中，根据学生的具体的表现，对学生的复述能力进行评定。一方面这样的形式学生乐于接受，另一方面，学生口语复述的综合能力能够得到较好的阶段性评价。

文本复述评价兼顾表现性和形成性，不仅是诊断和评定等级的依据，更是对学生、教师、家长的指导，对于学生的复述兴趣的激发和能力提高有很好的积极作用，从而促进学生发展。

（二）文本复述评价工具

文本复述评价工具的制订应以学生复述能力发展为出发点。在标准制订上要兼具信度和效度；从形式上来说要多样化，避免一个尺子衡量；从功能上说要强调发展性，淡化选拔和甄别功能；过程性的发展记录和阶段性的定量评价要区分对待。

1.形成性评价量表——激发学生复述文本的兴趣

形成性的复述评价量表是学生复述能力发展的直观呈现，也是学生复述能力发展的导向。因此它的制订必须考虑到复述的文本体裁特点，根据体裁制订合理的评价量表和标准。

小学生文本复述形成性评价表

课文复述我能行　　班级：　　　姓名：

复述内容	复述情况			
	自　评	互　评	组　评	师　评
水上飞机	☆☆☆☆	☆☆☆☆	☆☆☆☆	☆☆☆☆
跟踪台风的卫星	☆☆☆☆	☆☆☆☆	☆☆☆☆	☆☆☆☆
恐龙	☆☆☆☆	☆☆☆☆	☆☆☆☆	☆☆☆☆
海底世界	☆☆☆☆	☆☆☆☆	☆☆☆☆	☆☆☆☆
总　评	优　　　良　　　合格　　　待提高			

备注：☆涂红色，☆越多越好；总评在优、良、合格、待提高上打“√”。

评价标准：

☆☆☆☆ 口齿清楚、态度自然、内容完整、语言连贯。

☆☆☆　口齿清楚、态度自然、内容较完整、语言较连贯。

☆☆　　口齿较清楚、态度较自然、内容基本完整、语言基本连贯。

☆　　　口齿不太清楚、态度不太自然、内容不太完整、语言不太连贯。

学生先自己复述，根据表现涂星星；接着和同桌或小伙伴互相复述，在彼此的表格上进行互评；然后在小组内复述，由组长给出成绩，涂上星星；最后复述给老师听，由老师给出星星的数量。

每一课复述成绩的确定由星星的数量判断，12 个以上是优秀，9～11 个是良好,6~8 个是合格,6 个以下是待提高。这样的复述评价,激发了学生的兴趣,让学生更加积极地进行复述训练。

<table>
<tr><td>【案例】让复述成为学生与文本的有效对话</td></tr>
<tr><td>【案例背景】
《水上飞机》是苏教版国标本教材三下的一篇科学童话。课文用拟人化的手法,通过小海鸥看到,听到的,写出了水上飞机的外形及特点;通过小海鸥与水上飞机的对话,形象地写出了水上飞机的广泛用途。课文故事性强,情节饶有趣味,语言生动活泼,引人入胜,是加强语言训练,激发科学兴趣的好教材。</td></tr>
<tr><td>【案例描述】一开始上课,我便意识到这篇课文是学生语言训练的好材料。通过复述,不断加深对课文内容的记忆,理清文络。另外本篇课文儿童化的语言,也是学生复述训练的好机会。于是我向学生提供几个关键词:小海鸥、水上飞机、海上战斗机、海上运输机、海上灭火机。学生分组练习,先是组内交流、互评,再全班展示。根据说明性文体复述要求给学生评定。</td></tr>
<tr><td>【案例反思】
这堂课大部分学生能把握要求,积极思考,大胆表述。在老师的提示下和复述的要求下,学生较好地把握住了文体特点,收到了很好的训练效果。</td></tr>
</table>

2.阶段性文本复述评价表——加深和巩固学生记忆

同样,在随课文学习和形成性复述检测评价的基础上,每学期结束,教师可以对学生进行文本复述的考核。学生抽签决定需要复述的课文,简单的 2~3 分钟准备后进行口头复述,检测教师根据学生复述情况予以记录,并在全班考核结束后,根据学生总体复述情况做简要分析和评价,及时将评价的结果反馈给学生,便于学生在今后的练习中弥补不足。

小学生文本复述素养评价记录表

（期末使用）

<table>
<tr><td colspan="2">班级</td><td colspan="3">学年度　第　学期</td><td>检测时间：</td></tr>
<tr><td rowspan="2">学生姓名</td><td colspan="4">文本复述评价等级</td><td rowspan="2">评价总结</td></tr>
<tr><td>优秀</td><td>良好</td><td>合格</td><td>不合格</td></tr>
<tr><td></td><td></td><td></td><td></td><td></td><td rowspan="4">取得成绩：</td></tr>
<tr><td></td><td></td><td></td><td></td><td></td></tr>
<tr><td></td><td></td><td></td><td></td><td></td></tr>
<tr><td></td><td></td><td></td><td></td><td></td></tr>
<tr><td></td><td></td><td></td><td></td><td></td><td rowspan="4">存在不足：</td></tr>
<tr><td></td><td></td><td></td><td></td><td></td></tr>
<tr><td></td><td></td><td></td><td></td><td></td></tr>
<tr><td></td><td></td><td></td><td></td><td></td></tr>
</table>

3.课外复述评价量表——复述从课内向课外延伸

文本复述素养评价不应局限于学生的课内学习，还要充分利用假期里的各种媒体。

在假期中，学生除了完成作业外，可鼓励他们在假期里利用多媒体进行语言积累运用，教师可以通过评价表的制订，引导学生从多渠道学习，如看课外书籍，看完后复述；看新闻，了解国外国内大事，根据自己的理解进行讲述；听故事，可听电视广播上的，也可听小伙伴讲述，然后自己根据记忆和理解进行复述。评价方式上，家长也可参与其中，让孩子把听到的看到的复述出来，家长简要记录，用涂星星的方式给予评价。伙伴分享复述时，同伴互评，简要记录，评出等级。

小学生假期阅读分享评价表

班级：	学生姓名：		
日期	阅读分享内容	阅读分享记录	家长评价
7月1日	1.《小学生课外阅读推荐书目》一篇		☆☆☆☆
	2.自主阅读书籍一篇		☆☆☆☆
7月2日	1.《小学生课外阅读推荐书目》一篇		☆☆☆☆
	2.自主阅读书籍一篇		☆☆☆☆
7月3日	1.《小学生课外阅读推荐书目》一篇		☆☆☆☆
	2.自主阅读书籍一篇		☆☆☆☆
7月4日	1.《小学生课外阅读推荐书目》一篇		☆☆☆☆
	2.自主阅读书籍一篇		☆☆☆☆
7月5日	1.《小学生课外阅读推荐书目》一篇		☆☆☆☆
	2.自主阅读书籍一篇		☆☆☆☆
7月6日	1.《小学生课外阅读推荐书目》一篇		☆☆☆☆
	2.自主阅读书籍一篇		☆☆☆☆
7月7日	1.《小学生课外阅读推荐书目》一篇		☆☆☆☆
	2.自主阅读书籍一篇		☆☆☆☆
7月8日	1.《小学生课外阅读推荐书目》一篇		☆☆☆☆
	2.自主阅读书籍一篇		☆☆☆☆

小学生假期倾听分享评价表

班级：	学生姓名：		
日期	听故事分享内容	听故事分享情况	互评
7月1日	1.听多媒体故事一则		☆☆☆☆
	2.听小伙伴故事一则		☆☆☆☆
7月2日	1.听多媒体故事一则		☆☆☆☆
	2.听小伙伴故事一则		☆☆☆☆
7月3日	1.听多媒体故事一则		☆☆☆☆
	2.听小伙伴故事一则		☆☆☆☆

续表

7 月 4 日	1.听多媒体故事一则		☆☆☆☆
	2.听小伙伴故事一则		☆☆☆☆
7 月 5 日	1.听多媒体故事一则		☆☆☆☆
	2.听小伙伴故事一则		☆☆☆☆
7 月 6 日	1.听多媒体故事一则		☆☆☆☆
	2.听小伙伴故事一则		☆☆☆☆
7 月 7 日	1.听多媒体故事一则		☆☆☆☆
	2.听小伙伴故事一则		☆☆☆☆
7 月 8 日	1.听多媒体故事一则		☆☆☆☆
	2.听小伙伴故事一则		☆☆☆☆

小学生假期新闻分享评价表

班级：		学生姓名：	
日期	新闻分享内容	新闻分享记录	家长评价
7 月 1 日	1.国外最值得关注的新闻一则		☆☆☆☆
	2.国内最值得关注的新闻一则		☆☆☆☆
7 月 2 日	1.国外最值得关注的新闻一则		☆☆☆☆
	2.国内最值得关注的新闻一则		☆☆☆☆
7 月 3 日	1.国外最值得关注的新闻一则		☆☆☆☆
	2.国内最值得关注的新闻一则		☆☆☆☆
7 月 4 日	1.国外最值得关注的新闻一则		☆☆☆☆
	2.国内最值得关注的新闻一则		☆☆☆☆
7 月 5 日	1.国外最值得关注的新闻一则		☆☆☆☆
	2.国内最值得关注的新闻一则		☆☆☆☆
7 月 6 日	1.国外最值得关注的新闻一则		☆☆☆☆
	2.国内最值得关注的新闻一则		☆☆☆☆
7 月 7 日	1.国外最值得关注的新闻一则		☆☆☆☆
	2.国内最值得关注的新闻一则		☆☆☆☆
7 月 8 日	1.国外最值得关注的新闻一则		☆☆☆☆
	2.国内最值得关注的新闻一则		☆☆☆☆

三、小学生语文课堂语言素养评价

课堂语言评价，是指在课堂实施过程中，通过多种评价方式，综合考察学生的参与意识、情意态度和表达能力，进一步提高学生对口语交际的认识和表达沟通的水平。《义务教育语文课程标准（2011 年版）》要求根据不同年龄学生的学习特点，采用合适的语言评价方式，促进学生根据不同的对象和内容，文明地进行人际沟通和社会交往。因此，我们要积极探索科学、多元的课堂语言评价机制，提高学生的口语交际能力，让口语表达成为一种良好的习惯，为学生的终身发展打好语言基础。

（一）课堂语言评价策略

著名教育家夸美纽斯曾经说过："教师的嘴，就是一个源泉，从那里可以发出知识的溪流。"这句话也隐含着课堂语言评价在我们课堂教学中是何其的重要，它包括有声语言（口头语）和无声语言（体态语）。独立意识尚未形成的小学生非常看重教师的评价，所以在课堂中教师的语言评价会对学生知识技能的掌握及思想感情的发展起到潜移默化的作用。

课堂教学是学生获取知识的主渠道，课堂上教师的语言评价是教学过程中不可缺少的环节。教师在课堂上使用不同的评价策略，学生就会有不同的表现、非一般的情绪体验。新课程理念下的语文课堂，教学评价方式正逐步由单一的教师评价向多元评价转变，也就是既有教师对学生的评价，也有学生对教师的评价、学生之间的互相评价和学生的自我评价。作为教师应紧紧抓住课堂语言评价这一法宝，让课堂语言评价这个最直接、最有效的评价方式真正发挥其独有的魅力，使被评价者都能得到学习成功的满足，提高学习乐趣，促使被评价者更积极主动地投入学习，推动教学达到高潮。

1.即时性评价策略

课堂即时性评价是指在课堂教学过程中，教师对教学行为所作出的一种情感和行为的反应。它伴随着教学过程产生且无时不在，无处不在，充满着师生之间情感的交流。即时性评价往往与教育活动过程融为一体，没有严格意义上的评价方案和评价结论，强调对具体行为的评判和指导。

在小学语文课堂教学中，当学生朗读一段课文之后，或回答某个问题之后，教师都会给予一定的评价，很显然，它属于即时性评价。即时性评价是小学语文教学评价的重要组成部分，它以教师的口头评价为主，并且辅以适当的体态言语。抓好即时评价，有助于启迪学生的心灵，调动学生的积极性，培养学生的创新精神，发挥评价对教学的管理和促进功能。实践证明，教师的即时性评价对课堂学习效果产生着深远的影响。精湛的语言艺术，优化的课堂教学氛围，开启学生的心智，陶冶学生的情操，促进学生个性的发展。

一、评价要求要分层。教学需要因材施教，评价也同样需要根据各个学习层面的学生情况，分层要求，有针对性地进行评价。比如对优秀学生，他们一般都有良好的学习习惯，对于学习课本上的知识一般没有困难，比一般的学生理解能力强，进度快，他们所需要的是要超越课本上的新知识，教师的评价要有启迪性，不能简单的停留在课本上，要开阔视野，激发其探索新知识的欲望，让其进入更深层次。

二、评价语言要生动。要善于发现学生的优点，评价中进行适当的引导，起到为提高课堂教学效果服务的目的，生动的评价语言能够调动学生学习情绪，激活课堂气氛。当学生提出不同的见解时，教师要用“你的思路很开阔”“你想法很独特”来肯定学生的创新思路。

三、评价时间要及时。课堂教学中的教师即时性评价，是对学生课堂学习活动作出的立即反应，帮助学生调整、控制后继学习行为。对于学生在合作、交流中的表现，要给予即时的评价，并且在评价过程中语气运用要巧妙，对于学生学习兴趣的提高能起到很大作用。

四、评价主体要多元。多元化评价，包括教师评价、学生自评和互评、学生与教师互动评价等等，也可以把小组互评与对小组每个人的评价结合起来，把学校评价、社会评价和家长评价结合起来。激发学生内在的潜能，提高自我调控能力，主动发展，起到互相帮助、互相促进的作用。

教师在进行即时性评价时，要注意做到及时、准确、到位。如何才能将这一点做好呢？我们要注意做到“五宜”“五忌”：

一是宜具体，忌模糊。表扬用语越翔实、具体就表明你对对方越了解，对他的长处和成绩就越看重,能使对方充分感觉到你的真挚、亲切与可信,师生间的距离将会越来越近。

二是宜真诚,忌虚伪。同样一个“好”字,可以说得平平淡淡,让人有勉强之嫌,也可以说得满怀激情,让人感受到是发自内心的赞赏。满怀激情的评价,能让学生品尝到被人尊重的喜悦,感受到期待的幸福。

三是宜激励,忌讽刺。课堂评价最忌讳的方式是对学生讽刺、挖苦,我们在评价时,要努力做到保护学生自尊心,激发上进心,比如用“只要你努力,就一定能成功!”“能有这么大的进步,老师感到非常高兴”等激励语言,对学生树立战胜困难的信心,保质保量地完成教学任务有着不可估量的作用。

四是宜多元,忌单调。在有些事情上,对学生直接表扬更加有效,老师不妨在表扬学生时也采取一定的策略。比如采用学生自评、小组互评等方式。千万不要采用一言堂的表扬方式,这样的评价往往会使课堂变得呆板,缺乏灵气,学生也不喜欢。

五是宜雪中送炭,忌锦上添花。其实,在课堂上,最需要表扬的不是那些纪律学习一直很优秀的学生,反而是那些被埋没而产生自卑感的“双差生”。他们平时很难听到一声表扬,一旦能被老师当众真诚地表扬一声,可能会很大程度上使其振作精神。

【案例】

师:同学们,在很远很远的地方,有一座美丽的村庄。深夜里,那儿静悄悄的,小动物们正在甜甜睡觉。慢慢的,天亮了,你们听到了什么?【创设情境策略】

生1:我听到了猫咪“喵喵”叫的声音,还有小狗“汪汪”叫的声音。

生2:我听到青蛙在池塘里“呱呱”叫的声音,还听到了小鸟的叫声。

生3:我也听到了小鸟的叫声,它好像在快乐地唱歌。

师:从这个“也”字,可以看出你特别认真地听别人讲话了。你讲话的时候,露出甜甜的笑容,老师特别爱看。

学生开心地坐下,观察其他学生的神态,发现他们都在倾听。

点评：在教学过程中，教师关注到了学生的语言细节，并及时予以肯定和赞赏，为课堂注入了正能量，及时而温暖的评价语言就是课堂中的一缕阳光，引导学生更加积极向上。

——《有趣的声音》(H 市 B 区某小学)

2.表现性评价策略

表现性评价是一种质性的评定方法，是一种新型的更直接地考查学生综合运用知识、解决实际问题能力的方法，在促进学生发展和改进教学方面有显著作用。"表现性评定为测量学习者运用先前所获得的知识解决新问题或完成特定任务能力的一系列尝试，具体来说就是运用真实的生活或模拟的评价练习来引发最初的反应，由高水平评定者按照一定标准进行直接的观察、评判，其形式主要包括建构式反应题、书面报告、作文、演说、操作、实验、资料收集、作品展示。"表现性评价强调在具体化、真实或模拟生活的情境中，让学生完成特定任务，由评价者对学生的操作表现和学业成果的评判来评价学生。

表现性评价方法的构成：

要有一个表现性的任务	⇒	要有一个评价标准	⇒	要有一个或好几个好的评价者

表现性评价注意事项

表现性评价内容选择要少而精。设计表现性任务，编一份学生反映的评价规则，以及实际的评分过程都需要很多时间。此外还要考虑财力、空间、时间和设备等方面的因素。

表现性评价推论要谨慎。尽管表现性测验可以测量到你所要评价的学生能力，但依据学生在表现性测验中的表现做推论必须十分谨慎。在选择表现性任务时最重要的考虑应该是准确类推学生的能力。

评价主体要客观公正有信度。对表现性评价的信度问题质疑最多的是评分者信度。评分者信度是测量两个或两个以上的评分者对于某领域内一个或多个行为观察后评判的一致程度。由于评分过程中，表现性评价标准的执行可能存在很大的主观性，所以测量专家对这种信度格外关注。测验的利害关系越大，就越要重视它的信度。但在日常教学中就不用过分关注这个问题。在新课程实施中，我们提倡评价方法的多样化，应该积极探索适应新课程理念的评价方法，解决评价这个制约课程改革的“瓶颈”问题。

【案例】

先是组内练习并且组内评价，最后邀请一组代表上台表演，提前告诉学生力求真实，努力重现生活中的情景。老师带领学生一起观看表演后引导学生来评价，在评价中悟出劝阻的要领。

生（胡梦婷）：兰兰，请你把橘子皮捡起来，好吗？

生（徐思远）：哎哟，不就是一块小小的橘子皮吗？别大惊小怪的！

生（胡梦婷）：兰兰，不是我大惊小怪。你瞧，我们的校园多么整洁，你扔一块橘子皮就影响了学校的卫生，破坏了校园的环境。

点评：在此教学片断中，教师设置了真实的交流情境，并为学生提供了一定的评价标准，引导学生参照标准进行目标评价，巩固课堂内容的学习，评价策略巧妙且自然。

——《学会劝阻》（H 市 B 区某小学　梅花）

3.言语激励评价策略

托尔斯泰说过：“成功的教学需要的不是强制，而是激发学生的学习兴趣。”在新课程理念中，言语激励评价是课程教学的一个有机构成环节，是促进学生发展的有效教育手段。课堂教学中教师的激励性语言，是指在课堂教学中教师对学生瞬时的、即兴的、即时的、即地的一种激励。课堂中教师的激励性语言不仅能影响课堂教学气氛和活动，有时甚至能影响学生一生的发展，教师要引起足够的重视。

运用激励性语言要做到自然、亲切。在一些优秀老师的课堂上，每一个学生都可以获得成功，每一个成功者都可以得到激励。“你提的问题连老师也没有想到，是个小思想家！”“你和老师想到一块儿了，你真是老师的知音啊！”当孩子发言发得好时，教师由衷地说：“你说得比我好，真是好样的。”

运用激励性语言要做到幽默、谐趣。幽默是师生关系的润滑剂。因为，幽默显示的是教师的智慧，传递的是教师的关爱，承载的是生动的启示，激活的是愉悦的情感，所以运用幽默的地方，总是师生关系和谐融洽的地方。

运用激励性语言要做到恰到好处。教师在运用激励性语言时还有个时机的问题。教师在最佳时机处运用激励性语言可以取得事半功倍的效果。教师要把握激励的时机，及时恰当地表扬学生，让他们通过自身的情感体验，树立坚定的自信心，从而在愉悦的学习中体验、享受学习的成功。

运用激励性语言要做到个性化。古人云“授人以鱼，不如授之以渔”，新一轮课程改革要求我们“教会学生学习，培养学生自主能力”，所以当我们面对天真烂漫、活泼可爱的孩子们时少点埋怨、苛责，多在提高学生学习兴趣上、认真钻研教学理论上动些脑筋。有句话说得好“兴趣是最好的老师”，平时在课堂内外恰如其分地夸奖学生、适时运用激励性语言评价学生，激发学生学习兴趣，我想我们的课堂会更加精彩。

激励性语言对学生来说，能产生积极的效果，但是要注意使用的方式，如运用在不恰当的时机，或使用不自然的方式，往往不能收到预期的效果，甚至会诱发逆反心理，因此，在运用激励性评价时，需要注意以下几个问题：

一是注意激励性评价具有短暂性、时效性的特点。小学生在学习的过程中，由于其自身特点的因素，存在着共性和个性的不同。特别是对于学习较困难的学生，要经常善于发现他们的闪光点进行适时、适度、经常地激励性评价，使之渐渐走上“我要学”的轨道。

二是注意激励性评价运用的时机及场合。时机及场合的合理选择，能使激励性评价收到最大效果。如我经常运用的时机和场合有：新课导入时；读好一篇难度较大的课文时；比赛得奖后；对某种需求存在强烈愿望时；学生积极性高涨或低落时……契机很多，认准后都不可错过。

三是注意激励性评价运用时要找准切入点。在课堂教学中，在良好的课堂气氛下，找准切入点的激励性评价，能使小学生把心中的全部能量都投入到学习中去。抓住他们的兴趣点、兴奋点、感怀点、疑问点、变化点，切入后进行激励性评价，使课堂在他们心间经久不忘。

【案例】

师：同学们，葛浩然同学朗读得好吗？（好！）如果你是李老师，你会怎么评价？

生：如果我是李老师，那他一定是A，他声音响亮，且十分浑厚，读这首诗另有一番味道！

生：当然是A，看，刚才他的面部表情十分的丰富，仿佛秋天就在他的脸上，让人忍不住和他一起笑起来。

生：不，不，是A加A加！他读的时候不仅有丰富的面部表情，还有动作，摇动的大豆，挺拔的高粱在他的表演中显得生动、可爱，我觉得他一定很喜欢它们。

期末，我在给葛浩然准备的口语评价卡片上，留下了这样一段话："葛浩然同学，你在朗诵与口语交际中取得的进步令老师大吃一惊，响亮的声音是你自信的表现，有趣的动作和丰富的表情展现了你的表演才能，无论是诗歌还是其他文章在你的演绎之下，都能变得更加生动活泼，精彩绝伦，你有能力实现你成为外交官的梦想，并已经踏出了坚实的第一步，希望你能踏实、自信的走好迈向成功的每一步。"

点评：言语激励评价策略，要让学生感兴趣，容易接受，也能拨动孩子的心弦。教师的评价语言要"美"一点，学生更积极一些，教师评价语言"准"一点，学生学习更有方向，教师评价丰富一些，学生更能保持学习的劲头。

——《北大荒的秋天》（H市B区某小学　李凌云）

4.体态语言评价策略

体态语言评价是指教师通过自己的表情、眼神、手势等，对学生的学习行为表达出信任、鼓励、赞赏等信息，从而达到"此处无声胜有声"的效果。教师的体态语言相当的丰富，可以用微笑、点头、赞许的目光、竖起大拇指等方式对学生的学习行为表示肯定和赞赏；可以用摇头、提醒的目光等方式表示对学生学习行为的否定与制止。

体态语在教学中的运用：

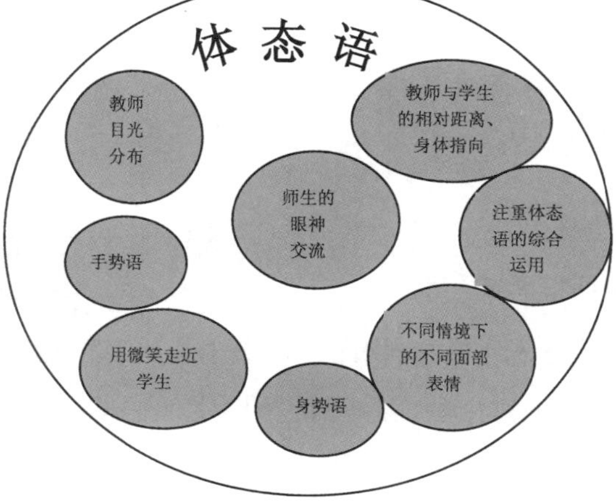

在运用体态语进行评价时，要注意以下几个问题：

一是注意体态语的协调统一。首先体态语是表情、手势、姿态、服饰等的综合运用，只有相互配合才能相得益彰；其次，教师体态语要与口语协调一致，在教学中以口语为主体辅之体态语才能起到好的效果；再者，体态语要与交流对象相适应。

二是注意让学生明确体态语的含义。体态语不像口语那样规范易懂，其含义较模糊，传递的信息有相当大的不确定性。所以教师在进行体态语时要注意力求动作简练利落，清晰鲜明，目的明确，让学生一目了然。

三是注意纠正不良的无意识的体态语。口语大都是有意识发出的，而体态语往往在无意识中显露出来，反映人的真实情感，甚至人们可以从某人的体态语中觉察出他的“言不由衷”的秘密。因此教师随时随地都可能有无意识的体态语，而有些无意识的体态语是不规范的，甚至是不文明的。

【案例】

老师：黄河的主人不一般，同学们要读得有气势点。

学生：黄河的主人。【老师用手势做引导】

老师：读了课题，同学们有什么疑问吗？

学生：黄河的主人是谁？

老师：学贵有疑，【老师投去赞许的目光，为他竖起大拇指】老师把你的问题记下来。

点评：老师一个简单的动作，一份温暖的赞许，对于学生来说无疑是课堂中一道最亮丽的“风景线”。最好的教育往往是“润物细无声”的，给学生一种“享受学习”的状态。

——《黄河的主人》

5.实物奖励评价策略

相对于单纯的言语评价，实物评价在作用上更有情趣，适合低年级学生的年龄特点，带有激励作用的实物评价特别受他们的欢迎。教育家乌申斯基说：“注意是一座门，凡是外界进入心灵的东西都要通过它。”小学生年龄小，他们的抽象思维还没有完全成熟，同时，情绪易兴奋，注意力易转移，所以在教学中，教师可通过具体形象的实物来激发他们的学习兴趣。

实物奖励评价如果运用得好，能起到比言语评价更好的激励作用。例如，当我们发现孩子的胆怯、畏缩充斥着课堂，在运用了一系列语言激烈调动以后，我们给勇敢举手回答问题、读好课文的孩子送上奖励的小礼物，你会发现这办法很奏效，孩子们小脸绷得红红的，小手举得高高的，回答问题也很积极。因此，这节课会变得异常圆满。

除了赠送这些形象的物品之外，我们还可以赠送有象征意义和纪念价值的小物品，如一支书签、一颗种子、一副书法作品、一样教具，都会燃起学生的希望和期待。

选择实物奖励评价，需要注意以下几个方面：

一是实物奖励评价一定要把握好度。奖品如果过多过滥，反而会适得其反，学生也变得无所谓、不稀罕，起不到激励的作用。

二是避免让学生在潜意识里产生一种功利心理。学生回答问题就为了得到奖品，奖品一拿到手，这堂课的任务也就完成了，对后面的学习活动不再积极参与，这样反而造成学生学习的不利影响。

对学生来说，学习是他们最主要的生活内容。他们希望在学习的过程中得到老师的认可，渴望享受学习的快乐，教师应采用多种方法，使学生充分感受到学习的乐趣，自然而然地产生一种发自内心的学习热情。这种无形的评价效果是再多的红花和“智慧星”也无法比拟的。

【案例】

师:(指生答)谁能把找碴儿的句子读出来。

【一位向来较沉默的孩子举起了手,我很惊喜,但他很快又收回去了,我向他投去鼓励的目光,试着叫他起来说一说,希望能够帮助他变得勇敢一些】

生:“你把我喝的水弄脏了,你安得什么心!”(他满脸通红,声音很小,但读得很流利)

师:孩子,你的声音真好听!这枚“勇敢者小徽章”是属于你的。

【接下来的课堂里,他坐得笔直,小小的脸上绽放着属于他的那份骄傲,虽然他还是无法成为最积极的那一个,但是在勇敢的路上,他前进了属于自己的那一小步。】

点评:实物奖励策略不可滥用,当它出现在恰当的时间里,变会成为课堂中不容小觑的催化剂。本案例中的老师用一枚“英雄徽章”奖励较怯懦的孩子,无疑增强了他的自信心,老师和学生的关系又得以进一步加强,可以说是一股完美的推动力。

6.量表测量评价策略

量表评价法是传统课堂教学评价中最常采用的方法,它是事先确定好需要进行评价的指标,并给出评价的等级,在评价过程中,评价者对照课堂教学的实际状况,逐项给出相应的等级评定。

由于量表测量评价的基础是评价量表,因此量表测量评价策略的核心也就是评价量表的制订。而评价量表的核心又在于评价标准的制订。

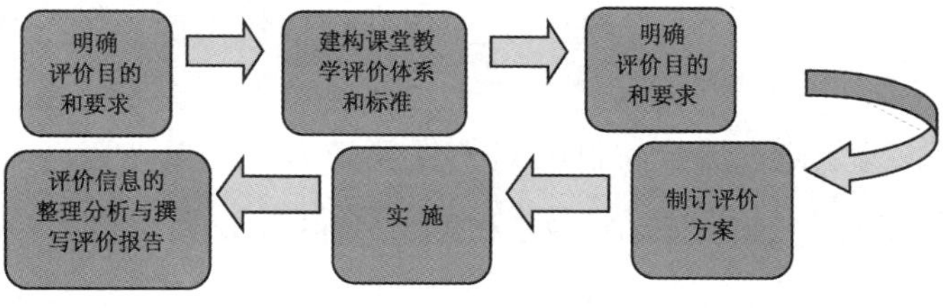

实施量表测量评价策略,应该遵循以下几个方面的原则:

一是实事求是的原则。评价者在进行评价时,一定要依据实际情况进行真实的评价。不宜夸大事实,也不得无视。

二是零距离的原则。作为评价者要特别注意评价对象的恐惧心理和紧张情绪,同时评价后的信息反馈也应该建立在评价双方的积极配合和相互信任的基础之上。

三是针对性原则。评价不应该面面俱到。对一节课的测量评价应该从整体上去分析评价,但绝不是不分轻重、主次,而是需要有所侧重。应该根据评价目的和课型,以及学科特点,突出重点。应就执教者的主要目标进行评述,问题要集中明确,既充分肯定特色,也大胆提出改进。

四是激励性原则。使用量表进行评价,都必须遵循激励孩子口语发展的原则。

量表测量评价的实施要注意以下几个方面:

评价前,评价者应该认真阅读评价方案表,熟悉评价要点的特征描述。必要时,应该对评价者进行相应的培训。评价者对评价指标体系和操作要点的理解直接关系到评价的效度,因此在评价之前应确保评价者掌握和熟悉评价指标的具体含义和相应评价要点与行为。

评价中,评价者应该根据评价要点作好听课记录。课堂语言评价方案中,除了那些按照教学过程来组织的评价指标之外,对于评价指标的判断和评价往往需要跨越课堂教学中的几个阶段,甚至是对整个课堂教学的说明。因此,往往需要根据评价要点,在评价过程中作好相应的听课笔记,听课笔记可以按照课堂教学的基本过程,从课堂教学的导入开始,以教、学和师生之间的活动为主要内容,并随时记录下自己相应的感受。要注意的是:听课笔记不是课堂教学实录,没有必要把课堂教学中的所有东西都记录在案;同时要熟悉整个评价指标,只有这样,才有可能随时对照课堂教学的实际情况分析出评价指标的实际情况。

评价后,课堂语言评价的目的并不仅仅是为了简单地对课堂教学作出一个等级评定,其主要目的是促进课堂教学,因此在评价等级的判断过程中,需要综合考虑课堂教学中的各种因素,特别是需要考虑教学中教师和学生的相应意见,能够跟上课教师进行相应的讨论,从课堂教学的目标、教学设计、实施过程、教学效果等各方面进行评价。

(二)语文课堂语言评价工具

课堂教学的实质就是交往,是教师、学生、教材之间的对话和交流,其中最多的就是教师和学生之间的交往,这种交往主要是通过语言交流实现的。作为课堂教学,这种运用语言的形式是向学生传道、授业、解惑的主要途径。因此,教师的课堂语言组织表达能力的高低直接影响着教学的质量。

要想提高语文课堂语言评价的质量,推动课堂教学达到另一个高潮,就应该学会运用课堂语言评价策略。然而,要想知道自己的课堂语言评价是否达到预想结果,还需评价工具来帮助。以下五个课堂语言评价工具分别按照即时性评价策略、表现性评价策略、言语激励性评价策略、体态语言评价策略和实物奖励评价策略的具体标准进行制订。

1.即时性评价工具

评价工具使用准备:

课前将工具表分发给5位听课老师;评价者课前认真阅读评价要点,熟悉评价要点,了解听课的侧重点。

即时性评价标准	等级	具体教学语言例子	建议
语言亲切、富有情感	☆☆☆☆☆		
对于不同层次的学生,具有针对性评价	☆☆☆☆☆		
评价及时、语言得体	☆☆☆☆☆		
评价不单一,多元化	☆☆☆☆☆		

2.表现性评价工具

在我国新一轮课程评价改革中,作为质性评价的典范之一——表现性评价,在受到世界各国教育评价工作者广泛重视的同时,也以其尊重学生的个体性、创造性、主体性以及发展性为特征而在众多评价方式中备受教师的关注。表现性评价是最能突出学科特点的评价方式。语文学科融合了多学科特点,学生在教师创设的情境中充分展示自己的情感过程、参与活动,运用所掌握的知识与技能,在表演、口语表达等方面的才艺都能得到充分的表现,有利于问题的解决和文章主旨的深入。在课堂中,教师可以利用表现性评价工具调动学生参与活动的情绪，培养学生参与活动的行为习惯、创新能力及实践能力，同时培养学生端正的态度和方法策略。

表现性评价注意11个关注点：一是站立姿势自然；二是注意与听众交流；三是表情适当；四是能使用恰当的体态语；五是音量适当；六是吐字清楚；七是能用标准的普通话；八是中心突出表达有条理；九是修辞使用准确；十是具有说服力和感染力；十一是情感表达与内容匹配。

从以上课堂行为对学生进行评价，注意尊重学生，强调互动协商，教师要聆听学生的想法，让学生对自己的做法进行解释，有争议的问题进行民主、平等的讨论，也是表现性评价的主要特征。在评价中创设真实的情境，明确表现性评价的目的，通过学生活动或完成任务的过程，不但能够评价学生知道了什么，还能够评价学生能够做什么。也就是说，一是给学生评分，二是诊断学生的学习情况。

评　价　标　准	星级评定
1.态度热情大方，有真实感。	☆☆☆☆☆
2.语言真诚有礼貌，语气柔和，易于接受。	☆☆☆☆☆
3.能用普通话正确交流，声音响亮，语句连贯。	☆☆☆☆☆
4.理由充分，能说清危害，有说服力。	☆☆☆☆☆
5.能给予很好的建议。	☆☆☆☆☆
6.能乐于接受他人的提醒和帮助	☆☆☆☆☆

表现性评价最适合用于诊断学习情况，如果学生在口语交际活动中没有达到所期望的标准，那么教师应在了解学生表现优点的同时，针对学生表现过程中的缺点，给予即时性评价。这样做到表现性评价和即时性评价相结合。

以上评价表格不仅适用于教师评价学生，同样适用于学生与学生之间的互评。

3.言语激励评价工具

在课堂教学中，教师都在试图运用评价的激励性使其在教学中发挥重要作用，让学生在良好的教学状态下进行学习并取得好的学习效果。但是怎样运用激励性评价，人们的观点和方法是不尽相同的。笔者认为，对于教师的激励性评价语言要考量是否具有正确性和科学性，这是评价的关键。

执教者		班级		观察时间	
课题				观察者	
评价类型		等级		教学语言案例	建议
语言自然、亲切		☆☆☆☆☆			
语言具有个性		☆☆☆☆☆			
语言幽默、有变化性		☆☆☆☆☆			
语言合宜性		☆☆☆☆☆			

值得观察者注意的是：随着赏识教育思想的提出，“平等、民主、和谐”教育理念的倡导，教师们似乎显得特别小心翼翼，尤其是在公开课教学评价中，几乎不敢使用“不”字，惟恐扼杀了一个“牛顿”，夭折了一个“爱迪生”。应该说，这些老师的初衷是好的，但笔者认为：凡事都得有一个限度，不适当的激励未必是好事。一味赞赏，不仅会使学生觉得你虚情假意，还会模糊孩子的认识，包括对知识的理解和自我的表现认识。有些教师误以为提倡赏识就不能批评，所以在课堂上不管学生说的有无道理，或轻易鼓励，或保持中立态度，含糊肯定：“你们说的都有道理”或“你们说的都有一定的道理”，弄得学生丈二和尚摸不着头脑，不知道自己到底对不对。学生出现不足和错误是在所难免的，教师要客观地给他们指出对错优劣，帮助他们分析成功和不足，并指明努力的方向

4.体态语言评价工具

众所周知，在人们的日常交往中，语言是重要的交际工具。但是与此同时，一些非语言的成分同样起着表情传意的作用，这些非语言成分就是我们常说的体态语言。体态语在人们的交际过程中占据着重要的作用。所以，有的学者认为在实际的交际过程中，课堂教学实际上也是一种交际活动，同样体态语也是很重要的，它在一定程度上影响了教学的效果。

小学语文教师课堂体态语评价量化表

教师姓名							年级		学科				
表现形式 功能类型	象征性动作			说明性动作	表露性动作		工具性动作		适应性动作			调节性动作	
	指势	掌势	头势		注视	环视	板书	操作	撑桌	手置胸前	其它	指向自身	指向物体
支持修饰													
代替言语													
表达感情													
适应生理心理需要													
调控组织													

5.其他课堂观察评价量表

课堂语言评价的关注点是多种多样的,导致对课堂语言评价的观察面也是各不相同。

(1)教师课堂语言有效性评价表

评价目的:教师评价与对学生感悟文本内容的影响,通过评价调动学生的学习积极性和有效调控学习的气氛,从而提高学生语言表达能力。

小学语文教师课堂语言有效性评价表

观察对象:______　　年______　　班　　观察者姓名:______

课题:______　　时间:______

内容	评价要求	权重(分值)			
导入语	1.老师创设的情景语言,激发学生进入学习氛围,求知欲望萌动。	A (9~10)	B (7~8)	C (6~5)	D (4~1)
	2.凸显语言本质,架构学生学习的"知识链"。				
提问语	1.问题设计精简,有吸引力,能激发同学之间的讨论和学习。				
	2.老师注重学生去发现和提出问题,能以学生的问题为出发点,开展教学。				

续表

内容	评价要求	权重(分值)			
评价语	1.评价具有针对性,能解答疑惑,引导学生深入思考。				
	2.不同层次的学生都能感受到成功的喜悦,身心得到陶冶,知识得到内化,思维得到发展。				
过渡语	能抓住内容之间联系的切入口,过渡自然,激发学生深入学习。				
总结语	能从知识、能力和情感等各方面总结延伸,并有创新性。				
专业素养	老师学科知识丰富、概念清晰,表达规范有感染力。				
总体印象	教学语言组织有序,且富有情感、语态亲切。				
等级		总分			

(2)学生课堂语言评价表

教师的课堂语言组织表达能力的高低直接影响着教学的质量。然而,除了教师的教学语言,学生的回答也是课堂语言的组成部分。学生的回答类型和评价方式也侧面反映出教师课堂语言的水平高低。

小学生正处在语言发展的快速成长期,是培养口头表达能力的最佳时机。课堂上教师的语言再诗意华丽,最终学生没有内化为自己的语言,这样的课堂教学依然是不成功的。然而对于处于各个不同学段的小学生,他们所要达到的课堂表达能力也高低不同。所以在这里,根据学生不同年龄层次,列出低中高三个层次的学生课堂口语表达能力量表。

低年级小学生课堂口语表达能力评价量表

课题______ 执教者______ 观察者______ 时间______

学生回答次数	踊跃表达	口齿清楚	普通话标准	说话连贯	能简单将文章大意进行复述	能表达自己的所思所想
1						
2						
3						
4						
5						

中年级小学生课堂口语表达能力评价量表

课题______ 执教者______ 观察者______ 时间______

学生回答次数	乐于表达	说话清楚、连贯	普通话标准	能将文章进行复述	能对同学的回答进行简短评价	能转述
1						
2						
3						
4						
5						

高年级小学生课堂口语表达能力评价量表

课题______ 执教者______ 观察者______ 时间______

学生回答次数	善于表达	说话清楚、连贯、有道理	普通话标准	能将文章有感情地进行复述	能对同学的回答进行评价，有理有据，有自己的思想	能通过文章的内容表达自己的思想
1						
2						
3						
4						
5						

小学语文的一个重要训练是回答问题。然而在不同的阶段，孩子对于课堂问题回答的方法和语言表达能力的层次是不一样的。与其说是观察孩子的上课回答问题的能力，还不如说是老师在日常观察中，对孩子的口语表达训练是否到位。

四、小学生背诵积累素养评价

背诵是小学生重要的语文基本功训练项目之一，是学生在熟读理解文本的基础上，对语言的储存与积累。《义务教育语文课程标准(2011年版)》指出："语文课程应激发和培育学生热爱祖国语文的思想感情，引导学生丰富语言的积累，培养语感，发展思维，初步掌握学习语文的基本方法，养成良好的学习习惯，使他们具有适应实际需要的识字写字能力、阅读能力、写作能力、口语交际能力，正确地理解和运用祖国语文。"正因为《语文课程标准》把学生对语言的积累提到了一个前所未有的高度，所以，探索和构建以生为本并有效促进学生背诵积累能力发展的评价就尤为重要。

背诵积累是语文教与学的手段，也是语文教与学的目标，背诵积累过程需要借助评价活动收集和反馈教学信息，以调整和控制背诵积累进程。所以，在学生背诵积累过程中，评价是不可或缺的一部分。

（一）背诵积累评价策略

背诵积累评价，是对小学生课内外背诵积累情况，采用灵活多样的方式进行评价，旨在对学生积累背诵评价方式由单一转向多元。评价范围可分为课内、课外积累背诵评价；评价周期上可分为阶段性评价、模块式评价、总结性评价。

1.激励性评价策略

新课程的实施，评价的功能也发生着变化。它不再是为了选拔和甄别，更主要的是为了促进学生的发展。为了更好地发挥评价的激励功能，在教学中要遵循激励性评价的原则，寻求激励性评价的方法，从而帮助学生获得成功，体验成功，最大限度地调动学生的学习积极性，提高背诵积累的效益。激励性评价在实际运用中有哪些功能呢？

(1)它是帮助学生克服表达障碍的动力。小学生因为口语交际经验的匮乏、积累的不足，在口语实践中难免会产生紧张、恐惧、为难等情绪，这些情绪往往会影响口语交际正常进行。而课堂与日常状态下，当众背诵熟悉的篇目后，教师、家长给予的鼓励性评价，将会有效地提高孩童表达的信心。尤其是低年级学生，表述问题经常不完整，但流畅的背诵会让他们找寻到当众发言的自豪感。

(2)它是提高学生口语交际质量的保证。小学生因为言语的匮乏，常在表达中有词不达意、忘词等现象出现，受到嘲笑后往往会成为群体表达的沉默者。而大量的背诵积累将会丰富学生的言语素养，教师对其词汇丰富的肯定性评价，也将进一步激发他们背诵的兴趣。

对背诵产生兴趣的小学生，不但会主动背诵，在别人背诵的时候还会认真倾听、积极参与、准确判断，教师对其倾听习惯的赞赏，将会有助于小学生口语交际中良好习惯的养成。

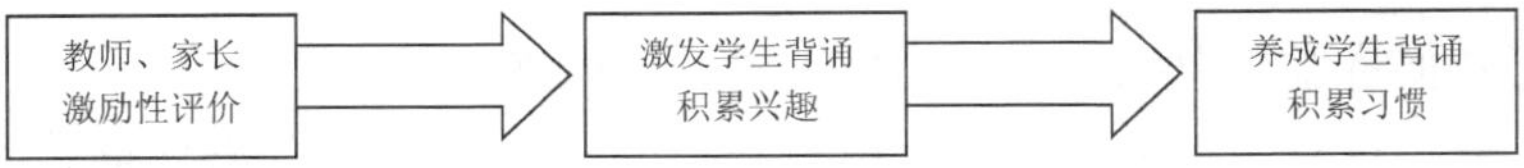

由此可见，在小学生背诵积累过程中，教师若能发挥激励性评价的积极效应，重视学生背诵积累兴趣的激发，鼓励他们主动、积极地进行积累交流，将会帮助学生树立正确的背诵观，增强积累的有效性，促进小学生背诵积累能力的提高。

2.即时性评价策略

实施新课改的当下，即时性评价越来越得到大家的重视。即时性评价体现了它需要通过即时强化学生的正面行为来实现教育效果，但在具体的实施中，要注意策略安排的问题，以实现评价行为的最优化。

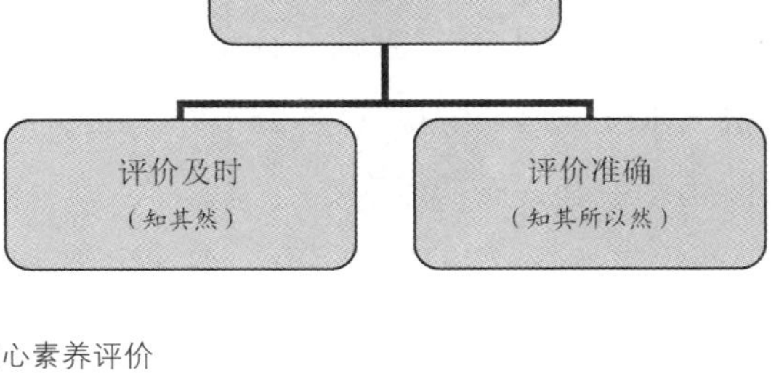

(1)把握评价时机的即时性。这是即时性评价应遵循的原则之一，即在学生恰当的背诵表现出现后，要尽快给予评价，该策略也体现了教师在课堂上对学生的关注度，发现学生的每一个优点或不足，对学生的反馈越是迅速，强化的效果越是明显。

> **案例：**H 市 B 区某小学举行的一次课评中，一位老师在《大海睡了》第一节指导背诵后，绝大部分同学都能背诵下来。一位比较后进的学生也举手，老师见后请他背诵，当即表扬他“用心学习，进步很大”，学生因受到正面的鼓励而感受到教师对自己的关爱，感受到努力就会有收获，在随后的教学环节中表现更加积极，学习情绪高涨。可见，对小学生尤其低年级后进的学生来说，及时的表扬、鼓励会极大地增强其学习的积极性，树立学习的信心。

(2)把握点评指导的适切性。此为即时性评价的原则之二，它强调教师的点评并非不加思考的泛泛而谈，而是有针对性的评价，能让学生对自己的表现知其然又知其所以然。

> **案例：**H 市 B 区某小学教师在阅读课的教学中非常关注学生背诵习惯的养成。在一次青年教师赛课中，老师引导学生按照以前掌握的方法去记忆《三顾茅庐》第三自然段。几分钟后，一位学生就尝试背诵了下来。老师问其能在短短时间内背下一二百字的原因，学生思考后说自己刚才只想着背诵下来，背诵时用了“抓住关键词和语句间的顺序”的方法。老师听后夸赞她：“注意力集中，巧用记忆方法，真是个背诵小能手”。学生因受肯定而信心倍增，他和班上的学生在无形中更明确了“专注”“运用方法”是背诵的窍门，“心到”是背诵的前提。

总之，教师要采用多种方式进行即时评价，充分调动小学生的主观能动性。低年级小学生的奖励红花、加盖五星印章、张贴笑脸、拍手鼓掌、竖大拇哥等很有效，中高年级的积分晋级、口头及时表扬等即时性评价举措，也会有利于引导学生正确树立背诵的意识与态度。

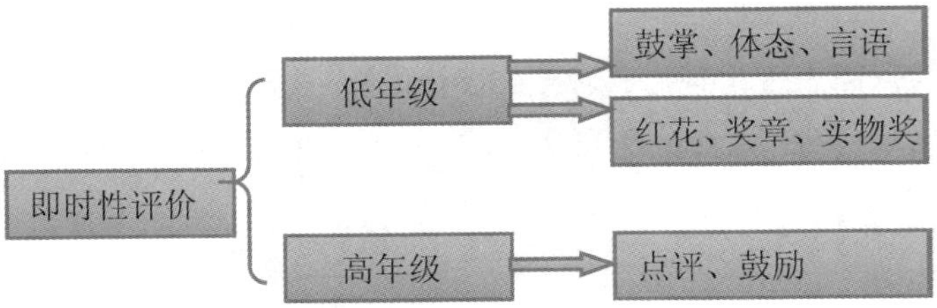

即时性评价，会让小学生迅速认识到自己的何种行为得到了相应的评价，直接刺激其正面行为出现的频率。需要注意的是，对个体来说，它虽提高了评价的激励价值，使行为与效果之间的联系明确化，但因点拨的零散性，教师需要关注教育效果的全体性，让其他学生从侧面感受背诵的原则和方法。

案例：在一些实验班的听课中我们发现，一些老师非常重视对小学生个体的及时评价，但在评价某一学生时，较远的同学处在一种“事不关己”的态度中，并没有从教师的评价中收获到对自己有用的信息。这种情况在低年级课堂背诵指导中更加明显。在课题实验研讨交流后，教师们总结出“生生互评”和评前“倾听提醒”、评后“复述总结评价要点”等方法，这些做法让班级中即时性评价受益者更多，更培养了学生倾听的能力。

3.表现性评价策略

表现性评价是指对小学生在实际完成某项任务或一系列任务时所表现出的，在理解与技能方面对小学生学业成就的评定，也指对小学生在具体的教学过程中，所表现出的学习态度、努力程度以及问题解决能力等一些测验所无法反映的深层学习指标的评定。在绿色评价体系中，它也显示评价对象上由注重结果评价转向关注过程评价。

(1)评价注重过程

许多心理活动、认知活动相当复杂，往往结果虽同，但途径却不同，要发现小学生的学习困难、学习障碍，必须对过程加以认真的剖析。同时，有些行为不会有很清晰的结果，更要进行过程性评价。

在背诵积累方面，小学阶段的孩子具有超强的记忆能力，充裕的背诵时间，背诵效果非常明显；但是在他们身上又反映出“儿童健忘”这一有趣的现象。他们记得快，忘得也快，记忆的潜伏期较短，有时甚至会把背诵过的内容完全遗忘。这样一来，可以说背与不背就没什么差别了。大多数老师要求学生背诵，只注重了当时的记忆效果，加上现在许多学生的背诵材料选择随意，背诵时间安排盲目，以至花时长，效果差。要想背诵有效，将背诵作为语言积累的重要方式，就需要科学地指导。

借助于评价量表（自评、互评、家长评、师评），教师可以观察到学生背诵的速度、效果与记忆的持久性，针对学生背诵记忆的特点，有的背得快忘得快、有的背得慢忘得慢、有的背得快忘得慢等特点，对其表现进行评价，引导小学生安排不同的时间复习巩固，真正地让教师把评价的重心由关注结果转向关注背诵的过程，通过关注过程，促进结果的提升。

（2）评价主体多元化

实行小学生学习评价主体多元化，学生的课外互评、家长评价等。目的是通过关注学生背诵积累的过程和环节，帮助学生全面认识自己的发展变化情况。在肯定优点和进步的同时，指出他们的不足，针对学生的优势和不足，帮助他们扬长补短，促进其协调发展。

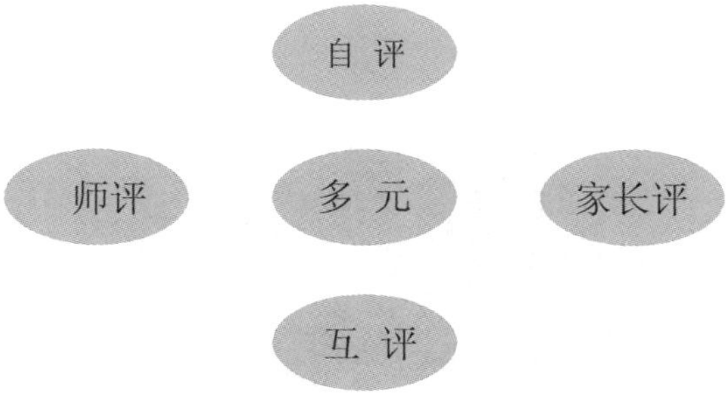

用“自评”的方式提高他们的主观能动性，用“互评”的方式增强学生间的互动，用“师评”抽测的方式，提高学生对背诵的关注度，用“家长评”的方式，拓宽了家长参与学生学习、了解学生学习状况的维度，用竞赛的方式，增强学生参与背诵的积极性和主动性，这些多元化的评价方式让学生看到自

己背诵的成果,看到自己的背诵量在不断累积时,成就感也油然而生。

故此,口语表现性评价以其客观的评分规则,灵活的评价方式以及有效的评价结果,对学生背诵积累习惯的养成起到了很好的促进作用。

4.阶段总结性评价策略

阶段总结性评价是测定小学生达成某一教学目标的程度。一个单元、一个模块、半个学期或一个学期的教学结束后对最终结果所进行的评价,都可以说是阶段总结性评价。对于背诵积累来说,它通常是教师对学生一段时间的背诵积累状况进行了解掌握,并对已有的背诵内容进行巩固,以达到检测、督促的作用。

(1)模块式背诵评价策略

模块式背诵是某一主题背诵,如《弟子规》或有关春的诗词等学完后所进行的评价,单元也可称之为模块。模块式评价策略也就是在完成每个模块教学后教师进行的阶段总结性评价,提高学生整体背诵的质量。定时的模块评价,将会让学生养成及时复习巩固的好习惯。

例如:某一班级根据季节的变换、农历的节日连续背诵了有关“清明”的诗词后,进行“清明诗词赏析会”,让学生在有滋有味地背诵展示中,体会到农历节日背后所蕴含的文化意蕴。

主题模块评价

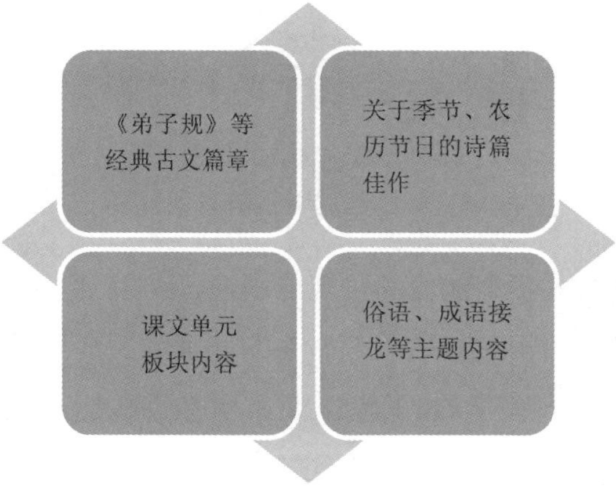

(2)学期中期总结性背诵评价策略

学期中的总结性评价策略是测定小学生达成教学目标过程中的进展情况。教师可在掌握学生整体背诵状况的基础上，调整下一阶段的评价方式，以让更多的小学生获得最佳的背诵方法。

(3)期末总结性背诵评价策略

顾名思义，期末总结性评价是在一个学期结束时所进行的背诵评价。它的评价方式可以更加多元和具有开放性。它可以在班级打破组的界限，通过组对组的互相评价来进行；也可打破班级、年级的界限，同年级互查，跨年级评价；甚至可以是跨越校际的鸿沟，达到对等年级的相互评价、相互学习。

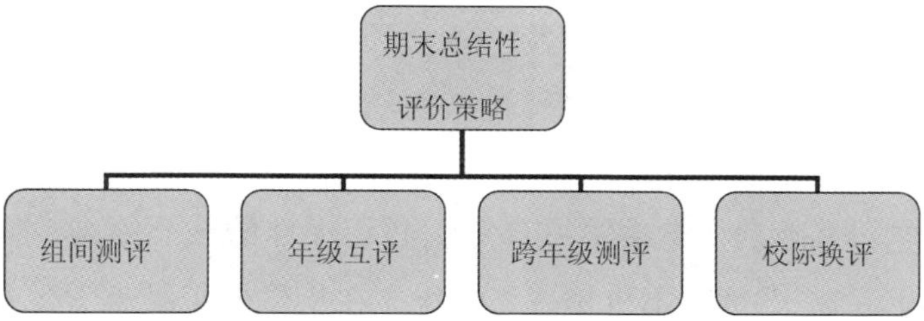

案例：H市B区某小学，在同年级的各班，针对相同的背诵内容，教师交换检测、学生互测。在测评活动中，教师发现：这不仅提高了学生背诵的积极性，更拓宽了同年龄孩子的交际面，年级间的学生相处更加融洽。该校还通过高年级学生对低年级学生的背诵评价活动的开展，不仅让高年级学生有了当“小老师”的荣誉感，对背诵要求把握更加明晰，同时也让更多的学生有了背诵和口语交际锻炼的机会。

在该校与其他学校之间的校际同年级教师互换测评活动中，老师们更是彼此间相互学习，比较同年龄孩子背诵的优缺点，换评活动带来更多借鉴、学习的机会。

(二)背诵积累评价工具

背诵积累评价工具的制订，目的在于帮助学生有意识地去学习、积累语言，通过背诵大量脍炙人口的名篇佳作，汲取营养，改正“语言病”，从而提高表情达意的能力;通过名家范例的熏陶感染,积累精粹的语言,并从作者如何观察生活、反映生活、文章构思、立意谋篇、遣词造句等方面习得文章写法,提升学生的言语素养;通过背诵古诗名句,积累丰富的语言材料,提高儿童的欣赏品位、审美情趣,从而提高他们口语交际的能力。

1.评价工具制订要符合儿童的年龄特点

首先要能激发学生背诵的兴趣。教师可改变传统的分数制和优良及格等评价方式,倡导实施星级评价或标识性评价,从一星到十星可按学生背诵相应的水平自由设置,也可随手画一个小笑脸表示赞赏,让学生能感受到灿烂闪亮的五星和笑脸带来的自信和快乐。

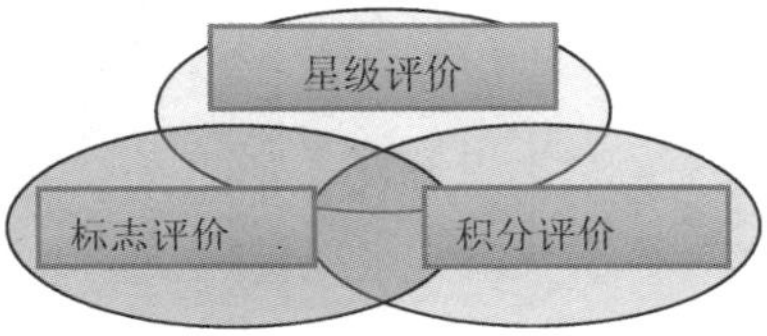

儿童学习兴趣是小学生学习自觉性和积极性的核心因素,小学生一旦对背诵产生兴趣,背诵就不再是一种负担。在指导低年级小学生背诵时,教师的有效指导、榜样背诵,以及开展比赛背诵、表演背诵、接力背诵等多种背诵的形式,将会极大提高小学生参与背诵活动的积极性。教师借助量表及时给予表扬、鼓励,更有助于增强儿童背诵的信心和兴趣。

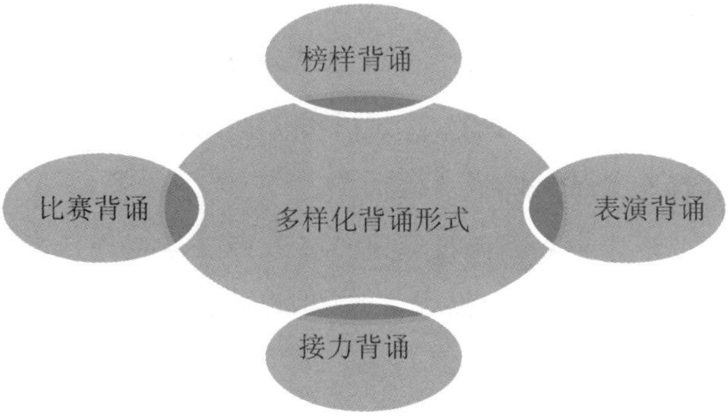

其次提高背诵的实效。在评价量表的制订方面,评价设计可以更加多元,增强老师、家长的参与性,提高背诵实效性。

小学生语文背诵积累评价表

课文背诵我能行　　二年级　　班级:______　　姓名:________

背诵内容	背诵情况		
	自评(家长协助)	组评	师评
识字 1、2			
识字 3、4			
练习 1 读读背背			
《春雨》、《春晓》			
《蚕姑娘》			
《月亮湾》			
《快乐的节日》			
练习 2 读读背背			
《雨后》			
《狐假虎威》			
练习 3 读读背背			
《游子吟》			
《木兰从军》			
总评	优良　合格　待提高		

上表中,花朵涂红色,分别表示背诵的质量(合格、良好、优秀);总评在优、良、合格、待提高上打“√”

再者,掌握记忆规律,帮助教师改进背诵指导方法。

课堂上的初始记忆并不会保留太久的时间,真正的记忆必须同遗忘作斗争。心理学上著名的艾宾浩斯遗忘曲线表明,遗忘是有规律的,其进程是先快后慢。

而通过量表中家长协助下的自评和小组内的互评，及时地“温故而知新”，引导学生对已记忆的文本进行巩固，将会帮助学生轻松、牢固地记下背诵的内容，养成及时复习巩固的好习惯。

中、高年级背诵评价量表的制订，更多地考虑儿童自我积累的习惯，旨在增强儿童自我检测、自我反思、自我监控和相互合作的能力。在评价量表的设置上可安排自评、互评、组评等方式，也可根据背诵水平，设置“背诵对手”，评选“背诵高手”“背诵擂主”，甚至可跨越班级互查背诵，开展年级“背诵擂台赛”，评选“背诵强手”，让学生重视背诵，不仅是背对内容，更能将背诵的内容所蕴含的感情表达出来，让学生在活动中不仅锻炼了胆量，提升了勇气，更提高了个人的语文素养和普通话口语表达的能力。

小学生语文背诵积累评价班级评比表

班级：________ 姓名：________

<table>
<tr><th>背诵内容</th><th>班级等次</th><th>年级等次</th><th>年级擂主</th><th>评分标准</th></tr>
<tr><td>老师，您好！</td><td></td><td></td><td></td><td rowspan="14">1. 内容正确，无增减、删减。
2.语速适中，流畅自然。
3.能正确融入并表达自己的感情。
4.态度端正，自然大方，准备充分，信心充分。
5.使用普通话，吐字清晰，能很好运用肢体语言、面部表情等协助表达效果。</td></tr>
<tr><td>但愿人长久(4、5、6)</td><td></td><td></td><td></td></tr>
<tr><td>古诗两首《望》《峨》</td><td></td><td></td><td></td></tr>
<tr><td>秋天</td><td></td><td></td><td></td></tr>
<tr><td>练习 1 读读背背</td><td></td><td></td><td></td></tr>
<tr><td>天安门广场(4、5、6)</td><td></td><td></td><td></td></tr>
<tr><td>练习 2 读读背背</td><td></td><td></td><td></td></tr>
<tr><td>泉城</td><td></td><td></td><td></td></tr>
<tr><td>九寨沟(3、4、5)</td><td></td><td></td><td></td></tr>
<tr><td>田园诗情(全文)</td><td></td><td></td><td></td></tr>
<tr><td>练习 3 读读背背</td><td></td><td></td><td></td></tr>
<tr><td>开天辟地(6、7、8)</td><td></td><td></td><td></td></tr>
<tr><td>练习 4 读读背背</td><td></td><td></td><td></td></tr>
<tr><td>练习 5 读读背背</td><td></td><td></td><td></td></tr>
</table>

2.评价量表的制订有助于对学生背诵状况的监测

当下小学语文教学中背诵还没有引起应有的重视。不少教师对学生背诵的方法指导甚少，背诵的任务也是放任自流地让学生课外自己完成，简单机械地死记硬背，致使许多学生对背诵缺乏兴趣。

背诵量表的制定，一定程度上引导教师在课堂上有效指导学生背诵的方法，另一方面也从学生、家长的角度增加了背诵检查的形式，对全班的背诵检测起到了及时了解督促的作用。如：班级、年级口语评价的汇总，数据的对比，有助于教师整体把握学生的背诵状况，了解班级学生背诵的现状，知晓哪些学生背诵兴趣不高、正确率低、记忆不牢或存在机械背诵等现象，加强个别指导；知晓哪些背诵内容难度较大，要加强指导和训练。

省级课题《小学生语文口语评价策略的研究》期末评价记录表（表2）

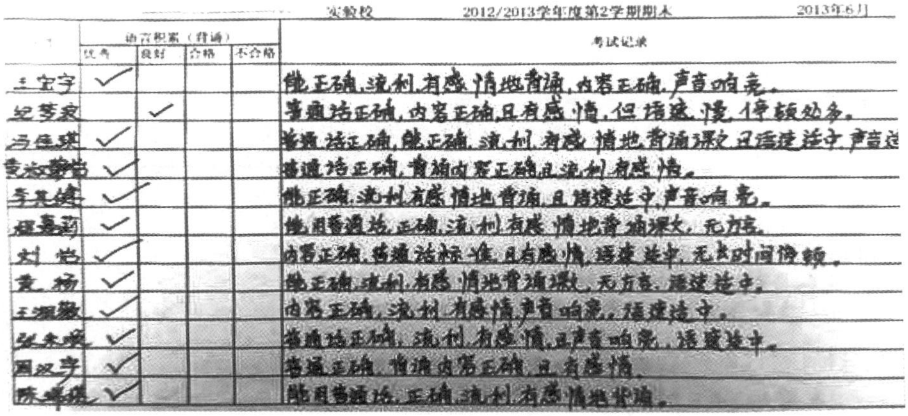

实验校　2012/2013学年度第2学期期末　2013年6月

	语言积累（背诵）				考试记录
	优秀	良好	合格	不合格	
王宝宇	✓				能正确、流利、有感情地背诵，内容正确，声音响亮。
纪梦家		✓			普通话正确，内容正确且有感情，但语速慢，停顿处多。
冯佳琪	✓				普通话正确，能正确、流利、有感情地背诵课文，且语速适中，声音达
[illegible]	✓				普通话正确，背诵内容正确且流利有感情。
李其健	✓				能正确、流利、有感情地背诵，且语速适中，声音响亮。
程嘉莉	✓				能用普通话、正确、流利、有感情地背诵课文，无方言。
刘岩	✓				内容正确，普通话标准，且有感情，语速适中，无长时间停顿。
黄杨	✓				能正确、流利、有感情地背诵课文，无方言，语速适中。
王[illegible]	✓				内容正确，流利，有感情，声音响亮，语速适中。
张[illegible]	✓				普通话正确，流利，有感情，且声音响亮，语速适中。
周双宇	✓				普通话正确，背诵内容正确，且有感情。
陈[illegible]	✓				能用普通话、正确、流利、有感情地背诵。

同时通过横向（实验班和平行班）及纵向（实验班前后两次测试）的比较与分析，也督促教师去思考背诵与阅读教学的关系，探索培养小学生背诵能力的策略，有利于建立健全科学的小学生背诵评价体系。

3.评价量表制订应从课内走向课外

每册语文课本中，都有不少篇目需要儿童背诵积累。教师可以通过量表的制订，在课本规定动作的基础上，增加成语、俗语、名言警句等内容，利用量表的自评、互评、组评、师评、家长评等多元化的评价方式，培养小学生及时背诵积累的好习惯。如：

小学生语文背诵积累评价记录表

班级：______ 姓名：______

背诵内容	背诵情况			
	自　评	组　评	家长评	家长签字
《我们爱你啊，中国》				
《闻官军收河南河北》				
《示儿》				
俗语五条				
成语五条				
名言警句五条				
自选背诵篇目				
总　评	优　　良　　合格　　待提高			

上表中，可从正确、流利、有感情三个方面进行评价，自选背诵由学生本人进行填写。

优秀的古诗文不仅蕴含丰富的内容，有很强的画面感，而且读起来也朗朗上口。通过背诵这些作品，不仅让学生积累深厚的文化功底，更能激发他们对祖国历史文化的热爱。我们可借助评价量表的检测，督促学生去诵背这些优秀的古诗名篇，不仅有助于开发其记忆潜力，更能使他们体验到母语的声律美、意境美。《我爱吟诵》《日有所诵》《古诗必背七十首》……各类名篇佳作都可运用评价量表来复习、检测。

小学生语文经典诵读背诵积累评价表(四年级)

班级:________ 姓名:________ 学号:________ 等级:______

同学们,经过一个学期的学习,我们读了许多现代诗歌和古诗词,还记得吗?快来试一试吧。

	内容	自评		同学抽查互评		师评
第一单元	树叶的香味	会读	会背	会读	会背	检测内容(由老师从已诵读内容中随机抽取)
	准备					
	一代人					
	《沙与沫》精选					
	早梅					
第二单元	太阳的旅行					
	小树					
	细雨					
	《沙与沫》精选					
	闻王昌龄左迁龙标,遥有此寄					
第三单元	钓鱼的人					
	狗窝					
	绝句					
	《沙与沫》精选					
	大林寺桃花					
第四单元	风					
	读春					
	航海					
	《沙与沫》精选					

4.评价量表制订应从“师定”走向“生拟”

随着小学生年龄的增长,能力的增强,可以让他们自己制订自己的背诵计划与量表,培养他们主动学习和“自育自学”的能力。教师引导学生根据艾宾浩斯遗忘曲线,自主制订暑假背诵积累计划表。

小学生暑期背诵积累计划表

五年级　　班级:______　　姓名:______

日　期	背诵内容	短期复习记忆周期			长期复习记忆周期			
		20分钟	1小时	8小时	1天	2天	6天	一个月
7月1日	1.成语、俗语各一条							
	2.《小古文100篇》一则							
	3.《小学生必备古诗70首》一首							
7月2日	1.成语、俗语各一条							
	2.《小古文100篇》一则							
	3.《小学生必备古诗70首》一首							

苏霍姆林斯基曾说:“没有识记和背诵,教学和智力发展就是不可思议的。”儿童的积极背诵,不仅可以极大地丰富他们的语言积累,培养语感,发展思维,还对他们的记忆理解能力、阅读写作能力、口语交际能力的提高都是大有好处的。让小学生在模仿中尝试自我检测背诵情况,将有助于学生背诵积累习惯的养成。

5.多元化评价工具的综合运用

新课程倡导“立足过程,促进发展”的评价理念,强调建立多元主题,共同参与的评价制度,重视评价的激励与改进功能。在关注学生学业成就的同时,背诵积累评价还必须关注个体的学习态度、合作精神以及学生个性品质的发展。因此,科学合理的评价方法是促进小学生进步的关键。

低年级“背诵小花”“大拇指”等及时性评价方式的使用,会让小学生在积累背诵中其乐融融;高年级除了教师口头鼓励、累积奖励外,可用阶段总结性评价方式让学生学会复习、巩固背诵。

教师需要灵活运用多元化、多角度、多渠道的评价工具，挖掘孩子在背诵积累中表现的优点，引导小学生学会背诵，善于在生活中积累，拓宽积累的空间，增添背诵的乐趣，为小学生终身发展奠定基础。

教师要善于借助于评价量表、多维评价环境的构建，培养小学生背诵交流的能力和合作的精神，使小学生乐于表达，乐于交流，善于沟通。利用“伙伴评价”的方式，让小学生在伙伴激励下认真背诵、学会积累。

借助于各种读书竞赛活动，也能对小学生背诵积累进行有效评价。

案例：“H 市 B 区某小学读书队”代表 B 区参加了由安徽生活广播和安徽省儒林图书有限公司联合举办的“儒林杯”智慧之星青少年读书挑战大赛。五位同学在短短的一个多月的时间内，熟读出版社为他们指定的 20 本书，快速背诵了关键章节。以全胜的成绩直接晋级总决赛，在全部答题正确的情况下，以积分的些微弱势获得第二名。在相同条件、时间情况下，能获得这样的成绩，与他们长期坚持背诵积累是分不开的。

第五章

小学生习作素养评价

第一节　小学生习作素养评价理论引航

一、小学生习作教学历史变革

建国以来我国先后共颁布过八部语文教学大纲和语文课程标准。其中,1956 年和 1963 年的语文教学大纲都以传授基础知识和基本技能为核心概念。强调习作要“言之有序”,要求习作教学从说到写,习作从三年级开始,一、二年级则练习看图说话和书面回答等,作一些习作的准备。习作以写记叙文为主,并加强应用文的习作,高年级学写简单的议论文。

1978 年颁布的大纲以“新双基”,即知识技能和智力能力为核心概念。一方面,继续强调习作要“言之有序”,即一年级要求说完整的话,写完整的句子;二年级要进一步加强词语和句子的训练,要求说话写话时语句通顺,前后连贯;三年级要求段落分明、条理清楚;四年级要求中心明确;五年级达到全面要求。但是另一方面,语文教学大纲又提出了习作要“言之有物”的明确要求,即习作教学既要培养学生用词造句、布局谋篇的能力,又要培养学生观察事物、分析事物的能力。这两种能力从一年级起就要注意培养。看图说话、看图写话就是习作最初的训练。

1978 年以后的习作教学改革取得很大成绩。但从全国范围看,仍有一些带根本性的问题尚未解决,例如,习作命题脱离学生生活,学生文思枯竭;习作指导千篇一律,学生的文章千人一面,思维和个性发展被遏制;习作目标过高,学生谈文色变,遇到考试假大空作文频现,很多小学生习作生搬硬套,胡编乱造。

2001年全国自上而下全面推进新课程改革，2001年7月国家颁布了《全日制义务教育语文课程标准（实验稿）》，《语文课程标准（实验稿）》对习作教学提出了全新的要求，如：提倡自由表达，提倡想象作文，提倡表达个人的独特感受，以培养学生的习作兴趣，加强习作与生活的联系，激发学生的创新意识。这些要求在日常习作教学和评价方面产生很大的影响：在习作题上，提倡学生自主拟题，少写命题作文；在习作材料来源上，除了要求写记实作文外，还要求写想象作文，鼓励学生展开想象的翅膀，写想象中的事物；在写作体裁上，要求不拘形式，淡化文体，灵活运用记叙、说明、议论、抒情等表现方法；在习作指导上，无论是立意、构思、用词、造句都要求开阔思路，自由表达，发展求异思维能力；在习作评价上，要求鼓励有创意的表达，并让学生通过自己改和同学互改取长补短，促进合作和相互了解，养成独立思考的习惯。

《义务教育语文课程标准（2011年版）》对每一学段的习作都提出了明确的要求：低年级学生要乐于习作，中年级学生要不拘形式地习作，高年级学生要富有个性地习作。同时在“课程总目标”中，明确要求学生习作“能具体明确、文从字顺地表述自己的意思”。同时更强调要“表达真情实感”，要“言之有情”和“发展个性”。

《义务教育语文课程标准（2011年版）》对小学生习作要求和习作教学进行了完善，将2001年实验版中第一学段的写话要求“写出自己对周围事物的认识和感想”，改为“写想象中的事物”，这样孩子更感兴趣，更有利于发展学生的想象力。将第三学段的“40分钟能完成不少于400字的习作”改为“习作要有一定的速度”，体现了习作教学的延展性和实效性。在实施建议部分增加了“要重视写作教学与阅读教学、口语交际教学之间的联系，善于将读与写、说与写有机结合，相互促进。要关注书写质量，要使学生把作文的书写也当作练字的过程”。“积极合理利用信息技术与网络优势，丰富写作形式，激发写作兴趣，增加学生创造性表达、展示交流与互相评改的机会”。这点明了新时期习作教学的策略和要求，尤其是新形势下的习作教学的新趋向。

以上比较分析清晰可见，从20世纪50年代开始，我国小学作文教学一直是以记叙文为重点进行的,“小学以写记叙文为重点”多次被写进语文教学大纲。直至2001年颁发的《语文课程标准》,才将小学习作文体修改为写“记实作文”和“想象作文”,学写“读书笔记”和“常见应用文”,这一修改改变了长期以来小学以写记叙文为重点的提法,这是符合时代要求和小学生认知规律的。因为,以记叙生活经历和情境为主要内容的记叙文体,其习作内容大多为回忆性的生活事件,因而对写作者的生活积累以及对生活敏锐的感悟力和观察力要求很高。显然与小学生缺乏生活经验和缺少生活感悟的实际是不符合的,自然造成了小学生习作材料的困乏,所以小学语文老师不得不把作文教学重点转移到作文内容的指导上。苏霍姆林斯基曾明确表示“小学生不能从写记忆性的命题作文开始,而应写观察作文,进行实物写生”。写观察作文,写调查报告,要求教师事先让学生进行观察、进行调查,为写作文准备好充分的材料,这样就从根本上解决了学生写作内容的问题。

2001版和2011版《语文课程标准》都倡导自由习作,关注习作兴趣培养,强调习作与生活的联系。新课程改革可以说引发了习作教学革命,全国许多地方都积极开展习作教学方法的改革和实验,如积极探索自由作文、开放作文、生活作文、童化作文和想象作文等实验。新课改以来小学习作教学改革可谓方兴未艾,层出不穷。现在小学生的习作,思想较以前活跃,情感流露较以前真实,表达的方式也较以前多样。但是仍然存在着内容表达不充分,习作不符合文体规范和错字病句较多等问题,我想这与小学生作文素养评价不无关系。

二、小学生习作素养内涵

《义务教育语文课程标准(2011年版)》指出:“语言文字是人类最重要的交际工具和信息载体,是人类文化的重要组成部分。二十一世纪的当代人,能顺畅地用书面语言表情达意,与他人交流,是安身立命、生存发展的基本素养。语文课程致力于培养学生的语言文字运用能力,提升学生的综合素养,为学好其他课程打下基础,为小学生形成正确的世界观、人生观、价值观,形成良好个性和健全人格打下基础,为小学生的全面发展和终身发展打下基础。写作是运用语言文字进行表达和交流的重要方式,是认识世界、认识自我、创造性表述的过程。习作能力是语文素养的综合体现。”

然而，一直以来，习作都是小学生们困难重重甚至望而生畏的一件事，习作教学也是语文教师感觉困难最多的教学领域，也是大型教研活动和名师教学展示不敢轻易涉足的领域。许多小学生们感觉无内容可写，不知道如何写，写出来的文章往往千篇一律，或语言干巴、或不知所云……小学生的作文现状令人堪忧。究其原因，小学生习作素养不高，小学生习作讲评、习作素养评价缺乏权威的体系和具体标准，可能也是习作教学裹足不前的重要原因。

（一）小学生习作素养内涵

习作素养有广义和狭义之分。广义的习作素养包含先天因素与后天因素、非智力因素与智力因素等；狭义的习作素养可能主要指学校教学“可教”的部分。诸如写作天赋、人生阅历、情绪记忆、个性气质等，都不具有可教性，而真正可教的部分应该是具有奠基作用的，即培养小学生“文从字顺”的能力。可见习作素养则是经由平时的写作训练和实践所获得的作文技巧或作文能力。而小学生习作素养则是小学生通过平时的作文训练和作文实践活动所获得的作文技巧和作文能力。习作素养是语文素养的综合体现。在写作过程中，字、词的书写、运用，阅读面和阅读量的积累，日常生活口语交际中的经验，综合性学习中获得的知识都在完成一篇作文中体现出来。小学阶段是小学生学习写作的初级阶段，良好的习作素养将为其日后的成长与发展打下良好的基础。小学阶段让每一个接受六年语文教育的小学生都能写出“文从字顺”的记实文章或想象作文，养成良好的习作素养。有专家认为，在当前教育形势下，学生的写作素养主要由“说”“写”“思”三个要素构成。“说”是小学生思维活动结果的口头表达形式，流畅的“说”是小学生思维水平与口头表达完美结合的体现。因而，培养学生“说”的能力是语文教学的重要任务。“写”是小学生学习、运用语言的主要表现形式之一，是小学生语言文化素养的综合体现。培养小学生“写”的能力，是检测语文教学成果的重要标志。随着年级的增高，“写”在检测中所占分值会越大。而“思”即思维素养，这是小学生写作不可或缺的素养，“思”的行为也是能力要点的核心。笔者认为，习作素养，在语文素养中处于核心地位，它是经过系统的训练和充分的实践而获得的书面表达的技巧与能力。

习作素养一般包括六个方面,必要的写作知识,丰富的语言积累,熟练的写作技能,良好的写作习惯,敏锐的观察与思辨能力。写作是一个复杂的思维过程,不仅仅是“我手写我心”,也不仅仅是“读书破万卷,下笔如有神”。它是孩子运用自己的感官,把周围的一部分生活摄取、影印、贮存在大脑里,触发了写作的冲动,经过扬弃、加工、改造,使客观实物与主观意识相互渗透、相互制约,融为一体,最后借助于恰当的结构形式和语言文字表现出来。它是由一系列的思维过程参与的,需要知识、技能、情感共同合作。

新课程标准鼓励学生“不拘形式地写下见闻、感受和想象”,“力求有个性、有创意地表达”,“珍视个人的独特感受”等等。因此,笔者认为“个性表达力”应成为儿童写作核心素养之一。个性表达的关键要素是独特视角、巧妙构篇、特色语言。即“我手写我心”,具体表现为描绘自己眼中的大千世界,表达自己的喜怒哀乐,倾诉自己的心声,发表自己的见解。教学实践证明,只有当小学生能够真正“自由表达”时,才能“情动而辞发”,才可能出现“有创意的表达”,才能形成个性表达力。自由的表达不需要太多的条条框框。教师只要提供一种或几种写作范围,放手让小学生自己命题、选材、立意,自己选择最擅长的文体,充分发挥个人的特长。自由的表达无须教师在写作技巧上过多指点。鲁迅先生认为“一味相信法是很容易陷入徒然玩弄技巧的深坑里去的”。教师要为小学生营造一个自由的构思空间,创设模拟的情境,引起小学生的亲切感和新鲜感,更广泛地调动出学生平时的生活和知识积累,促成他们愉悦的写作行为。

(二)小学生习作目标和内容

《义务教育语文课程标准(2011 年版)》在总的“课程目标与内容”第八条中要求,义务阶段学生要“能具体明确、文从字顺地表达自己的见闻、体验和想法。能根据需要,运用常见的表达方式写作,发展书面语言运用能力”。细分这个总目标,笔者认为包含四个方面的内容:一是写作水平:能具体明确、文从字顺地表达;二是写作内容:表达自己的见闻、体验和想法;三是写作方法与技巧:运用常见的表达方式写作;四是写作的本质:书面语言运用能力。其中具体明确、文从字顺地表达是最关键的目标要求。同时,现行语文课程标准将小学六年的全部学程分为三个学段，提出了这三学段的习作目标与内容，具体如下：

小学生习作目标和内容

学段	目标和内容
第一学段（1~2 年级）	1.对写话有兴趣，留心周围事物，写自己想说的话，写想象中的事物。 2.在写话中乐于运用阅读和生活中学到的词语。 3.根据表达的需要，学习使用逗号、句号、问号、感叹号。
第二学段（3~4 年级）	1.乐于书面表达，增强习作的自信心。愿意与他人分享习作的快乐。 2.观察周围世界，能不拘形式地写下自己的见闻、感受和想象，注意把自己觉得新奇有趣或印象最深、最受感动的内容写清楚。 3.能用简短的书信、便条进行交流。 4.尝试在习作中运用自己平时积累的语言材料，特别是有新鲜感的词句。 5.学习修改习作中有明显错误的词句。根据表达的需要，正确使用冒号、引号等标点符号。 6.课内习作每学年 16 次左右。
第三学段（5 ~ 6 年级）	1.懂得写作是为了自我表达和与人交流。 2.养成留心观察周围事物的习惯，有意识地丰富自己的见闻，珍视个人的独特感受，积累习作素材。 3.能写简单的记实作文和想象作文，内容具体，感情真实。能根据内容表达的需要，分段表述。学写读书笔记，学写常见应用文。 4.修改自己的习作，并主动与他人交换修改，做到语句通顺，行款正确，书写规范、整洁。根据表达需要，正确使用常用的标点符号。 5.习作要有一定速度。课内习作每学年 16 次左右。

通过第一学段、第二学段和第三学段三维目标的比较，我们可以发现，三个学段强调写出自己的想法和感受，强调从生活观察中搜集题材，强调常用文体要求，强调修改及标点符号的使用，也就是语言和文面的要求，在情感态度方面，第三学段提出要让学生理解写作的本质。因此，我们可以根据

课程标准得出小学生习作素养的构成：

（1）注重写出自己的见闻和感受，即要有主题；

（2）善于运用积累、观察、修改的作文策略；

（3）了解常用文体的写作要求，包括记实文、想象文、常见应用文的构段方式和表达方式

（4）正确使用标点符号；

（5）写作要有一定的速度和数量（每学年 16 次）；

（6）能懂得写作的本质。

三、小学生习作教学建议

《义务教育语文课程标准（2011 年版）》指出，写作是运用语言文字进行表达和交流的重要方式，是认识世界、认识自我、创造性表述的过程。写作能力是语文素养的综合体现。

1.写作教学应贴近学生实际，让学生易于动笔，乐于表达，应引导学生关注现实，热爱生活，积极向上，表达真情实感。

2.为了降低小学生写作起始阶段的难度，一二年级定位“写话”，三年级开始“习作”，重在培养学生的写作兴趣和自信心。

3.在写作教学中，应注重培养学生观察、思考、表达和创造的能力。要求学生说真话、实话、心里话，不说假话、空话、套话，并且抵制抄袭行为。

4.为学生的自主写作提供有利条件和广阔空间，减少对学生写作的束缚，鼓励自由表达和有创意的表达。

5.鼓励写想象中的事物，加强平时练笔指导。

6.改进作文命题方式，提倡学生自主选题。

7.写作教学应抓住取材、构思、起草、加工等环节，指导学生在写作实践中学会写作。

8.重视引导学生在自我修改和相互修改的过程中提高写作能力。

9.重视写作教学与阅读教学、口语交际教学之间的联系，善于将读与写、说与写有机结合，相互促进。要关注作文的书写质量，要使学生把作文的书写也当作练字的过程。要重视学生观察、口头表达、多种书面表达等相关能

力的沟通和整合。尤其关注学生表达交流诸要素之间的序列性和关联性。比如低年段侧重观察说话、写话、童话仿创,中年段进行多种形式的表达、进行话题写作,高年级进入主题表达和文体线索表达。

10.积极合理利用信息技术与网络的优势,丰富写作形式,激发写作兴趣,增加学生创造性表达、展示交流与互相评改的机会。

11.重视学生观察说话能力与观察写话能力的沟通转换。小学阶段的习作教学,非常重视学生观察能力的培养。从看图说话到实际场景的观察,从静物素描到简单活动、事件、景色,再到关注事物之间的变化、事物之间的联系。在引导学生观察的过程中逐步由观察说话到观察写话过渡。

12.重视多种写作形式的实践探索。比如鼓励学生进行“童话创作”“儿童诗”创作,鼓励学生写自己的随笔。对中年级的学生更多采用游戏作文、活动作文、小实验作文、静物临摹作文等方式进行教学。

第二节 小学生习作素养评价问题透视

一、小学生习作教学及评价现状反思

习作能力是一个人应该具备的基本能力,也是语文学习及语文教学的重点。习作教学满足的是小学生将来走上社会以后运用书面语言进行社会沟通的基本需要,这些需要均基于人类沟通的内在机制。语文教师都明白:习作教学与阅读教学好比一个人的两条腿,在整个语文教学中应该同等重要,无论偏废了哪一方都将导致学生的语文学习畸形化。只有两者齐头并进,语文教学才能走得稳当,发挥出最大的效能。令人遗憾的是,在三十多年的教学教研中,笔者深感习作教学被边缘化、弱化。

(一)小学生习作在语文课程中被弱化

新中国成立以来,我国小学语文课程的基本形态都是“以阅读为核心”组织教学。首先,语文课本主要由一篇篇课文组成,课文构成教材的基本内

容，习作和听说一样，穿插在阅读教学之中，且不成体系，与其在语文课程中的重要地位很不相称。其次，语文课堂教学是以阅读教学为主的，阅读教学在语文教学中，占有绝对的优势和地位，习作教学和口语交际一般都是见缝插针，其轻重取舍都服从于阅读教学主线的要求，在超强势的阅读教学面前，听说写教学很容易遭边缘化，很难按照本身规律施教；再者，从教学时间看，阅读课时数一般要占四分之三甚至以上；从小学生语文学习活动看，除了两周一次作文课，学生主要就是读课文，或者是听教师讲课文，每学期法定写的作文只有6~8次。以阅读为核心的语文课程形态，使得作文教学在语文课程中的重要位置一直未能真正得以体现。

据了解，大多数发达国家的语文课程是以“表达”为重点建构的。比如美国、英国等将语言交际能力的培养作为母语课程首要任务。美国、英国、俄罗斯等国的母语教材将“语言”和“阅读（文学）”分开编写，母语课程主要教材是“语言”，而不是“阅读”；美国、澳大利亚的有些学校，阅读课甚至没有教材，就是到阅览室读书。日本“国语课”首要任务是培养学生的表达能力。许多国家小学阶段阅读课时数在语文课中的比例一般不到50%，表达课时间超过阅读课时间。如日本发行量最大的《国语》第二册教材共九个单元，有四个单元侧重于阅读，每单元一篇课文，全册教材编选课文仅四篇，而偏重于写作的单元有三个，偏重于语言知识学习和综合表达活动的单元各一个，写作和听说领域学习时间远远超过阅读领域。美国米弗林公司出版的二年级英语课本安排有五个单元语言知识教学。每单元均围绕所学的语言知识细分为15课，每课都结合所学的知识设计一个写作练习，称为“写作热身”，引导学生运用所学语言知识写几句话或一篇短文。如果按照一册教材五个单元，每单元15课统计，学生一年仅小练笔次数就达到75次。

当下我们的语文课程都是“以阅读为中心”的课程形态，这样的课程形态有着与生俱来的缺陷：就是难以保证“表达”在语文课程中的重要地位。其实“表达能力”是学习语文的难点，也是评价学生语文程度的主要标志，但在我们语文课程中特别强势的阅读挤压了“说”“写”活动的时间和空间，严重影响了学生表达能力的提高。

（二）小学生习作训练缺乏系统性

1.小学生习作目标内容相对较模糊

在语文教学中，小学阶段写作教学也许是让很多教师最感困惑的话题之一，而让教师产生困惑的一个重要原因，便是小学写作教学内容相对不容易确定。从横向的角度来看，小学的识字、写字等学习任务目的明确，要求具体。而对习作来说，内容就模糊得多；再从纵向的角度看，高中的写作文体往往以议论文为主，初中的写作文体往往以记叙文为主。人们对这两种文体特点的理解与把握上尽管也有弹性，但是它们毕竟还是各自有一个知识框架，这往往就可以用来作为教学的抓手。但是，小学习作教学恰好处在最模糊的阶段，其教学内容最不具有确定性和明晰性，譬如在小学写作教学中，连文体这一概念都难以引入，更不用说“立意”“逻辑”“文气”等更抽象的知识了。因此，教师几乎不能从写作知识的角度来设计教学内容。小学习作的这种特殊性无疑是许多教师感到教学中无从下手的重要原因。

2.教材中的作文训练缺少系统性

如苏教版教材的作文训练要求，虽然每一单元都有相关的写作训练，但单元与单元之间，年级与年级之间，几乎没有整体性的衔接。一个单元中，习作的主题，与阅读和口语交际的主题也不一致。每个年级要训练的具体目标是什么，每一个阶段要完成什么样的习作教学目标和计划，采取怎样的教学步骤，都是模糊不清的。至于每次的训练重点，要么凭教师的经验，随意点拨几句，要么让学生“脚踩西瓜皮，滑到哪儿算哪儿”。毫不夸张地讲，不少地方小学生作文训练基本处于盲目无序状态。

（三）小学生习作教学观念存在误区

在不少老师的眼里，习作水平是天生的，会写就是会写，不会写的教也没用。他们认为，习作是小学生对于生活的认识、体验，是生活在他们心目中烙下的独特印记，学生能否写好作文，很大程度上来源于小学生对于生活的感悟，与小学生的个人经历、个人修养、天资有很大关系，教师即便帮助他们去理解体会，也难以使小学生深刻地感受到这种特殊的人生体验。在当今功利化的教育评价体制下，与其浪费这样的时间，还不如把时间花费在其他方面，以提高小学生的语文成绩。于是部分教师仍把习作教学与阅读教学人为割裂开来，阅读教学上大讲特讲，而习作教学一个星期甚至用不到一个课时。在有限的训练时间里，小学生大多只能东拼西凑或是胡编乱造，丝毫达不到训练目的。有些教师甚至把习作教学当成一种负担，认为完成每学期的作文数量或者多布置几篇作文。这促使了小学生的习作水平长期处于原地踏步的状态，以至于形成了习作教学的恶性循环。

另外，当下语文课程改革特别重视人文性，习作教学改革重视对内容的研究，对小学生习作兴趣的研究，但忽视了对习作方法指导的研究。

（四）小学生习作评改收效甚微

当前在习作评改方式上通常有两种模式。负责任的教师从字斟句酌到构思立意无一不加以点评，眉批、旁注、总评满满当当，更有甚者，还亲手大段删改小学生的习作。真可谓煞费苦心。岂不知小学生拿到作文后，大多只在意分数，也许并非小学生敷衍，而是这些评语批改都是老师的思想，离学生有距离。这种做法，苦了教师，却事倍功半。另一种模式，教师选择放手，让小学生在课堂上互评互改。这看似符合新课改理念，但深究一下，你会发觉存在不少弊端。一个班小学生习作水准参差不齐，水平好的、悟性高的去评点自然能中规中矩，说出个一二三来，但这只是少数，大多数学生还是在学习提升阶段，他们自己也没弄清该在哪些方面着眼，所以只能是走马观花浏览一下同学的作文，再写上几句“不痛不痒”的话，评不出个所以然来，更谈不上有质的提升了。

（五）小学生习作毛病多

小学生习作的毛病可谓花样百出，归纳起来常见病例大致有三种：第一种是表达习惯差，包括啰嗦病、重复病、直奔结果病、好词病、口语病、造假病等；第二种是表达规范差；第三种是习作技能错位，包括三段病、提纲先行病、“启示”病、“创新”病、关联病等；第四种是语言基本功差，如“跳跳”病、干巴病、长句病等。

1. 啰嗦病

啰嗦病指习作中语言复杂、冗长，让读者读后不明白。这种病例以女生居多,一方面因为女生比较细致,擅长描摹,另一方面与盲目追求字数,养成语言啰嗦的习惯有关。解决这一问题的根本办法是指导学生学会简洁而准确地表达。

什么是简洁而准确的表达呢?简洁并不是说篇幅要短,而是要看表达是否明了,是否清楚,是否有作用。

如朱自清在写《绿》的时候,是这样开头的:“我第二次到仙岩的时候,我惊诧于梅雨潭的绿了。”一个“惊诧”,让读者情不自禁往下想:梅雨潭的什么“绿”让作者这样惊诧啊?就会带着疑问往下读。

很多小学生的习作,选材很好,但总让人感到可惜,明明可以用一两句话说清楚的,他偏要绕几个圈子,明明可以用一两句话表达得明白的,他偏要加上成串的修饰语言。所以,写作文首先要心中有读者。写作文的目的是什么?是要让读文章的人能读懂意思。如果发现学生的习作比较啰嗦,可以用专项摘抄的方法来改变。即指导学生在阅读课外书时,从中选择比较简要准确的语言进行摘抄,坚持训练一段时间,文章就会变得简练而又准确。

2.“人称”病

“我”字病指上下句之间,被描述的对象(即主语)重复出现,不会运用其他人称代词,造成语句不连贯。

解决这类问题的根本办法是指导学生把句子写连贯。包括指导学生正确使用人称代词。如“狗有一只灵敏的鼻子,它常常摇着它的尾巴闻我的味道来找我,就这样我每次都跟它玩捉迷藏,等到它找到我的时候,它就‘汪汪’地扑到我的身上。”

出现上述这种情况,教师应告诉学生,在几个句子里,如果写的只是一个人物(或事物),后面再指这个人物(或事物)时,就可以用他(她)或它来代替。上例可以改为:“狗有一只灵敏的鼻子,它常常顺着气味,摇着尾巴来找我。当它找到我之后,就‘汪汪’地扑上来,和我玩捉迷藏的游戏。”

可以形成以下习作策略:首句写“在什么情况下”时,可以略去人称代词,在第二句中出现即可;写自己的内心活动时,可以略去“我”;由几个分句组成的复句中，“我”一般不超过二个。这类习作策略是师生从常见病例中共同讨论总结的，借鉴性强，易于被小学生接受。

3.流水账病

流水账病是将文章写成流水账。笔者并不反对写流水账，相反地认为写好流水账是习作的基础，是一种自由写作表达方式。从作文的本质来看，流水账写法特别符合儿童的审美心理，在儿童习作入门过程中有着其他任何方式不可替代的作用。笔者以为在写好流水账的基础上，教师要想办法让学生明白哪些内容需要取舍。有了流水账以后，内容可以增删。这就要根据中心来选择。当我们描述一种体验时，材料有了，可以从感受入手，选择最有感受的环节告诉别人，为什么在这个环节里获得别人不一样的感受。也就是说，要表达一种感受，一定从感受人出发来选择详略。解决这类问题最简单的办法就是“扩展法”。首先，确定中心；其次，在与中心关系密切的地方，多问几个“怎么样”“为什么”？最后，扩展情节，使所要表达的情节清楚明白地展开。用“扩展法”展开情节也要有所选择、取舍，即与中心思想关系密切的内容要详写，下细功夫去雕琢。

以上病例只是儿童习作中的常见病例，教师要善于积累学生习作中的病例，真正做到因势利导，相比单纯教习作技巧，这种微观研究对小学生大有裨益。同时，还要以身作则。张志公先生指出，“以身作则”是批改作文中另一个重要原则。教师写的字工整，一笔一画，一个标点都不苟且。不写不通顺的句子，不说似是而非的话，这对学生有极大的示范作用。反之，如果教师自己在这些地方马虎随便，而要求学生严肃认真，那怎么能办得到呢！

二、小学生习作教学改革的几点思考

（一）借鉴循序渐进的训练体系

习作是运用语言文字进行表达和交流的重要方式，是认识世界、认识自我、创造性表述的过程。习作能力是语文素养的综合体现。张志公多次强调要建立具有“明确而合乎科学的序，以保持知识的连贯性、渐深性，使教学做到循序渐进、环环相扣，步步深入”。朱作仁主张“作文训练应是通过有计划、有目的、有指导的写作实践,使学生形成语言表达能力的活动过程。研究并建立作文训练的序列,是提高作文教学效率的需要,是当今语文教学科学化的重大课题。”吴立岗教授构建的“一体三翼”的作文教学序列,可供一线语文教师借鉴参考。

1.借鉴“一体三翼”的作文教学序列

吴立岗教授以活动心理学为基础,运用现代系统方法构建作文教学序列,在国内第一个提出要研究学生在各个年龄阶段的主导活动,根据语言交际功能发展的年龄特点和心理特征来构建比较科学的作文教学序列。他在《小学作文训练序列探索的现状与方向》中则勾勒了中小学作文训练的完整序列。吴教授构建的作文教学序列可以简单地表述为:小学低年级要通过创造性的想象活动培养学生重现表象的技能;小学中年级要通过观察活动培养学生形成典型表象的技能;小学高年级要通过思维训练培养学生归纳推理和演绎推理的技能。吴立岗教授认为,在小学各个阶段教学生表达语言文字的知识技能,首先不是决定于语言文字知识本身的逻辑体系,而是决定于学生从事哪一类语言活动,发展哪一种语言的交际功能。小学生三个学段由于主导活动不同,语言交际功能的发展具有较明显的年龄特征,并以此来划分小学生习作教学的三个阶段。同时,吴立岗教授又具体分析了和习作教学关系密切的三个子系统,即语言文字知识技能训练的系统、思维能力训练的系统和思想内容积蓄的系统。依据这三个子系统的纵向结构以及它们和儿童语言交际功能发展的系统的横向联系,构建了小学作文教学序列的“三翼”。

吴教授根据儿童思维发展的年龄特征,确定各个学段不同的习作训练形式。低年级是儿童想象活动的“敏感期”,最佳的习作训练形式是创造型的想象性写话和童话体写话;中年级,学生的观察能力迅速发展,最佳的习作训练形式是观察作文;高年级学生的抽象概念思维进入“敏感期”,习作训练形式应该从观察作文转向有明确交际目的的实用型作文(包括纪实作文和想象作文)。吴立岗教授构建的“一体三翼”的作文教学序列模型,比较科学地划分了小学生作文教学的阶段,比较完整地体现了作文教学系统的全貌，在发展儿童语言交际功能的过程中落实语言文字的知识技能训练，思维训练和思想内容的积累。

“一体三翼”的作文教学序列

	一、二年级	三、四年级	五、六年级
语言功能发展系统	重点发展语言的想象和自我表现功能	重点发展语言的观察和自我表现功能	重点发展语言的个别影响和自我教育功能
语言文字知识能力训练系统	重点进行用词、造句的训练	重点进行片断（即“段”的基本结构）训练	重点进行简单的篇章训练
思维能力训练系统	重点发展想象能力	重点发展观察能力	重点发展抽象概念思维能力
思想内容积蓄系统	重点了解大自然变化的初步知识，学习人类的一些基本美德	重点学习日常生活各个局部的知识，注意观察学校生活和社会生活	重点参加一些有意义的社会活动和阅读优秀文艺小说，学习按照社会主义的价值观念来处理人际关系。

2.借鉴“儿童写作起步阶段的教学要旨”

福州教育学院一附小胡元华、福州教育学院何捷在《儿童写作起步阶段的教学要旨》中设计符合科学的低年级写话训练序列，将第一学段两个学年的写作教学设定为“四步八阶二十四层级”，按照从“说”到“写”，从简单到复杂的原则设定了各层级教学重点，为每个层级设计了相应的代表性教学内容，共同构成了起步阶段儿童写作的教学序列。

任务	阶段重点	层级设定	代表性的内容
针对“一句话”的表达训练	第一阶段（一上）：清楚、完整、通顺地进行“一句话”口语表达练习	1.鼓励口语表达	学习基本课堂交流用语；鼓励交流家庭生活用语；鼓励同伴交流。
		2.借助课堂教学，充分练习口语表达	看图读拼音；看图回答问题；看图补充句子；模仿老师说话；仿照课文句子说话；同伴间相互学习说话。
		3.借助学习活动，锻炼完整、独立、连贯的口语表达	汇报学习情况；提问及交流；使用积累的词语说话；鼓励开展自我介绍等不同任务，不同语境下的口语交际练习。
	第二阶段（一上后半期）：清楚、完整、通顺地进行“一句话”书面表达练习	4.认识句子	阅读中指示认识完整句；抄写认识完整句；听写完整句；背诵默写中加深对完整句的认识。
		5.学写句子	读拼音补充写完整句；看图补充写完整句；仿照课文写句；看图写完整句；课堂互动后练写完整句。
		6.独立写句	看图写完整句；看物写完整句；看事写完整句；依据供词语写完整句；选用词语写完整句；自由写完整句；鼓励尝试自由写日记。
针对“几句连贯的话”的表达训练	第三阶段（一下）：“几句连贯话”的口语表达练习	7.认识“几句连贯的话”	借助课文认识几句连贯话；模仿老师说几句连贯的话；仿照课文练习尝试说连贯的话；在互动交流中鼓励说几句连贯话。
		8.学说“几句连贯的话”	看图说几句连贯的话；用几句连贯的话回答；看实物说几句连贯的话；按提纲说连贯的话；听故事后用几句连贯的话交流互动；提供词语说几句连贯的话。
		9.练说“几句连贯的话”	看图说几句连贯的话；提供事例用几句连贯的话表达观点；用几句连贯的话介绍对象；听故事后尝试用几句连贯的话续编故事；自由用几句连贯的话编故事。
	第四阶段（一下后半期）：“几句连贯话”的书面表达练习	10.加强对“几句连贯的话”的认识	摘抄课文中连贯的几句话；在课外读物中寻找并摘抄连贯的几句话；听写几句连贯的话。
		11.尝试写”几句连贯的话”	看图写连几句连贯话；看实物写几句连贯的话；用连贯的几句话表达自己的想法；按照供词，编写连贯的几句话。
		12.自由写“几句连贯的话”	看图自由写几句连贯的话；看物自由写几句连贯的话；根据供词自由写几句连贯的话；鼓励在日记等自由表达中写几句连贯的话。

续表

任务	阶段重点	层级设定	代表性的内容
针对“整段话”的表达训练	第五阶段（二上）：“整段话”的口语表达练习	13.复述整段话	复述课堂学习内容；转达学校通知；复述故事，转述整段见闻；用整段话交流见闻感受。
		14.观察后说整段话	看单幅图或多幅图后说整段话；参与活动后说整段话；观察景物后介绍；根据提纲说整段话。
		15.依据命题要求说整段话	用整段话交流课文学习结果（如：是什么，怎么样、为什么）；续故事的开头、结尾或某一段；围绕一个意思说整段话；按照标题说整段话。
	第六阶段（二下前半学期）：“整段话”的书面表达练习	16.记录性写整段话	规范抄写整段课文；规范听写整段话；规范默写整段话；把散乱的句子重新整理成连贯整段话；鼓励自由用整段话编写故事。
		17.观察性写整段话	看图写整段话；看物写整段话；参与课堂学习，依据要求写整段话；自由写整段观察日记；模仿范例写整段话。
		18.依据命题要求写整段话	依据文意整段续写；围绕中心意思写整段话；依据标题写整段话；鼓励在日记等自由表达中写整段的话。
针对“一件简单的事”的表达训练	第七阶段（二下后半期）：“一件简单的事”口语表达练习	19.复述一件简单的事	讲自己熟悉的一件简单的事；复述课文中描述的一件简单的事；转述听到的一件简单的事；介绍自己做过的一件简单的事。
		20.观察后口述一件简单的事	看图创讲一个简单故事；介绍自己参与过的一件事；介绍家庭、学校、班级里发生的一件简单的事。
		21.创造性表述一件简单的事	看图想象故事开头、经过、结果并表述；提供故事某一部分，补充其他部分，使之完整；鼓励自由编写简单的故事。
	第八阶段（二下结束前）：“一件简单的事”书面表达练习	22.记录性写一件简单的事	听写故事；听记故事；把无序的故事重组。
		23.复述性写一件简单的事	写自己最熟悉的简单的一件事；写自己做过的一件简单的事；写自己亲历的一件简单的事。
		24.创造性写一件简单的事	提供中心段写事件的开头、结尾，或反之；提供一个中心意思，扩写成一件简单的事；自由创编一件简单的事。

（该表节选自《儿童写作起步阶段的教育要旨》）

（二）遵循读写结合的原则

叶圣陶先生曾指出："不喜听来必善读，不善说未必善写；故当一把抓。"这句话正确阐述了"听说读写"四者之间的关系。可见习作教学应与"听说教学"结合，贯穿于课堂阅读教学的始终。

教材（课本）涉及各类文体，这些名篇佳作无论从思想内容、行文结构及语言表达等方面都可作为学生写作的优秀范例。因此在课堂阅读教学中，教师应抓住每篇课文突出的写作特点启发学生的思维，让学生从具体的感性材料中把握各种文体的写作要点。教师还可以进行单元比较阅读，让学生思考同一文体不同的写作手法，使之掌握多种写作技巧。

1.读写结合是习得写法的重要途径。从语文学习的规律看，读和写几乎不可分割。在读中可以学习写，在写中可以学习读；阅读可以为写作服务，写作也为阅读服务。"熟读唐诗三百首，不会作诗也会吟，是大家熟悉的说法。很多人并没有专门学习过写作，但成了文章高手和大家。鲁迅如此，莫言也是如此。而且鲁迅根本就不相信"作文教学"。他们都是在阅读中学会了写作。可见读写结合，是一种语文学习的好方法。

2.读写结合是习作教学的策略。我们知道，习作教学是一个大概念，并不单指课堂的教学。而且一个真正懂得习作教学的老师必须知道，作文仅仅依靠作文课是教不好的。所以有人说，作文是不可教的；我们古人也说，作文有可教者，有不可教学者。所谓不可教学者，一是依靠天赋，一是在阅读中学会，一是在生活中学会。而作文课上可以教的是其中一部分，甚至是一小部分。所以，懂得作文的语文教师会从更为广泛的范畴进行读写结合的指导。语文课上的阅读，课外自由的阅读，对写作都有着不同寻常的意义。我们提出的作文教学的三个基本策略，其中一个就是建立立体健康的写作环境。

3.读写结合是习作教学形式。传统的习作课，就是习作指导和习作评讲。经过多年的实践研究，我们发现作文教学的课型是极其丰富的。而读写结合就是其中很重要的一种。很多语文老师都在研究读写结合式的作文教学。它不是作文评讲，也不是作文指导，它就是一种通过读引导学生学写，在读中学习写作的作文课。作为传统的语文学习思想，读写结合的历史几乎和我们母语的历史一样长。作为习作教学的一种基本策略和一种基本形式,应该是近几年涌现出来的现象。

而作为语文课堂教学的读写结合,又有着两种基本的类型:一是以读为中心的读写结合,一是以写为中心的读写结合。尽管从语文学习的规律看,读和写几乎不可分辨,难以区别,对学生的语文素养提高都可以发挥积极的作用,但我们以为明确读写结合的两个基本类型,无论是对阅读教学还是对习作教学的研究都更有意义。相对而言,读写结合对于写作教学比对于阅读教学意义更为显著。因为阅读并非要借助于写作才能实现,而写作离开了阅读则无法进行。

读写结合对于习作教学的意义深远,主要表现在:一是可以培养写作意识;二是感悟写作规律;三是激发写作动机;四是学习写作方法;五是可以确立写作理念。

(三)注重小学生观察能力培养

刚开始写作的小学生最大的困难就是会碰到"无话可说""无材料可写"的困难,如果单靠老师传授抽象的写作知识,是难以提高小学生的习作水平的,因此,教师在习作教学中应加强对观察的指导,使小学生养成善于观察生活,抓住事物特点的习惯,从而克服"无材料可写"的缺点。在教学实践中,可以根据教材内容采取指向观察训练、自由观察训练和联系实例观察训练的方法,对小学生进行有目的、有系统的训练。

1.指向观察训练,即教师根据训练的目的确定某处景物、事物或人物为对象指导观察。为此可以组织小学生观察校园的花坛、树木、喷水池,到野外游览,并在游玩中给学生以观察方法的揭示。

2.自由观察训练,这种观察不受时间、地点、条件的限制,是小学生个体思维涌动最活跃的方式之一。联系教材实际,可以从指导学生静物描写入手,掌握初步观察方法,比如观察一盆花、一棵树,进而过渡到动态的观察描写,如写一个小动物,写天上的一片云,写一个活动场面等等。

3.联系实例观察训练,根据教材内容创设一定观察情境,可使小学生的大脑皮层形成一个优势兴奋中心,如教学《学会查"无字词典"》一文时,学生对"骄阳似火"一词不够理解,老师可立即引导学生观察夏日炎热的气候,以及周围植物的变化，面对眼前真实的景物，小学生自然而然地想起课文中的“骄阳似火”。

（四）创设多样的习作形式

除了习作课之外，笔者认为在习作方式上可适当采用口头作文，课前即兴演讲及课外练笔、写随笔等方式；多角度激发学生写作兴趣。

1.口头作文。《义务教育语文课程标准（2011年版）》指出：口头表达和书面表达在现代生活中具有同样重要的意义。指导小学生口述见闻，说明事理、发表意见，不仅可以提高小学生的口头表达能力，而且对书面表达能力的提高也有促进作用。可见，从提高小学生写作素质角度来说，口头作文不容忽视。另外，口头作文需要的时间少，教师可以在课堂教学中针对教学重点灵活运用，这会对训练学生的习作思维能力及口头表达能力带来成效。例如，教学《北大荒的秋天》时，可以在分析课文写作手法后安排口头作文训练，要求学生运用课文中描写景色的方法，并在脑海里形成一幅“北大荒秋景图”，同时要有画龙点睛的议论揭示画面的主旨。学生经过思考后踊跃发言，描绘出一碧如洗的天空中有各种形状各异的流云，天空中有一些飞鸟快乐地飞翔；清澈见底的小河里有很多小动物们在快乐的嬉戏；热闹非凡的原野上到处充满了收获的希望，洋溢着劳动人民的笑脸。通过引导学生想象，口头说文，更好地让小学生体会到了北大荒秋天的美。虽然个别学生语言不太成熟，但这项训练从整体上加深了小学生对本文写作特点的认识，而且提高了小学生快速思考、组织语言的作文能力，这样有助于小学生在今后的写作当中灵活地运用作者的习作方法。

2.即兴演讲。即兴演讲是演讲主体在事先无准备的情况下，就眼前的场面、情境、事物、人物即席发表的演讲。每节课前三分钟，请一名学生根据老师事前制订的题目进行演讲，也不失为提高学生写作素质的一个好办法。让小学生就社会热点问题及身边发生的值得注意的事件谈看法，能够训练学生就事例发表正确观点及组织语言的能力。经过持久的训练，小学生的逻辑思维严密了，表述规范了，习作就不再成问题。况且这种训练是师生面对面的进行，教师能够及时纠正小学生在分析及表达方面存在的问题。其他学生也都处于思维的训练状态，这样做会提高训练的整体效果。

3.课外练笔。笔者认为课外练笔是一种训练小学生写作的重要方式，它是课堂习作教学的有利补充。可以要求学生准备一个精致的日记本，凭自己的兴趣为日记本起名、写序言、画插图。规定小学生每周完成一篇文章，少数文章由教师按教学重点命题，多数由学生自行安排写作内容。小学生可以按照自己的情趣，选择写作内容，随时记下自己心灵的火花；或摘抄名篇佳句，增加自己的文学修养。这样做，不但丰富学生的思维，提高他们的鉴赏水平，而且通过教师的评点、学生之间的互相传阅，会大大提高他们的写作兴趣，进而提高写作水平。

4.练写随笔。俗话说"巧妇难为无米之炊"。小学生习作因素材的匮乏而导致内容的贫乏已成为目前的一大通病，那么，怎样让小学生"有事可写，有话可说"呢？不妨平常鼓励小学生"放胆"写随笔。随笔顾名思义就是"随心而动笔"，因为没有一定的限制，可谓自由写作，让学生获得心灵的自由，怎么想就怎么说，怎么说就怎么写，自由选择文题，自由安排材料，自由选择表达方式。充分发挥小学生的主观能动性，调动小学生观察、思考和练笔的积极性，让小学生写见闻、谈感受、吐真情，不拘形式，自由表达，百花齐放。

（五）激发小学生的写作兴趣

从心理学上看，习作动机源于人们对生活的感悟和思考，而这感悟和思考的前提，是生活中大量的如海潮般奔涌的素材；或者也可以倒过来说，是生活打动了我们的心，使我们忍不住有一种要表达的冲动。因此，热爱生活，观察生活，感受生活，表达生活——这应该是写作的一个规律，也是我们培养小学生写作兴趣的规律。小学习作教学老师要基于儿童立场。一是尽可能把习作变成小生学的生活需要。如请同学们把班上的某位个性鲜明的同学或某次有趣的活动写成文章给爸爸妈妈看，结合一些特殊的日子或一些活动，尽可能让小学生在实用中写作。二是尽可能为小学生习作提供发表的机会。每一个人都有发表欲望，这是一个很正常的心理。就像我们说话总希望有人听一样，我们写的文章也总希望有尽可能多的人读到。但是，现在学生的习作往往只有语文老师这一个读者，这就好比一个演说家在滔滔不绝地演说时，下面只有一个听众——小学生的写作兴趣从何谈起？相反，如果小学生意识到他的作文将有许多读者，那么他写作的积极性会更高，而且写作态度也会更认真。

（六）改革小学生习作评改

我们要改革教师个人批改的“一言堂”局面，把教师批改与学生互评、自评结合起来。教师的评价要有针对性的指导，更要有鼓励性，把等级评价与语言评价结合起来。教会学生采用批注式的评改方式，可以是单个字或词，也可以是句子，段落更好。凡是能完成习作单一训练目标的都可以是成功的高分习作，让学生体验成功感，对写作基础差的学生作品适当降低标准，给他们以成功的体验和优越感，使他们更愿意精心雕琢语句，提高作文的兴趣和信心，给更多学生带去作文发展的阶梯。尤其要培养学生自评互评的习惯，采取先自评，然后小组或者同桌互评，使学生在自评互评的过程中逐步提高写作水平和欣赏能力。

第三节　小学生习作素养评价实践指南

一、小学生习作素养评价

《义务教育语文课程标准（2011 年版）》对小学生写话和习作的评价给了建议，综合起来主要有以下几点：

1.写作的评价，应按照不同学段的目标要求，综合考察学生写作水平的发展状况。第一学段主要评价学生的写话兴趣；第二学段是习作的起始阶段，要鼓励学生大胆习作；第三学段要通过多种评价，促进学生具体明确、文从字顺地表达自己的见闻、体验和想法。对于习作的评价还须关注学生汉字书写的情况。

2.写作的评价，要重视小学生的写作兴趣和习惯，鼓励表达真情实感，鼓励有创意的表达，引导学生热爱生活，亲近自然，关注社会。

3.写作材料准备过程的评价，不仅要具体考察学生占有材料的丰富性、真实性，也要考察他们获取材料的方法。要引导学生通过观察、调查、访谈、阅读等途径，运用多种方法搜集材料。

4.重视对习作修改的评价。要考察学生对习作内容、文字表达的修改，也要关注学生修改习作的态度、过程和方法。要引导学生通过自改和互改，取长补短，促进相互了解和合作，共同提高写作水平。

5.评价结果的呈现方式，根据实际需要，可以是书面的，可以是口头的；可以用等级表示，也可以用评语表示；还可以采用展示、交流等多种方式。

6.提倡学生在成长记录中收存有代表性的课内外习作和有价值的典型案例分析，以反映写作的实际情况和发展过程。

二、制定小学生习作素养评价标准的依据

常言道：有一百个读者，就有一百个哈姆雷特。每年中高考的作文评改，都会遇到同样一篇文章，阅卷老师给出的分数悬殊很大，需要重判的例子。可见评价一篇文章的好坏很难有绝对客观、统一的标准。很多时候评判一篇文章与评价者的主观好恶和长期阅读形成的心理标尺有关，对于小学生写话、习作素养的评价也是如此。在日常习作教学和期中期末考试中，我们主要依据写作的基本规律、语文课程标准和小学生心理特征等方面制订标准，同时借鉴全国优秀教师的习作评价成果。

（一）依据写作的基本规律

写作的过程是一个动态的、系统的过程。写作系统一般被认为是由写作主体（作者）、写作受体（读者）、写作客体（写作对象或题材）、写作载体（作品）四个部分构成。这四个部分的关系并不是并列的，写作主体是最主要的，主导着其他三个方面。尤其是在小学生习作过程中，通常是由小学生根据语文学习、教师的要求，通过感知作文要求、选材、构思、行文，最终完成作文的过程。以小学生写作基本规律为出发点，在小学生作文素养评价中主要是评价写作主体——小学生的素养，但评价内容是以小学生作文为主要内容，需要评价小学生的感知、构思、行文的过程，也就要考查作文的主题、题材、结构、情感、语言，包括书写等多方面，从而全面评价出小学生习作素养。

（二）依据《语文课程标准》

《义务教育语文课程标准（2011 年版）》指出："语文课程致力于培养学生的语言文字运用能力。"而语言文字的运用，包括生活、工作和学习中的听说读写活动以及文学活动，存在人类生活的各个领域。"可见"写"的能力是小学生语言文字运用能力的重要组成部分。具有良好习作素养的小学生，其习作题材广泛，能从现实生活中寻找材料，表达真情实感，能够在习作中表现出其正确的世界观、人生观和价值观，能够体现其对中华民族优秀传统文化的继承和热爱。

根据课程标准，小学生的习作须要达到"能具体明确、文从字顺地表达自己的见闻、体验和想法。能根据需要，运用常见的表达方式写作，发展书面语言运用能力"。这个习作教学的总目标也是良好的习作素养的概括体现。而学段目标中是从知识与能力、过程与方法、情感与态度三个方面提出的。

1.知识与能力

第一学段：在写话中乐于运用阅读和生活中学到的词语；根据表达的需要，学习使用逗号、句号、问号、感叹号。

第二学段：能用简短的书信、便条进行交流；运用自己平时积累的语言材料，特别是有新鲜感的词句；学习修改习作中有明显错误的词句；根据表达的需要，正确使用冒号、引号等标点符号。

第三学段：能写简单的记实作文和想象作文，内容具体，感情真实；能根据内容表达的需要，分段表述；学写读书笔记，学写常见应用文。修改自己的习作，并主动与他人交换修改，做到语句通顺，行款正确，书写规范、整洁。根据表达需要，正确使用常用的标点符号。习作要有一定速度。

2.过程与方法

第一学段：留心周围事物。

第二学段：观察周围世界，能不拘形式地写下自己的见闻、感受和想象，注意把自己觉得新奇有趣或印象最深、最受感动的内容写清楚。

第三学段：养成留心观察周围事物的习惯，有意识地丰富自己的见闻，珍视个人的独特感受,积累习作素材。

3.情感与态度

第一学段:对写话有兴趣。

第二学段:乐于书面表达,增强习作的自信心。愿意与他人分享习作的快乐。

第三学段:懂得写作是为了自我表达和与人交流。

通过对语文课程目标和小学习作教学课程目标的分析,我们认为小学生的作文素养可以从语句通顺、行款正确、书写规范和整洁、标点正确、主题明确、结构清晰完整、情感真实、有创新、有一定的习作速度等维度来进行评价。

(三)依据小学生习作心理的特点

小学生的生理和心理随着其年龄的增长一直处于不断发展变化之中,进行小学生习作素养评价,不仅要遵循写作的基本规律,还要遵循语文课程标准和小学生习作教学目标的要求,也要依据小学生在不同阶段的习作心理特征来评价。

1.作文感知的心理特点。小学生的习作感知是以日常生活和阅读等为主要内容,以观察为主要的感知策略。但其在生活观察或阅读过程中,由于生活经验不足,注意力容易转移和不集中,其个体差异性和对象选择性都需教师进行合理的引导,如果教师引导不善,可能造成其感知具有模糊、无序、碎片化的特点,深度也不足,这样就很难形成多样化的写作意图,难以表现自身的思想和情感。

2.作文运思的心理特点。作者将其所感知的客体根据文章的构成要求进行加工的过程,就是酝酿构思。这是文章意思系统的创造性组合。其关键是“发现”,发现自己要写的、具有独创性的东西。运思的基础是积累。小学生由于其经验和思维的发展特点所限,在习作酝酿构思过程中虽说个体创造性强,但目的指向性差,动态多变。通俗地说,就是酝酿构思过程中常常无法确定一个主题,或经常偏离想要表达的主题的指向,想法多,很难做到所有的内容都指向一个明确的写作意图。

3.行文的心理特点。行文是写作主体思维内容的文体形式展示和符号化过程，是对写作主体思维的检索和创造，要求"得之于心""应之于手""心手相应"，包括执笔起草、反复修改、最终定稿三个部分。小学生由于其词汇量、日常积累和抽象思维能力尚处于初级阶段、发展阶段，其对于记忆加工的策略也并不完善，对口语模式仍过分依赖，在其行文过程中经常可以看到一边小声说、一边写的现象，易导致其书面表达的过分口语化。另外，如果教师没有对行文的三个过程都加以系统训练，那么，学生的审题、构思、行文等都会出现困难，小学生自主修改和同学互改也不会做得很完善。

通过对小学生习作心理特点的分析，我们认为，评价中须注意其在习作过程中每一阶段的心理特点，以主题、情感、创新、题材、语言、文面为序来对小学生的习作素养进行全面评价。

（四）学习借鉴习作评价成果

1.李吉林情境习作评价指标

作文教学	达到目的与要求
写作欲望	学生有作文兴趣，读的东西深些，写的东西浅些，不要为了作文而作文。
关注生活	要求学生养成观察的习惯，无源之水、无本之木是没有生命的。
思路宽广	选出的题材具有方向性，活用平时积累的提纲，提倡多种组合。
范文指路	范文就是最好的例子，充分利用范文，把读和写结合起来，引导运用到作文中去，逐步提高学生的作文能力。
逐步训练	训练不仅要口语表达、书面表达，还要深入到实践中去亲身体验。训练要循序渐进，突出整体性和独立性。

儿童教育家、全国著名特级教师李吉林在《美·智·趣的教学情境》一书中，从写作欲望、关注生活、思路宽广、范文指路、逐步训练等五个方面对小学生习作素养进行评价。

2.窦桂梅《小学生语文质量目标手册》习作评价指标

评价内容	评价标准	评价等级			
作文形式	读写结合，用教材进行仿写、续写、改编等。	优	良	中	及
作文要求	大胆进行课外延伸，加强作文与生活的联系。				
作文主题	提倡从低年级到高年级，围绕一个主题，组成作文训练完整的体系。				
作文题材	绘本作文，看图作文，写景、状物、记事、写人作文，话题作文，想象作文，诗歌创作，应用文写作。				
作文策略	提倡处方式策略，如会话日记、接力日记、语言积累本、生活速记、人物素描、书签及贺卡制作、小记者活动。				

清华大学附属小学、全国小学语文名师窦桂梅在《小学生语文质量目标手册》中，对主题作文，从作文形式、作文要求、作文主题、作文题材和作文策略等方面，拟定了相应的作文评价标准。

三、制定H市B区作文评价标准

1.低年级写话素养评价标准

年级	评价内容	评价指标	评价等级				
			优	良	中	合格	待合格
一年级第一学期	学写句子	读拼音补充写完整句；看图补充写完整句；仿照课文写句看图写完整句；课堂互动后练写完整句。					
	独立写句	看图写完整句；看物写完整句；看事写完整句；依据提供词语写完整句；选用词语写完整句；自由写完整句；鼓励尝试自由写日记。					

续表

年级	评价内容	评价指标	评价等级				
			优	良	中	合格	待合格
一年级第二学期	尝试写几句连贯的话	看图写几句连贯话；看实物写几句连贯的话；用连贯的几句话表达自己的想法；按照供词，编写连贯的几句话。					
	自由写“几句连贯的话”	看图自由写几句连贯的话；看实物自由写几句连贯的话；根据供词自由写几句连贯的话；鼓励在日记等自由表达中写几句连贯的话。					
二年级第一学期	记录性写整段话	把散乱的句子重新整理成连贯整段话；鼓励自由用整段话编写故事。					
	观察性写整段话	看图写整段话；看物写整段话；参与课堂学习，依据要求写整段话；自由写整段观察日记；模仿范例写整段话。					
	依据命题要求写整段话	依据文意整段续写；围绕中心意思写整段话；依据标题写整段话；鼓励在日记等自由表达中写整段的话。					
二年级第二学期	创造性表述一件简单的事	看图想象故事开头、经过、结果并表述；提供故事某一部分，补充其他部分，使之完整；鼓励自由编写简单的故事。					
	记录性写一件简单的事	听写故事；听记故事；把无序的故事重组。					
	复述性写一件简单的事	写自己最熟悉的简单的一件事；写自己做过的一件简单的事；写自己亲历的一件简单的事。					
	创造性写一件简单的事	提供中心段写事件的开头、结尾，或反之；提供一个中心意思，扩写成一件简单的事；自由创编一件简单的事。					

2.中高年级习作评价标准

评价内容	评价要素	评价等级				
		优	良	中	合格	待合格
习作主题	主题明确					
	角度新颖独特					
习作结构	结构清晰合理					
	结构完整					
习作语言	用词准确,语句通顺					
	修辞方法运用恰当					
	语言生动					
习作情感	情感真实					
	情感自然真切					
习作创意	语言创新					
	思路创新					
	立意创新					
习作书写	汉字书写正确工整卷面整洁					
	字数达到 250~400 字左右(每个年级不同)					
	标点符号使用正确					
	格式正确					

第四节　小学生习作素养评价实践探索

一、H 市四年级语文素养测试(习作素养部分)

五、习作

四年级的学习生活即将结束,我们在努力学习、快乐玩耍的同时,也在不断成长。请以《我长大了》为题,写成长中亲身经历的一件事,要求内容具体,表达出真情实感,350 字左右。

(文中不得出现真实的校名和姓名)

1.知识点得分情况概述

题号	所属领域	知识点	分值	平均等级	得分率
1	规范书写汉字	运用水笔规范工整书写汉字	3	A	0.92
2	汉字、词语与语境的关系	根据情境填写汉字	6	A	0.77
3	理解辨析词语	同音字、多音字、近反义词辨析	12	A	0.82
4	句子基本知识及运用	修改病句	9	B	0.7
5	文学知识的理解与积累	课外阅读	6	A	0.84

续表

题号	所属领域	知识点	分值	平均等级	得分率
6	经典古诗文的理解与积累	记背本册教材和《课标》指定的诗句	6	A	0.84
7	熟语的积累与运用	名言、警句、俗语	6	B	0.7
8	对语段的阅读理解	理解掌握总分段落结构	3	B	0.73
9	简单修辞手法的运用	认识比喻、拟人的用法，会写比喻、拟人句	4	A	0.89
10	根据语境理解词语	阅读中对词语的理解	2	B	0.61
11	分析语段，概括提炼语言信息	对一段文字提取信息并加以概括	3	B	0.75
12	对语言的分析理解能力	对段落中心内容的正确把握	2	B	0.6
13	理解文本，获得审美体验	用简要语言表达阅读感受或观点	4	B	0.72
14	阅读理解所提供的材料	读懂非连续文本核心内容，并正确操作	4	A	0.95
15	对语段关键内容的把握	关注非连续性文本中的细节提示	2	A	0.79
16	提取信息进行语言表达	借助非连续性文本实际问题	3	A	0.84
17	围绕主题表达、组织表达内容、表达方法和语言	根据提示和要求，联系生活，组织素材，规范表达，能正确使用标点符号	25	A	0.75

2.知识点等级分布

题号	所属领域	知识点	等级 A	等级 B	等级 C	等级 D
1	规范书写汉字	运用水笔规范工整书写汉字	85.25%	12.82%	1.30%	0.63%
2	汉字、词语与语境的关系	根据情境填写汉字	68.72%	24.09%	5.26%	1.93%

续表

题号	所属领域	知识点	等级 A	等级 B	等级 C	等级 D
17	围绕主题表达、组织表达内容、表达方法和语言	根据提示和要求，联系生活，组织素材，规范表达，能正确使用标点符号	59.37%	37.86%	2.07%	0.71%

3. 围绕主题表达、组织表达内容、表达方法和语言（习作素养分析）

各知识点区域得分率

区域	全市	07 区	05 区	04 区	02 区	06 区	11 区
等级	A	A	A	A	A	B	B
得分率	0.75	0.79	0.75	0.76	0.77	0.74	0.66
区域	12 区	08 区	09 区	10 区	03 区	01 区	
等级	B	A	A	A	A	A	
得分率	0.74	0.83	0.77	0.75	0.78	0.77	

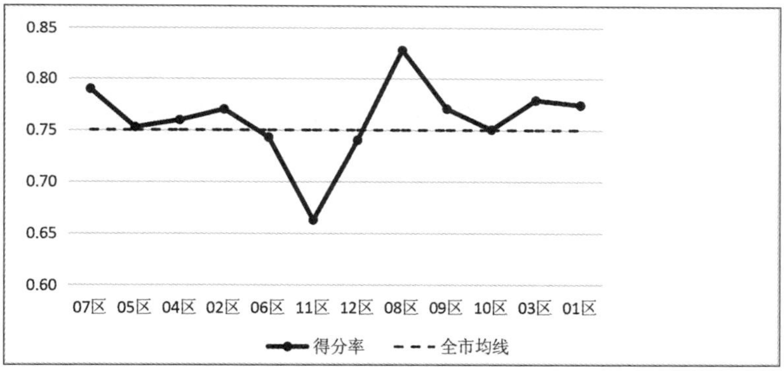

分析：根据提示和要求，联系生活，组织素材，规范表达，能正确使用标点符号。整体来看，该领域全市掌握情况较好。

在“围绕主题表达、组织表达内容、表达方法和语言”领域，11 区、12 区、06 区掌握程度较低，与全市平均水平差距较大，需要在教学中给予关注。语言表达是学生最重要的语文能力，建议教师在平时教学中引导学生多观察、多思考，积累表达素材，积极参与语言实践，在“说真话”的同时“会说话”。08 区、07 区掌握较好，其余均在平均线上。

(一)H 市五年级语文素养测试(习作部分)

五、习作

生活中总有一些人给你留下深刻的印象,请你通过具体事例,写一个你身边的人,写出他(她)的特点,题目自拟,400 字左右。

1.领域学情分析

领域	市平均等级
分析语言,进行语言运用	B
分析句子,训练语文技能	A
句子基本知识及运用	A
围绕主题表达、组织表达内容、表达方法和语言	A
拼音及汉字的掌握	A
掌握学习方法,进行实际运用	A
提取信息进行语言表达	B
文学基础知识运用	A
熟语的积累与运用	B
理解文本,获得审美体验	B
理解辨析词语	A
积累词句、片段,提高言语表达	A
积累诗句,进行填写	A
联系实际进行能力运用	A
规范书写汉字	A
阅读理解所提供的材料	A
阅读相关材料,进行理解	B

2.知识点得分情况概述

题号	所属领域	知识点	分值	平均等级	得分率
1	规范书写汉字	运用水笔规范工整书写汉字	3	A	0.93
2	拼音及汉字的掌握	根据拼音和语境填写字词	10	A	0.93
3	理解辨析词语	多音字及不同的含义、词语理解辨析及运用	10	A	0.91
4	句子基本知识及运用	常见说明方法、标点、修辞手法的掌握及运用	8	A	0.93
5	文学基础知识运用	了解写作手法、人物的特点	6	A	0.91
6	积累诗句，进行填写	记背本册教材和《课标》指定的诗句	6	A	0.97
7	熟语的积累与运用	填写谚语、歇后语及格言、警句	6	B	0.71
8	积累词句、片段，提高言语表达	词语、句子的理解及在文中的表达效果	2	A	0.92
9	阅读相关材料，进行理解	提取信息，结合生活事例加以理解	4	B	0.75
10	掌握学习方法，进行实际运用	结合文本，理解词语的方法	2	A	0.85
11	分析句子，训练语文技能	理解句子，加上适合的标点	3	A	0.80
12	分析语言，进行语言运用	体会句式、语序的表达效果	2	B	0.57
13	理解文本，获得审美体验	透过文字符号感悟和理解作者表达的情感	4	B	0.55
14	阅读理解所提供的材料	读懂材料相关内容，进行自主选择	3	A	0.93
15	联系实际进行能力运用	联系生活，设计公益广告	2	A	0.79

续表

题号	所属领域	知识点	分值	平均等级	得分率
16	提取信息进行语言表达	提取材料信息以及口语表达	4	B	0.61
17	**围绕主题表达、组织表达内容、表达方法和语言**	**根据提示和要求,联系生活,组织素材,规范表达,能正确使用标点符号**	25	A	0.81

3.知识点等级分布

题号	所属领域	知识点	等级 A	等级 B	等级 C	等级 D
1	规范书写汉字	运用水笔规范工整书写汉字	89.04%	8.57%	2.00%	0.39%
2	拼音及汉字的掌握	根据拼音和语境填写字词	92.96%	5.40%	0.85%	0.79%
3	理解辨析词语	多音字及不同的含义、词语理解辨析及运用	89.90%	9.44%	0.46%	0.20%
4	句子基本知识及运用	常见说明方法、标点、修辞手法的掌握及运用	94.64%	4.42%	0.67%	0.27%
5	文学基础知识运用	了解写作手法、人物的特点	89.57%	8.81%	1.10%	0.52%
6	积累诗句,进行填写	记背本册教材和《课标》指定的诗句	92.75%	6.59%	0.47%	0.19%
7	熟语的积累与运用	填写谚语、歇后语及格言、警句	38.28%	43.22%	15.17%	3.33%
8	积累词句、片段,提高言语表达	词语、句子的理解及在文中的表达效果	85.81%	13.11%	0.19%	0.88%
9	阅读相关材料,进行理解	提取信息,结合生活事例加以理解	64.12%	23.93%	7.39%	4.56%
10	掌握学习方法,进行实际运用	结合文本,理解词语的方法	79.42%	13.77%	1.23%	5.58%
11	分析句子,训练语文技能	理解句子,加上适合的标点	64.84%	27.77%	4.15%	3.25%

续表

题号	所属领域	知识点	等级 A	等级 B	等级 C	等级 D
12	分析语言，进行语言运用	体会句式、语序的表达效果	51.76%	15.42%	0.05%	32.78%
13	理解文本，获得审美体验	透过文字符号感悟和理解作者表达的情感	38.28%	33.46%	14.89%	13.38%
14	阅读理解所提供的材料	读懂材料相关内容，进行自主选择	87.98%	8.23%	3.06%	0.74%
15	联系实际进行能力运用	联系生活，设计公益广告	72.87%	16.25%	6.81%	4.07%
16	提取信息进行语言表达	提取材料信息以及口语表达	37.22%	49.49%	9.76%	3.52%
17	**围绕主题表达、组织表达内容、表达方法和语言**	**根据提示和要求，联系生活，组织素材，规范表达，能正确使用标点符号**	80.89%	17.95%	0.67%	0.49%

4.围绕主题表达、组织表达内容、表达方法和语言（习作素养分析）

各知识点区域得分率

区域	全市	07 区	05 区	04 区	02 区	06 区	11 区
等级	A	A	A	A	A	A	B
得分率	0.81	0.81	0.85	0.82	0.81	0.78	0.73
区域	12 区	08 区	09 区	10 区	03 区	01 区	
等级	A	A	A	A	A	A	
得分率	0.82	0.81	0.80	0.78	0.82	0.82	

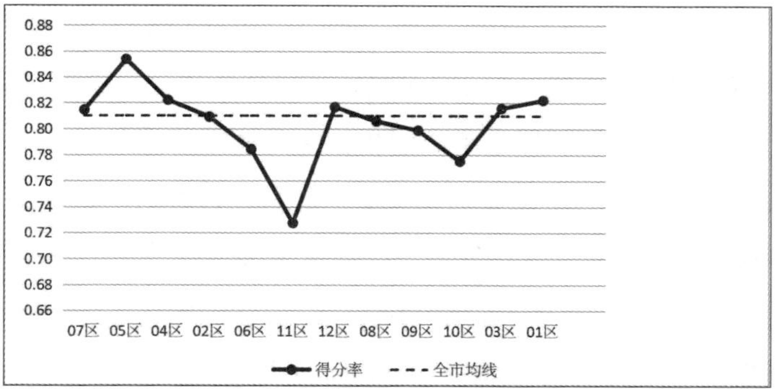

分析:根据提示和要求,联系生活,组织素材,规范表达,能正确使用标点符号。整体来看,该领域全市掌握情况较均衡,且整体等次较好。

在“围绕主题表达、组织表达内容、表达方法和语言”领域,11 区、10 区掌握程度较低,与全市平均水平差距较大,需要在教学中给予关注,建议在平时教学中引导学生多加观察思考,有意积累表达素材,教师应给与适当的方法指导。05 区掌握较好,值得保持。

二、H 市 B 区小学生现场作文竞赛

(一)竞赛的通知(略)

(二)小学生现场作文竞赛试卷

H 市 B 区第五届小学生现场作文竞赛三年级竞赛卷

亲爱的同学,写作让心灵更自由,分享让生命更快乐。赶快拿起你手中的笔,倾诉你的心声,分享你的精彩。请你从下面三题中任选一题写一篇习作,时间为 60 分钟,字数 250 左右。注意语句通顺,感情真实,内容具体,注意不要在文中出现你真实的姓名和学校名字哦!

1.题目:春天

温馨提示:春天到了,一颗颗种子发芽了,钻出了地面,它们会看到什么?想说什么?联系你看过的春天的景色,展开想像写一段话。

2.题目:我的小秘密

温馨提示:你心中有什么秘密?把它写出来,注意要写出自己内心的真实感受。

3.题目:________真好

温馨提示:(1)把题目补充完整。横线上可填“爸爸”“妈妈”“老师”“同桌”“门卫伯伯”等人物。(2)通过具体的事例写出这个人好在哪里。

H 市 B 区第五届小学生现场作文竞赛四年级竞赛卷

亲爱的同学,写作让心灵更自由,分享让生命更快乐。赶快拿起你手中的笔,倾诉你的心声,分享你的精彩。请你从下面三题中任选一题写一篇习作,时间为 60 分钟,字数 350 左右。注意语句通顺,感情真实,内容具体,注意不要在文中出现你真实的姓名和学校名字哦!

1.题目:我的双休日

温馨提示:(1)想一想你的双休日是怎样过的。愉快吗?为什么?不愉快吗?有哪些烦心事呢?(2)写出自己真实的感情和想法。

2.根据下面所给的词语,编一个童话故事,题目自拟。

小白兔　考场　山坡　狐狸　指南针

3.题目:________真开心

温馨提示:(1)把题目补充完整,横线上可填“睡个懒觉”“得了一等奖”“受到了表扬”“旅游”等等。(2)通过具体的事例写出开心的原因,写出自己真实的感受。

H市B区第五届小学生现场作文竞赛五年级竞赛卷

亲爱的同学,写作让心灵更自由,分享让生命更快乐。赶快拿起你手中的笔,倾诉你的心声,分享你的精彩。请你从下面三题中任选一题写一篇习作,时间为60分钟,字数400左右。注意语句通顺,感情真实,内容具体,注意不要在文中出现你真实的姓名和学校名字哦!

1.生活中,我们常常期待某种事物的到来——生日到来,我们可以吃蛋糕啦;新书到来,我们就可以尽情地阅读啦!生活中,也有一些“不速之客”并不那么受欢迎——台风到来,给大家的生命财产造成了损失;感冒到来,学不好吃不好睡不好……

请你联系生活实际,以《________来了》为题,写一篇习作。

2.《忘不了你》

在你的生活中,一定有不少人曾给你帮助、关心、照顾,选择其中对你影响最大的一个人的一件事来写。这件事给你印象最深,感情最强烈。做到语句通顺,内容具体。

3.《假如我是________》

生活中你一定会有许多梦想吧,你希望这些梦想变成现实吗?今天就给你的梦想插上想象的翅膀,尽情地飞吧!请以《假如我是________》为题,写一篇习作。想象的内容要充实而美好。

H市B区第五届小学生现场作文竞赛六年级竞赛卷

亲爱的同学,请你从下面三题中任选一题写一篇习作,时间为60分钟,字数不少于400字。注意语句通顺，感情真实，内容具体，注意不要在文中出现你真实的姓名和学校名字！

1.2016年春暖花开时节，城市街头杨絮飘舞，有人说漫天飞舞似落雪，也有人说呼吸困难易过敏。你眼中的杨絮什么样，或喜或恶，写出自己的真情实感，题目自拟。

2.《给作家×××写一封信》

阅读可以丰富知识，陶冶情操，在你读过的书中，你最喜欢哪一位作家？喜欢哪本书？请按书信格式写一篇习作，可以把你和书的故事写出来，也可以和作家交谈你感兴趣的话题。

3.《美好的回忆》

六年的小学生活即将结束，回顾这六年生活，一定会有许多值得你回忆的、美好的事。请以《美好的回忆》为题，写出你的真情实感。

（三）小学生现场习作竞赛评价标准

1.三、四年级习作素养评价标准

评价内容	评价要素	评价等级				
		优秀（90~100）	良好（80~89）	中等（70~79）	合格（60~69）	待合格（60以下）
习作主题	主题明确					
	角度新颖独特					
习作内容	能把自己觉得新奇有趣或印象最深、最受感动的内容写具体。					
	不拘形式地写下自己的见闻、感受和想象					
习作结构	结构清晰合理					
	层次清楚					

续表

评价内容	评价要素	评价等级				
		优秀(90~100)	良好(80~89)	中等(70~79)	合格(60~69)	待合格(60以下)
习作语言	用词准确,语句通顺					
	修辞方法运用恰当					
	尝试运用平时积累的语言材料、有新鲜感的词句语言生动					
习作情感	乐于表达,愿意与他人分享习作的快乐					
	情感真实、自然、真切					
习作创意	语言有创意的表达					
	思路创新					
	立意创新					
习作书写	汉字书写正确、规范、工整、卷面整洁					
	字数达到250~350字左右					
	标点符号使用正确					
	格式正确					

2.五、六年级习作素养评价标准

评价内容	评价要素	评价等级				
		优秀(90~100)	良好(80~89)	中等(70~79)	合格(60~69)	待合格(60以下)
习作主题	主题明确					
	角度新颖独特					

续表

评价内容	评价要素	评价等级				
		优秀（90~100）	良好（80~89）	中等（70~79）	合格（60~69）	待合格（60以下）
习作内容	能把自己觉得新奇有趣或印象最深、最受感动的内容写清楚。					
	不拘形式地写下自己的见闻、独特感受和想象					
习作结构	结构清晰合理					
	层次清楚，分段表述					
习作语言	用词准确，语句通顺					
	修辞方法运用恰当					
	尝试运用平时积累的语言材料、有新鲜感的词句语言生动					
习作情感	懂得写作是为了自我表达和与人交流					
	情感真实、自然、真切					
习作创意	语言创新					
	思路创新					
	立意创新					
习作书写	汉字书写正确工整，卷面整洁					
	字数达到400字左右					
	标点符号使用正确					
	行款整齐，力求美观，有一定的速度					

(四)小学生现场作文竞赛成绩统计表

2016 年 H 市 B 区第五届小学生现场作文竞赛成绩统计表

考号	得分	等次	考号	得分	等次
A6010	95.5	一等奖	A4060	95.5	一等奖
A6020	95.5	一等奖	A4070	95	一等奖
A6069	95	一等奖	A4119	95	一等奖
A6029	94.5	一等奖	A4091	94.5	一等奖
A6062	94.5	一等奖	A4101	94.5	一等奖
A6030	94	一等奖	A4007	94	一等奖
A6056	94	一等奖	A4037	94	一等奖
A6040	93.5	一等奖	A4053	94	一等奖
A6025	93	一等奖	A4062	93.5	一等奖
A6028	93	一等奖	A4068	93.5	一等奖
A6001	92	一等奖	A4120	93.5	一等奖
A6004	92	一等奖	A4026	93	一等奖
A6014	91.5	一等奖	A4095	93	一等奖
A6032	91.5	一等奖	A4115	93	一等奖
A6039	91.5	一等奖	A4130	93	一等奖
A6017	91	一等奖	A4005	92.5	一等奖
A6019	91	一等奖	A4055	92.5	一等奖
A6038	91	一等奖	A4065	92.5	一等奖
A6003	90.5	一等奖	A4036	92	一等奖
A6033	90.5	一等奖	A4054	92	一等奖
A6041	90.5	一等奖	A4061	92	一等奖
A6021	90	一等奖	A4084	92	一等奖
A6027	90	一等奖	A4103	91.5	一等奖
A6058	90	一等奖	A4002	91	一等奖

续表

考号	得分	等次	考号	得分	等次
A6071	90	一等奖	A4008	91	一等奖
A6090	90	一等奖	A4032	91	一等奖
A6093	90	一等奖	A4042	91	一等奖
A6015	89.5	一等奖	A4063	91	一等奖
A6047	89.5	一等奖	A4092	91	一等奖
A6007	89	二等奖	A4107	91	一等奖
A6002	89	二等奖	A4111	91	一等奖
A6008	89	二等奖	A4112	91	一等奖
A6026	89	二等奖	A4048	90.5	一等奖
A6031	89	二等奖	A4071	90.5	一等奖
A6036	89	二等奖	A4131	90.5	一等奖
A6034	88.5	二等奖	A4020	90	二等奖
A6065	88.5	二等奖	A4031	90	二等奖
A6005	88	二等奖	A4030	90	二等奖
A6013	88	二等奖	A4040	90	二等奖
A6018	88	二等奖	A4059	90	二等奖
A6024	88	二等奖	A4079	90	二等奖
A6063	88	二等奖	A4085	90	二等奖
A6037	87.5	二等奖	A4104	90	二等奖
A6061	87.5	二等奖	A4027	89.5	二等奖
A6078	87.5	二等奖	A4038	89.5	二等奖
A6089	87.5	二等奖	A4044	89.5	二等奖
A6023	87	二等奖	A4045	89.5	二等奖
A6043	87	二等奖	A4058	89.5	二等奖
A6048	87	二等奖	A4011	89	二等奖

续表

考号	得分	等次	考号	得分	等次
A6055	87	二等奖	A4064	89	二等奖
A6044	86.5	二等奖	A4013	88.5	二等奖
A6091	86.5	二等奖	A4057	88.5	二等奖
A6092	86.5	二等奖	A4067	88.5	二等奖
A6016	86	二等奖	A4080	88	二等奖
A6022	86	二等奖	A4083	88	二等奖
A6035	86	二等奖	A4105	88	二等奖
A6049	86	二等奖	A4113	88	二等奖
A6060	86	二等奖	A4122	88	二等奖
A6067	86	二等奖	A4124	88	二等奖
A6011	85.5	二等奖	A4009	87.5	二等奖
A6053	85.5	二等奖	A4024	87.5	二等奖
A6057	85.5	二等奖	A4056	87.5	二等奖
A6042	85	二等奖	A4069	87.5	二等奖
A6051	85	二等奖	A4012	87	二等奖
A6054	85	二等奖	A4017	87	二等奖
A6064	85	二等奖	A4018	87	二等奖
A6068	85	二等奖	A4047	87	二等奖
A6045	84.5	二等奖	A4066	87	二等奖
A6059	84.5	二等奖	A4078	87	二等奖
A6012	84	三等奖	A4087	87	二等奖
A6086	84	三等奖	A4110	87	二等奖
A6094	84	三等奖	A4003	86.5	二等奖
A6009	83.5	三等奖	A4010	86.5	二等奖
A6046	83.5	三等奖	A4050	86.5	二等奖
A6066	83.5	三等奖	A4090	86.5	二等奖
A6070	83.5	三等奖	A4006	86	二等奖

（五）小学生现场作文优秀作文及点评

顽强不屈　坚持不懈

——给作家杨红樱的一封信

六(9)班　郭雅琪

亲爱的杨红樱阿姨：

您好！我非常喜欢读您的作品，所以我想给您写封散发着淡淡油墨香气的信。

阅读让人快乐，阅读陶冶情操。在茫茫书海中，我第一眼就看到您的作品——《笑猫日记》。

说起来，《笑猫日记》还给了我很大的启发呢！

那时，我正在学习钢琴，每天都要练习钢琴曲，反复的弹奏实在令人感到枯燥、乏味，所以每次到练琴的时间我都十分不情愿地坐上琴凳，甚至每每在弹钢琴时，我都会找各种理由搪塞妈妈。为了让我坚持练下去，妈妈都会无奈地满足我的种种“无理要求”。可是我还是无法坚持下去了，于是就想到一个“绝妙”的主意——一个人练琴时，就偷偷地读我喜欢的书！奈何妈妈突然回家“袭击”，我心爱的《笑猫日记》被没收了。但我没有放弃，总是趁妈妈不在时细细品读里面的一字一句，就这样，我看完了整套《笑猫日记》。一天，妈妈突然问我：“自己选的路，难道不应该坚持走下去吗？”短短一句话，却在我的心里掀起惊涛骇浪。再望向书柜上那排列得整整齐齐的《笑猫日记》时，我的心倏得清明起来：是啊！笑猫是不顾朋友劝阻去找爱妻虎皮猫的，当它历经千辛万苦终于找到虎皮猫时，那是一种多么大的喜悦啊！只有经历风雨，才能见到那绚丽夺目的彩虹。

在我伤心狼狈时，《笑猫日记》告诉我要振作起来；在我打退堂鼓时，《笑猫日记》告诉我要坚持不懈；在我失败颓废时，《笑猫日记》告诉我要自强不息……

《笑猫日记》告诉了我许多宝贵的人生哲理，它让我变得更加坚强自信！

亲爱的杨红樱阿姨，您知道吗？至今为止，我每天还是在坚持练钢琴哦！我要学习笑猫的品质，做最好的自己！

杨红樱阿姨，我最喜欢读您的作品了，它们贴近生活又引人入胜，让我欲罢不能。最后，祝您家庭幸福美满，写出更多更好的作品。

您的书迷：郭雅琪

2016年6月7日

评语：看了你的文章仿佛眼前流过一条小溪，希望你能保持住这样的文风，用纯净的语言表达出丰富的内涵。文章娟秀的字迹，丰富的四字词语，巧妙的构思，典型的例子，精彩的排比句……让老师耳目一新！作文中能感受到你是一个积极上进的好少年！

春 天

三(8)班：李亨嫒

春天到了，一颗颗种子开始发芽，他们使劲一顶，钻出了地面。哇！一个他们从未见过的美丽世界。

种子们的眼前是一片绿油油、新长出来的草地，金色的太阳在天空中照耀大地，一阵阵春风迎面吹来。他们沐浴着温暖的阳光，享受着凉爽的春风。

这时，身旁的柳树长出几片嫩绿的叶子，种子们从来没有见过柳树，一颗小种子问："你是谁？""我是柳树，春天的时候，我总是最先发芽，长叶。"柳树笑眯眯的回答。"那为什么你那么高大？而我们这么矮小呢？"另一颗种子开口了。"你们还小，长大了就会变高了。"柳树回答道。"哦！"小种子们一起喊道："柳树，谢谢你！我们一定会长大的，变得像你那样的！"

就在小种子们前方的不远处，一群花儿睡醒了，小种子们便和他们打招呼："你们好啊！你们又是谁呀？"一朵小红花自豪的说："我们是花，你们瞧瞧，我们多么美丽啊！""那你知道我们是谁吗？"一颗小种子急忙问。"让我看看。”一朵野蔷薇说，“你们一定是蒲公英。”

“太好了，我们是蒲公英！”所有的小种子欢呼道。突然，一只小鸟从天空中飞来，说：“哇！这么多的蒲公英种子，好可爱啊！”“谢谢夸奖，可是，你是谁呀？”蒲公英们很奇怪。“我是一只小燕子，刚从南方飞来，正好看见了你们，就飞下来了。”燕子解释道。“欢迎你！”蒲公英们开心极了！觉得自己无比重要。“蒲公英们，我们一起唱歌跳舞吧！”燕子又说。就这样，种子们和燕子们都欢天喜地、兴高采烈的跳起了舞，有的种子一边跳舞，一边放声歌唱，每个人的脸上都挂着灿烂的笑容。

夜幕初垂，燕子飞走了，种子们纷纷躺下休息，想着今天的经历。每颗种子都在心里默默地说：这个世界真美，我要努力长大，变成美丽的蒲公英，成为这美丽景色中的一员。

评语：此文属于童话作品，小作者通过对话和动作的描写，巧妙地写出了春天的特点。人物对话连贯生动形象，想象合理，文面优美，标点正确。文中充满一种团结友爱和热爱这个美丽世界的一种正能量！文意深刻！实乃妙趣横生，很值得三年级孩子学习！

假如我是太阳神阿波罗

五(1)班　高杨笑雪

一个雨天的午后，我轻轻趴在窗台上，呆呆地凝望着灰色的天空，望着滂沱大雨，不禁埋怨起来：“阿波罗，你可真没用！明知道雨下了一天之久，你也不管不问！”

忽然我灵光一现：“如果我是太阳神阿波罗，那该多好！”随着我奇思妙想的萌发，想象的翅膀舒展开来了……

假如我是太阳神阿波罗，我会来到那即将化为雪水的冰川上空，将耀眼的光芒变为柔和的温暖阳光，让那零碎的冰块不再漫无目的地四处飘流，让它们重组冰原。这样，北极熊就可以不再有生命危险，企鹅的生活可以自由自在。

假如我是太阳神阿波罗，我会来到长江洪水经常泛滥的九江，把洪水一指，洪水便哗啦啦地退去，又飞上天成为数朵乌云。我又来到荒芜的沙漠，把炙热的烈阳收回，再用手把乌云用力一推，顿时，沙漠上空一场滂沱大雨倾盆而下，如同无数宝石和着珍珠落在沙漠中，滋润了黄沙地，沙漠转眼间成了一片碧绿的森林，百鸟争鸣，生机勃勃……

哦，我们那儿雨还在下咧！我立刻前往合肥上空，将雨停住，收来雨水的湿气来到中国干旱地区，收回太阳，加入雨水和湿气，看，原本干旱的地区现在绿树红花，样样都长，男女老少个个欢呼雀跃，在雨中喊着："久旱逢甘露哇！久旱逢甘露哇！"当然，我要把太阳放到我们合肥来，孩子们跑着、跳着，玩得不亦乐乎："谢谢你啊，阿波罗！"

假如我是太阳神阿波罗，我还要做更多好事。这时，一束阳光照入了我的房间，也打断了我的思绪，一弯彩虹出现在了天空，如同一条七色彩带把我和太阳连在一起："太阳神又开始工作了吧！"我笑了起来，走出了那充满无数幻想的房间，来到阳光下，沐浴着太阳光对我的抚摸，啊，午后的阳光是多么温柔啊……

点评：小作者是一个热爱大自然的可爱女孩儿。她喜欢身边各种各样的小动物，她喜欢春天校园里飘落的花瓣，她会在小院中挖掘"化石"……在她小小的童心中，包裹着一颗大大的爱心。她要通过自己奇特的想象，来改变大自然中不和谐的画面。她希望我们生活的地球，充满阳光、充满快乐，人与大自然和谐美好的生活着。

三、小学语文教师"下水文"竞赛

（一）H市B区第三届小学语文教师"下水文"竞赛卷

尊敬的老师，写作让心灵更自由，分享让生命更快乐。请拿起你手中的笔，倾诉你的心声，分享你的精彩。请从下面三题中任选一题写一篇"下水文"，作为学生习作的范文。时间为80分钟，字数不少于500字。注意语句通顺，感情真挚，内容具体。请不要在文中出现你真实的姓名和校名！

1.2016年春暖花开时节，城市街头杨絮飘舞，有人说漫天飞舞似落雪，也有人说呼吸困难易过敏。你眼中的杨絮什么样？请写出自己的真情实感，题目自拟。

2.《美好的回忆》

六年的小学生活即将结束，回顾这六年生活，一定会有许多值得你回忆的、美好的事。请以《美好的回忆》为题，写一篇“下水文”，要求写出真情实感。

3.《给作家×××写一封信》

阅读可以丰富知识，陶冶情操，在你读过的书中，你最喜欢哪一位作家？喜欢哪本书？请按书信格式写一篇“下水文”，可以把你和书的故事写出来，也可以和作家交谈你感兴趣的话题。

（二）H 市 B 区第三届小学语文教师部分“下水文”

舞！舞！舞！

小学语文教师　刘海燕

春天，万物复苏，春暖花开，到处花红柳绿，处处生机勃勃，有一种“生物”让我深爱不已。

最喜欢爸爸驾车送我去上学的路上，早晨连空气都是崭新的，只是这天却有“不明物体”弥漫，似棉花，如飞蛾，又恰似毛绒绒的精灵在空中飞舞，要不是上学着急，我一定看个够！

这天天气真好！双休日的心情格外舒畅！我开始寻找和我有过“一面之缘”的“奇特生物”。果然，马路边、小区里、小河边，到处有它的身影！呵，果真有机会近距离观赏了！它的样子软软的、绒绒的，风儿轻轻一吹，毛绒绒的“精灵”在空中旋转、飘浮，像蒲公英的孩子在追寻新的房舍，伴随着旁边孩子的嬉笑声，简直是世界上最美的“舞者”在演绎最绚丽的舞曲，传达着“舞蹈的神话”！这场激动人心的舞蹈盛宴，关于美好，关于璀璨，关于生命的舞动！

这时妈妈走过来，告诉了我舞者真实的名字——“杨絮”，严肃地向我讲述残酷事实：杨絮中含有“棉蚜”这类害虫，离得太近易导致人过敏。

可这丝毫不影响我观察它、喜欢它的心情，那又怎样呢？世间哪一种“美好”不是“可望而不可即”的呢？它的美好，只需远远观赏就心满意足，何况，我已经近距离看了它呢？我又是何等的幸运！

飞舞吧！只可远观而不可近触的灵魂“舞者”，保持你骄傲的姿态，寻找属于你的别样精彩！你是飞舞的蝴蝶，比蝴蝶更轻盈；你是奔跑的精灵，比精灵更灵动，做最好的舞者，我是你最忠实的粉丝！

点评：笔者用充满灵动、飘逸的语言写出了人们为之厌恶的“杨絮”轻盈、“善舞”的特点。文章开篇有创意，用一种形象的比喻语言描写出“杨絮”的外形特点，但并未直接点出事物的名称，吸引读者一探究竟的心理。同时文章多处运用了比喻、排比，修辞手法灵活，语言富有哲理——世间哪一种“美好”不是“可望而不可即”的呢？让读者读完也不禁喜欢上杨絮！

美好的回忆

小学语文老师　葛夏云

六年前的那天清晨，我穿上平时舍不得穿的新衣服，背上早已买好的崭新的书包，再三催促妈妈早点带我去学校。初入校园，一切都显得那么新鲜，我的内心像住进了一只会唱歌的百灵鸟，欢呼雀跃；又像飞进了一只会跳舞的蝴蝶，翩翩起舞；更像绽开了一朵睡莲，芬芳四溢……

六年后，最初的记忆还是那么清晰，件件历历在目，事事记在心间，声声绕于耳畔。

听！宽阔的操场上响起了熟悉的歌声，这激昂的歌声伴随我走过了六个春夏秋冬。时间仿佛回到了那个令我难忘的“六一”，懵懵懂懂的我光荣地成了一名少先队员，当高年级的大姐姐为我戴上红领巾的瞬间，我仿佛成了一个小大人了。六年后的我才明白那鲜艳的红领巾不仅是一份荣誉，更是一份责任。

肩膀虽稚嫩，却把责任扛。六年的小学生活教会我心中要有责任，回忆真美好！

看！还是那熟悉的操场上，体育老师正富有激情地吹着口哨，让我们列队报数，做准备活动。100 米短跑马上就要开始了，我心里紧张极了，像一头小鹿乱撞，糟糕！还没等我反应过来，同学们都像兔子一样跑了出去，我一愣，一个不小心，头往前一栽，摔得四脚朝天。老师和同学们赶紧跑过来，轻轻地将我扶起，亲切地问我有没有受伤，泪水瞬间夺眶而出，老师让我不要比赛了，我一口拒绝，不管成绩如何，我一定要完成比赛，这是一种坚持。

遇到困难，学会坚持。六年的小学生活教会我心中要有坚持，回忆真美好！

瞧！语文老师又在她的三尺讲台上声情并茂地上语文课。我喜欢上语文课，喜欢听一个又一个精彩的故事。今天，老师正在给我们上《厄运打不垮的信念》这一课，50 多岁的谈迁历经 20 余年不懈的奋斗，终于完成了一部 500 多万字的《国榷》。不料，这鸿篇巨制却被一个可恶的小偷偷了去，我以为谈迁从此会一蹶不振，没想到他很快重新振作起来，又经过 4 年时间，一部新的《国榷》诞生了，内容竟然更加充实详尽，谈迁也因此名垂青史。

挫折不可怕，信念在心中。六年的小学生活教会我心中要有坚强的信念。回忆真美好！

责任、坚持、信念，足以让我在今后的人生中越走越好！

六年开始，漫长；六年结束，短暂；六年真美好！

点评：本文以回忆开篇，饱含真情的把读者带进丰富多彩的小学生活。排比的使用恰到好处，既增强了气势，又抒发了真情。听、看、瞧三个动词的运用，更是让读者身临其境，引起感情的共鸣。结尾总结全文，突出中心。

给作家余秋雨的一封信

小学语文教师　王海燕

敬爱的余秋雨老师：

您好！

我是一名深爱您著作的小读者，在这里难掩激动的心情想要向您倾诉。

还记得那天在书店偶然翻开了您的著作《中国文脉》，一瞬间，我仿佛和一只彩鸟撞了个满怀，全身的细胞如风中的树叶般颤抖，从脚趾间到头发丝都发出同一个声音——“我爱这本书”。与您结缘，正是从这本书开始。

已不记得多少个日夜；已不记得春夏的交替，秋冬的更迭；已不记得多少次欣喜若狂，又多少次泪湿衣衫。只记得小小的我，软软的椅，暖暖的灯光，漫漫的长夜，就这样，我如饥似渴地读了一页又一页，一章又一章，一遍又一遍。

《中国文脉》开启了我浪漫的诗意幻想。我爱蒹葭苍苍，雨雪霏霏；我爱关关雎鸠，伊人在水；我爱点点星辰，浩渺烟波。它将诗歌王国的大门开启，让我哪怕只是窥见了一丝的光芒，亦迷醉于诗歌的奇妙意境中。从那一天相遇，我擦亮了审美的眼睛。从那一天相遇，我期待有一天能头戴花冠，腰佩长剑，成为书写美的诗句的屈原，一次次发出生命的诘问，又一次次写下对美的向往。为此，我踏上了追求美的旅途。

《中国文脉》赋予了我创造快乐的能力。生活中难免痛苦失意，但您的文字让我将失意看得更加透彻，开启了我最初的哲学思维。苏轼的“莫听穿林打叶声，何妨吟啸且徐行”，在书中屡次出现，快意生活，诗和远方，这一切平添了我战胜失意的勇气。浩瀚的星空，苍茫的大地，人的一生何其短暂，何必为愁情困扰。

《中国文脉》让我为身为中国人而感到自豪。我为中国灿烂的文化自豪；我为中国拥有屈原、陶渊明、曹操、李白等伟大文人自豪；我为中国几千年不曾断绝的文脉而自豪。余秋雨老师，这种自豪多么可贵啊！我昂首挺胸，阔步向前，我的身后是厚重的文化和历史，它足以支撑我的整个人生旅途。

余老师，我敬佩您的渊博知识，开阔思维，满腹才情。《中国文脉》带给我太多启发、感动和美的享受。原来，诗和远方并不遥远，只一本书的距离。

想说的太多太多，千言万语难以道尽，只化为一个小小的心愿，望能早日拜读您的新作。

祝身体健康，平安快乐！

此致

敬礼

读者：×××

2016 年 6 月 7 日

第六章

小学生语文综合性学习素养评价

第一节　小学生语文综合性学习素养评价理论引航

一、小学生语文综合性学习再认识

在语文课程中设置语文综合性学习，既是 21 世纪课程结构改革的必然要求，也是语文教学改革的呼唤。

1.什么是语文综合性学习？

语文综合性学习是一种学习形态，是基于学生的直接经验，密切联系学生自身生活和社会生活，体现对语文知识综合运用的学习形态。

语文综合性学习是一种学习方式，这种学习不仅是自主、合作、探究等学习方式的结合体，而且有其相对统一的学习策略和学习倾向，如强调学科课程知识间的融合，强调学校教育与学生生活以及社区生活的沟通，强调学生在实践活动中运用所学的知识技能，注重培养学生的创新意识和实践能力等。这种学习方式有利于在语文学科的识字写字、阅读、写作、口语交际等领域得到积极的倡导，语文综合性学习不是与识字写字、阅读、写作、口语交际等相割裂的语文课程内容。

语文综合性学习是一种综合化、生活化、经验化、个性化的课程形态。它跟识字、写字、阅读、写作、口语交际等共同构成语文课程内容。它是以语文课程的整合为基点，加强语文课程与其他课程的联系，强调语文学习与生活的结合，以促进学生语文素养的整体推进与协调发展。语文综合性学习作为一种课程形态，说明教师拥有该课程的开发权利，可以自主开发与设计综合性学习的内容,实现语文课程内部的综合、外部的联系与生活世界的沟通。

可见,语文综合性学习是以培养学生的语文核心素养、创新精神、实践能力乃至全面素质的综合发展为目标,通过优化语文学习环境,整合语文学习资源,努力构建课内外联系、校内外沟通、学科间融合的语文教育体系,开展丰富多彩的语文实践活动,拓宽学生学习的内容、形式和渠道,使学生在广阔的空间里综合运用各学科的知识和技能,促进学生语文知识的综合运用和听说读写能力的整体发展。

2.什么是小学语文综合性学习?

小学语文综合性学习是一种综合听说读写的课程目标,综合多种多样的学习方式,在小学语文学习中渗透多种学科知识与能力的实践活动。它是一种既能体现小学生身心特点,又能体现语文知识综合运用,听说读写能力整体发展,语文课程和其他课程沟通,书本学习与实践活动紧密结合的活动性的学习方式。它更注重于学习方式的自主、实践、综合;又注重于过程的开放和互动,它的内容选择范围宽泛、灵活,以直接经验为主。

小学语文综合性学习是一种体现"超越课堂,超越学校"的学习模式,使小学生置身于活生生的学习环境中,基于小学生自己的经验,密切联系自身生活和社会实践,体验对知识综合运用的学习形态,是以小学生的经验与生活为核心的实践性学习。小学语文综合性学习也是一种创造性学习,具有综合性、自主性、开放性、实践性、创造性、趣味性、灵活性和语文性等特征。它是最有利于学生在感兴趣的自主活动中全面提高语文素养的。在21世纪的今天,"小学语文综合性学习"也必将成为知识经济时代语文课程中占主导地位的学习方式。

二、小学生语文综合性学习的特征

1.具有语文性

小学生语文综合性学习活动特别追求综合性、实践性,往往容易迷失语文学科自身最基本的特性——语文性,甚至有人将语文综合性学习与综合实践课等同起来。虽然在基础教育阶段提倡淡化学科界线,但语文学科作为小学阶段重要的一门学科,它有着自身的课程目标和教学任务,小学生语文综合性学习仍然归属于语文课程,仍然是学科课程综合化发展的需要。

《义务教育语文课程标准(2011 年版)》明确指出:“拓宽语文学习和运用的领域,注重跨学科的学习和现代科技手段的运用,使学生在不同内容和方法的相互交叉、渗透和整合中开阔视野,提高学习效率,初步获得现代社会所需要的语文实践能力。”可见语文综合性学习尽管注重综合,但它首先应该姓“语”。即不管我们的综合性学习活动涉及哪个领域、哪门学科,采取哪些方式,目的都是“致力于学生语文素养的形成和发展”。

2.凸显综合性

小学生语文综合性学习的一大特性是“综合性”,主要体现为“语文知识的综合运用、听说读写能力的整体发展、语文课程与其他课程的沟通、书本学习与实践活动的紧密结合”。其综合性可以从语文综合性学习的目标、内容、方式及途径等多个层面来考量。

一是学习目标的综合。小学生语文综合性学习的总体目标,旨在培养小学生主动探究、团结合作、勇于创新的精神,促进学生听说读写等语文能力的整体推进和协调发展,进而全面提高小学生的语文素养。在具体的学段目标中要求注重三个维度目标的整合。语文课程标准把“综合性学习”与识字写字、阅读、写作、口语交际并列,作为阶段目标的一个重要方面提出来。语文综合性学习与上述四个方面虽然不在一个层面上,但课程标准明确要求:综合性学习应注意与上述四个方面的目标进行整合。如在浏览的基础上处理、运用资料,用图文结合的方式,写建议书、办手抄报、写简单的调查报告等方式表达综合性学习的成果,则与写作能力的培养密不可分。同时包括综合运用语文知识的能力,要重视在综合性学习中学习语言、积累语言,养成良好的语言习惯。

二是学习内容的综合。“综合性学习”的内容非常丰富,涵盖语文学习和生活实践的方方面面。教材上综合性学习的内容以贴近小学生生活需要的主题为主要内容,不受阅读、写作等知识体系的限制,灵活而综合。在开展语文综合性学习时,还可以结合语文阅读、写作等学习专题确定相关内容,甚至教师根据学生的实际经验和文化课学习需要,引导学生自主地选择、确立综合性学习内容,其内容可由校园向家庭、社区、自然、社会延伸拓展。只要是小学生感兴趣的、有学习和研究价值的、有助于语文素养形成和发展的主题,都可以作为“综合性学习”的内容。例如,“了解身边的传统文化”这一专题,可以涉及传统文化的各个方面,如传统节日、经典国学、建筑艺术、服饰文化、民间艺术、民风民俗、民族音乐、舞蹈、地方戏曲等。

三是学习方法路径的综合。课程改革的一个重要的理念就是积极倡导自主、合作、探究的学习方式,而语文综合性学习就是形成“自主、合作、探究”学习方式的重要途径。在开展综合性学习时,既要有接受学习,又要有探究学习;既有个体独立学习,又有集体合作学习;既有以查阅资料为标志的借助书报、网络等媒体的学习,又有以观察、调查为标志的在实践中学习。这样,小学生不仅可以走进现实世界进行调查访问,也可以借助现代信息技术走进网络虚拟的世界,还可以通过讨论、交流,走进人们的心灵世界和情感世界。在学习途径上,不分课内、课外,涵盖学校、家庭、社区乃至自然界及社会生活的各个领域。

3.注重实践性

语文综合性学习的过程是综合运用语文知识和能力的过程,是学生听、说、读、写等语言实践过程,是学生在语文实践中不断受到熏陶感染的过程。从《义务教育语文课程标准(2011 年版)》对综合性学习的相关描述来看,无论是“运用语文知识与能力解决生活中问题”,还是“策划简单的校园活动和社会活动”;无论是“利用图书馆、网络等信息渠道获取资料,尝试写简单的研究报告”,还是“用文字、图表、图画、照片等展示学习成果”,都强调学生参与和实践,强调学生的学习过程和学习体验,目的在于培养学生综合运用能力和实践能力。课程标准的“目标”中大量运用“观察”“搜集”“查找”“策划”“运用”“调查”“组织”“参加”“尝试”“解决”“获取”等行为性很强的术语,就是为了强调语文综合性学习是很强的实践行为。鼓励学生走出课堂,创造性地开展各类活动,语文综合性学习要求全体学生的参与,而不是个别学生参与。在共同参与的过程中,学生要了解合作伙伴的个性,学会交流与合作,彼此之间要尊重、理解以及宽容,表达自己的想法或接受别人的意见。在人人参与、共同参与、全程参与之中,在丰富多彩的自主的语文实践活动中,体验怎样进行综合性学习。语文综合性学习强调的是学生把所学到的基础知识、掌握的基本技能应用到实际生活中去,学以致用。在实际生活中运用语文知识的同时,可以促进学生对社会文化、人文精神、社会发展等若干问题的思考,从而使学生加深对知识内涵的理解和掌握,具备最基本的语文素养。语文综合性学习要求学生亲自参加到语文实践中去。在语文实践中,不断增强语文学习的积极性和主动性,获得学习的乐趣与体验,形成一定的语文实践能力。

4.体现开放性

语文综合性学习让学生由封闭的学习向开放的学习转变,由静态的学习向动态的学习转变。学习时空向家庭、社会和自然开放,组织学生走向社会,亲近自然,体验家庭生活,观察社会现象,记录典型事件,学习先进人物,探究社会焦点热点问题,在活动中学习语言,丰富情感,开阔视野,陶冶情操。语文综合性学习的开放性还体现在学习内容的开放。

我们常说:生活即语文。生活的领域有多宽广,语文综合性学习的领域就有多宽广。语文综合性学习的内容除了文本,更应包括多元信息——书面信息、影视信息、网络信息、社会新闻、多彩生活、其他学科知识的学习和应用等等。缤纷的世界、多彩的生活是最生动最鲜活的课堂,要引导学生热爱生活、深入生活、体验生活,发现美、感受美、创造美,从丰富多彩的生活中汲取文化营养。语文综合性学习的开放性还体现在学习过程的开放和学习结果的开放。

5.突显自主性

语文综合性学习突显以生为本的新课改理念。语文综合性学习无论从学习专题的提出,到学习过程的安排、学习方法的选择,还是学习成果的展示,小学生有更大的自主性,有更多实践的机会,有更大的创造空间,小学生主动探究、自主、合作学习,彰显了自主性。语文综合性学习的自主性主要体现在以下三点。

一是自主选择内容。语文综合性学习的内容是从语文学习内容和小学生生活出发的，其内容必须是丰富多样的，能让小学生自主选择。只有这样才能满足处在不同发展水平，具有不同兴趣、爱好的学生的需要；才能促使他们通过对活动内容的自主选择、积极参与，获得相应发展，才能实现真正意义上的面向全体。

二是自主选择活动方式。由于每个小学生认识事物的方式、方法各不相同，因此在设计语文综合性学习活动时，要充分考虑到学生的智能差异，让小学生自主选择活动方式，采用不同的表现形式，如调查报告、实物说明、诗歌、小品表演、手抄报等等，充分发挥了他们的智能优势。

三是自主表达结论。建构主义理论认为，小学生学习的过程不是被动地接受，而是主动构建。语文综合性学习注重过程和方法的统一，强调小学生在学习活动过程中的所得，而不是整齐划一的统一结论。因此，在进行综合性学习时，小学生可以按照自己的方式，选择自己的形式来表达自己个性化的学习结论。

小学生是学习的主体。语文课程必须根据学生身心发展和语文学习的特点，爱护小学生的好奇心、求知欲，鼓励自主阅读、自由表达，充分激发他们的问题意识和进取精神，关注个体差异和不同的学习需求，积极倡导自主、合作、探究的学习方式。教学内容的确定，教学方法的选择，评价方式的设计，都应有助于这种学习方式的形成。

6.强调统整性

语文综合性学习的统整性，不仅包括小学生发展的统整性、和谐性，而且包括不同学习内容和学习方法的相互交叉、渗透和整合。语文综合性学习强调统整性。要力避语文综合性学习活动中的“唯智主义”，要突破传统狭隘的语文学科课程观，防止语文综合性学习“唯语文”倾向。

语文综合性学习的开展，基本上还没有摆脱以前“语文课外活动”的思维框架和活动模式，语文综合性学习还局限于某一技能的活动演练，只在提高学生语文某项能力上下功夫。不少学校老师把语文综合性学习当作情景作文的一种形式,开展语文综合性学习只是为了写作收集资料、积累素材。另外不少老师在开展语文综合性学习过程中,常常担心“非语文”内容过多地介入,担心语文综合性学习“不像语文课”。

总之,语文综合性学习具有语文性、综合性、实践性、开放性、自主性和统整性等特征,还应具有趣味性和操作性,既要符合语文教育的传统,又要具有现代社会的学习特征,有利于小学生在感兴趣的自主活动中全面提高语文素养,有利于培养小学生主动探究、团结合作、勇于创新的精神。

三、小学生语文综合性学习教学建议

1.突出整合

语文综合性学习主要体现为语文知识的综合运用、听说读写能力的整体发展、语文课程与其他课程的沟通、书本学习与生活实践的紧密结合。综合性学习首先要加强整合:一是学习目标上的整合,不仅应加强语文知识的综合运用,听、说、读、写能力的整体提高,而且应加强知识与能力、过程与方法以及情感态度与价值观的融合;二是学习内容的整合,包括了自然、社会、人文领域,只要是学生感兴趣的,有学习和研究价值的,有助于语文素养形成和发展的,学生力所能及的主题,都可以作为综合性学习的内容;三是学习方式的整合,语文综合性学习既要有接受性学习,又要有探究性学习;既要有个体学习,又要有合作学习。语文综合性学习应强调合作精神,注意培养学生策划、组织、协调和实施的能力。

2.加强实践

建构主义学习理论认为,知识不是通过教师传授得到,而是学习者在一定的情境即社会文化背景下,借助其他人的帮助,利用必要的学习资料,通过意义建构的方式而获得。只有学生自己探究发现,知识才能内化为学生知识结构的有机部分,从而建构自己的知识体系。语文综合性学习要特别加强学生的实践活动和亲身经历,引导小学生在生活实践和社会实践中学语文、用语文。小学生语文综合性学习与识字教学、写字教学、阅读教学、写作教学相比,其实践性更为突出,实践的领域也更加宽广,更加注重学习的

过程。因此,在指导中应注意:

一要突出活动的可操作性。活动的设计要适合小学生的年龄特征,利于学生实际动手操作;要符合当地的实际情况,便于实践操作。

二要保证时间的充足性。要让学生有足够的体验、探究的时间,有足够的小组讨论、交流时间,有足够的集体汇报、展示、分享的时间。

三要突出过程的完整性。教师要敢于放手,乐于放手,凡是学生能做到的事情,教师决不代劳,要让小学生经历一个完整的自主实践的过程。

3.贴近小学生实际

小学生语文综合性学习应贴近现实生活。联系小学生生活中的实际问题开展学习活动,在实现语文学习目标的同时,提高对自然、社会现象与问题的认识,追求积极、健康、和谐的生活方式,增强抵御风险和侵害的意识,增强小学生与自然、社会和他人互动中的应对能力。

4.强化自主

小学生语文综合性学习活动是在教师指导下的学生自主活动。语文综合性学习应突出小学生的自主性,重视小学生主动积极的参与精神,主要由小学生自行设计和组织活动,特别注重探索和研究的过程,要加强教师在各环节中的指导作用。语文综合性学习从形式到内容都应体现小学生是学习的主人。从学习主题的确立、学习途径的选择、学习伙伴的选定、活动计划的制定到学习成果的展示乃至学习评价,尽可能由小学生自己来决定。

5.强调开放

语文综合性学习的设计应开放、多元,提倡与其他课程相结合,开展跨领域学习。跨学科学习,也应以提高学生语文素养为目的。语文综合性学习指导中应力求体现开放性:一是学习空间的开放。即引导小学生从课内走向课外,从校园走向校外。语文综合性学习虽然可以在课堂上开展,但由于它注重从学习中、生活中提出问题并通过多样化的方式解决问题,所以小学生常常要走出课堂,甚至走出校园,与社会各个领域取得广泛的联系。二是学习时间的开放。语文综合性学习不仅仅局限于 40 分钟的课堂教学,也不仅仅局限于校园的学习生活,而应适当联系或利用学生的课余生活,把学生课余的语文生活纳入语文教育的视野。三是学习内容的开放。语文的外延与生活的外延相等。语文学习的内容无边际,语文综合性学习不局限于课本,而应把语文学习的视野扩大到其他学科的学习和人类的文化活动中,最大限度地利用语文学习资源。

6.借助网络

积极构建网络环境下的学习平台,拓展小学生学习和创造的空间,支持和丰富语文综合性学习。

特别应强调的一点,小学语文综合性学习的出发点和落脚点都在于“语文”,其基本的内容必须是“语文”,是学生语文素养的发展和提高。

第二节　小学生语文综合性学习素养评价问题透视

一、小学生语文综合性学习问题透视

《义务教育语文课程标准(2011 年版)》中“综合性学习”目标提出:要开放语文教学,加强语文课程与其他课程以及社会生活的联系,让小学生在语文综合性学习活动中,综合运用语文知识,整体发展听说读写能力,培养合作精神、主动积极的参与精神、探究精神和创造精神,以及策划、组织、协调和实施的能力,形成综合素质,为小学生的后续学习和终身学习打下坚实的基础。毋容置疑,小学语文综合性学习是当前语文教学改革中的热点和难点,也给小学生的学和教师的教都带来了挑战。下面结合问卷调查和视导调研的了解,谈谈小学语文综合性学习当前存在的问题。

问题一:认识有偏差

不少语文教师对新课程改革重视程度不够,加上受传统观念的影响,认为语文学习只是对拼音、识字、写字、阅读、习作等的学习,认为语文综合性学习是语文学习的补充,是附属,可学可不学,淡化和削弱了语文综合性学

习应该作为“必修”的地位。再加上多年来语文综合性学习的评价没有跟上，老师们认为上级和学校对小学生的语文综合性学习无从考查，存在考什么就教什么的功利思想，导致老师们对语文综合性学习不重视。

另外，一些小学语文老师将语文综合性学习降格成普通的课堂教学和知识传授，过分依赖语文课本，并把语文课本的利用主要定位在阅读教学上。没有充分认识到新教材中语文综合性学习开放性的特点；没有充分认识到新教材中语文综合性学习面向生活、面向实践的引导性、示例性和可选择性；没有认清语文综合性学习与阅读教学的根本区别。

问题二：资源太欠缺

在语文综合性学习实施过程中，对语文学习资源开发利用得不够，过于依赖语文课本，将教材中的内容作为学习开展的唯一依据，缺乏课程开发意识，未联系学生生活，联系社区和学校的实际来开发学习资源，导致学生学习兴趣低下。

《义务教育语文课程标准》要求语文教师高度重视课程资源的开发与利用。各地区都蕴藏着自然、社会、人文等多种语文课程资源。在儿童的社会生活中有丰富的语文综合性学习内容。游戏、吃穿住行、身边的科学技术，都是语文综合性学习的很好的素材。

问题三：过程不重视

一部分教师把学习活动的过程仅仅当作实现目标的途径和手段，对过程中教育价值发掘不够，缺乏及时的评价、激励和督导。在部分语文综合性学习展示课上，很多教师往往仅仅抓住了表达交流成果展示这一环节，项目设计、过程实施情况并没有引起教师们的高度重视，这是令人担忧的。而且，在表达交流时，又侧重于对成果的展示，而不将自己或小组在项目设计及过程实施中产生的困惑及反思进行大胆展示，成了表演秀。小学语文综合性学习，语文教师一要重视对“综合性学习”过程的监控与管理；二要重视“语文综合性学习”过程中的多种体验与收获 ；三要重视促进“综合性学习”过程的多元化 。

问题四：活动放任自由

“培养小学生自主、独立的习惯和能力”是基础教育的一个重要的目标。语文综合性学习强调“自主”，强调学生的主动性活动，力求由小学生自行设计和组织活动，探究他们自己提出的问题。于是，在进行语文综合性学习中，人们大力提倡自主性与主动性，从“选题”到“探究”再到“成果展示”，任由学生自由自主完成，教师完全放手。这种盲目的探索结果可想而知，毕竟对象是一些小学生，需要语文教师的过程指导，教师决不能撒手不管。

问题五：语文综合不姓“语”

语文综合性学习，强调将语文知识与其他学科知识进行相互融合，在综合性学习过程之中释放语文综合性特点，学生从生活本身和已取得的语用经验出发参与到项目设计、过程实施与成果展示中去，通过创设语境，在一定语境中恰当地实施语用行为，培养语感、获得语文知识、练就语文能力。但是，在一些语文教学实践中，往往会把一节语文综合实践课上成科学课或知识课或综合实践课或活动课，没有突出“语文”。“语文综合性学习”一要着眼语文学科本身的资源；二要关注学科之间的整合资源。

问题六：指导不得法

把语文综合性学习放在课堂上按部就班地进行，班级学生或一潭死水毫无生气，或嬉戏玩耍悠闲逍遥；教师或包办代替，或放任自流不加引导。小学生对语文综合性学习的策略不得而知。在语文综合性学习中，教师要重视指导，点拨学习方法。教师的指导，贵在调动学生参与学习的积极性，激发学生自己去提高学习质量的潜能，更重要的是教给学生学习的方法。渗透方法的指导，使学生逐渐掌握适合自己思想特点的具有个性的学习方法，使其举一反三，学会迁移，悟出学习语文的规律。在“确定课题、制订方案、收集资料、展示成果、总结评价”等各个环节，教师都要组织引导，教给方法，与学生共同成长。

问题七：评价没跟上

不少地方，不少学校没有将语文综合性学习纳入评价的范围，有些学校，虽有评价，但试题设计的不好，没有凸显语文综合性学习的特点，不少地方不重视“语文综合性学习”教学的研究，更不重视“语文综合性学习”评价的研究，小学生语文综合性评价没有跟上。

总之，语文综合性学习是新课程改革的一个亮点，作为一种全新的课型，它在教学理念、教学方式、评价方式等方面对老师是一次重大挑战。如何把这一最能体现语文特色的课程利用好，需要我们在实践中不断地摸索和总结经验教训，丰富和提高自己的综合素养，克服目前的种种困难，正确和积极地引导学生开展综合性学习，在实践活动中锻炼学生的实践能力，培养学生的创新精神，发展学生的个性品质，提高学生的语文素养！

二、小学生语文综合性学习素养评价问题探究

语文综合性学习的推行无异于是语文教学领域内的一次改革，它以新课程的理念，系列而又丰富的实践活动，新颖而又富有创造性的学习情景影响着当下语文教育，也冲击着广大师生的语文教育理念和学习方式。然而对于这样一种全新的语文课程形态，课程改革十多年以来，“语文综合性学习”是否有效实施？小学生的语文综合素养和能力得到了怎样的提高？在评价小学生语文综合性学习素养方面还有哪些问题？笔者想结合多年的教学教研实际和自己的理解谈谈自己的认识和困惑。

1.思想认识不到位

前面已论述，多年来许多小学语文教师受传统教育观念的影响，认为语文综合性学习只是语文学习的补充，可学可不学，削弱了语文综合性学习应有的“必修课程”的地位。一些老师受功利思想影响，认为小学生的语文综合性学习不好考查，平时考的也较少，因此不够重视，很少认真组织语文综合性学习的教学指导，很少有计划地开展语文综合性学习活动。一线语文老师自觉进行语文综合性学习的教学活动的时间太短。2016 年 12 月，笔者开展了“语文综合性学习”教学时间的“问卷星”调查，调查结果显示，B 区一学期平均用于“语文综合性学习”教学时间每个班级不足 4 课时，远远达不到要求，难以满足小学生语文核心素养培养的要求。

2.评价目标不清晰

《义务教育语文课程标准(2011 年版)》指出：“语文综合性学习的评价，

应着重考察学生的语文综合运用能力、探究精神与合作态度。主要着眼于学生在综合性学习过程中的表现，如是否能积极参与活动，是否能主动提出问题，还有搜集整理材料、综合运用语文知识探究问题、展示与交流学习成果等方面的情况。”这段表述虽指明了方向，但具体如何评价表述不够具体，操作性也不强。大家清楚语文学习目标中的知识与技能、过程与方法、情感态度价值观三个维度是相辅相成，互为因果而存在的。在教学实践中，对于三维目标间的关系处理不当，就造成了评价目标不清晰的问题。

语文知识与能力不是对应的，语文学科知识的掌握是构建语文能力和素养的必要前提条件，任何能力的形成都必须建立在相关的知识基础上。为了体现新课改从关注知识的掌握向素养、能力的提高转变的新理念，语文综合性学习的评价将关注点放在能力上，而弱化对于语文知识层面的关注，这其实是片面地理解了新课程的理念。当然，离开了语文知识的学习去谈情感态度价值观，那就不是语文学习，而是思想政治课了。语文综合性学习过程应是语文知识的学习过程，而情感态度价值观的养成是伴随这一过程而进行的，失去了语文学习这个载体，情感态度价值观的养成就是空中楼阁。

3. 评价过程和结果容易偏颇

语文综合性学习素养的评价应该既重过程又重结果。但在实际的评价操作中，为了突出语文综合性学习评价与其他传统课文课堂的不同之处，往往过于强调语文综合性学习的过程、方法，忽略语文综合性学习的结果。众所周知，过程和结果忽略其中的任何一方，都将直接影响语文综合性学习的成效。语文综合性学习评价若忽略了过程，将不再是综合性学习了，若忽略了培养语文素养的这一结果，就不是语文学习了，而变成活动课，或者综合实践课了。

4.忽略终结性评价

语文综合性学习的设计理念重学生参与，过程就能反应重要的学习目标，因此对小学生的语文综合性学习评价实践中主要以形成性评价为主，而导致对小学生语文综合性学习的终结性评价的忽略。在语文综合性学习的专题活动开展过程中，通过学生自评、互评、教师评等多种方式的评价，以及档案记录，保存学生的任务记载、完成作品等详细资料来完成对学习过程中的学生情况评定。然而教育是有目的指向的，在一次次独立的语文综合性学习之后，应该长期跟踪学生在一个阶段的学期结束后，也应有对整个学期的总结评价。但在教学实际中，由于时间，教学任务的安排以及学期末的统考等诸多因素，语文综合性学习的总结性评价基本上是缺失的，即使有，也很难形成连贯系统的评价。没有终结性评价的总体把握，我们很难整体了解学生在这一阶段学习的实际效果，也不利于及时反馈信息发现存在的问题，调整改进教学。

5.综合性学习资源不丰富

过于依赖语文课本，将教材中的内容作为学习开展的唯一，缺乏课程开发意识，不去或不愿联系学生生活，联系社区和学校的实际来开发学习资源，导致学生学习兴趣低下。

6.指导不得法

把语文综合性学习放在课堂上按部就班地进行，学生兴趣不浓；教师或包办代替津津乐道，或放任自流不加引导，或指导不得法、不具体。

7.评价易受主观干扰

语文综合性学习注重发挥学生的主观能动性，让他们作学习的主人，引入多种评价主体，利用学生自评、互评、师评、家长评等方式展开评价。这种设计意图重建学生学习的主体地位，本意是好的，但这种多主体的评价方式给语文综合性学习的实施带来了极大的挑战，众多的参与人员彼此阅历不同、角度不同，因而评价结果因人而异，加之语文学科的评价结果本身具有一定的模糊性，因而在活动中不可避免地会出现不同评价结果，甚至产生争执。当学生自评或互评时，由于他们的心智尚不成熟，对事物的评判或许还很稚嫩，自评和互评常常达不到期待的效果而流于形式。还有个人喜好问题，当评价到自己的朋友时，学生们大多都是赞赏的，而对于关系不好的同学，他们的评价则要尖锐得多。既使是老师评，也存在个人倾向，对于喜欢的孩子，老师们肯定和鼓励自然比较多，而对于通常表现不佳的学生，则很难获得肯定。任何评价如果不能客观、公正，必然会带来负面影响。语文综合性学习评价中的这些主观性的干扰因素往往直接导致了对孩子们评价的客观性、公平性的缺失，那带给学生的不是学习的喜悦和收获，而是内心的不平和心灵的创伤。这与语文综合性学习的目标背道而驰。如何化解语文综合性学习评价中的这些主观性干扰呢？这是值得我们认真研究的课题。如何才能在实践中充分发挥教师在语文综合性学习评价中的作用呢？我认为应该给语文综合性学习的实践者——教师，提供系统的学习、培训机会，加强从理论到实践的各个环节的培训指导，帮助他们尽快适应新的角色变化。

第三节　小学生语文综合性学习素养评价实践指南

一、评价标准依据《语文课程标准》

小学语文综合性学习是一种综合听说读写的课程目标，综合多种多样的学习方式，在小学语文学习中渗透多种学科知识与能力的实践活动。综合性学习主要体现为语文知识的综合运用、听说读写能力的整体发展、语文课程与其他课程的沟通、书本学习与生活实践的紧密结合。小学语文综合性学习的阶段目标如下：

学段	目标和内容
第一学段（1～2 年级）	1.对周围事物有好奇心，能就感兴趣的内容提出问题，结合课内外阅读共同讨论。 2.结合语文学习，观察大自然，用口头或图文等方式表达自己的观察所得。 3.热心参加校园、社区活动。结合活动，用口头或图文等方式表达自己的见闻和想法。

续表

学段	目标和内容
第二学段（3～4 年级）	1.能提出学习和生活中的问题，有目的地搜集资料，共同讨论。 2.结合语文学习，观察大自然，观察社会，用书面或口头方式表达自己的观察所得。 3.能在教师的指导下组织有趣味的语文活动，在活动中学习语文，学会合作。 4.在家庭生活、学校生活中，尝试运用语文知识和能力解决简单问题。
第三学段（5～6 年级）	1.为解决与学习和生活相关的问题，利用图书馆、网络等信息渠道获取资料，尝试写简单的研究报告。 2.策划简单的校园活动和社会活动，对所策划的主题进行讨论和分析，学写活动计划和活动总结。 3.对自己身边的、大家共同关注的问题，或电视、电影中的故事和形象，组织讨论、专题演讲，学习辨别是非、善恶、美丑。 4.初步了解查找资料、运用资料的基本方法。

二、小学生语文综合性学习评价建议

语文课程评价的根本目的是为了促进学生学习，改善教师教学。语文课程评价应准确反映学生的学习水平和学习状况，全面落实语文课程目标。应充分发挥语文课程评价的多重功能，恰当运用多种评价方式，注重评价主体的多元与互动，突出语文课程评价的整体性和综合性。要根据不同年龄学生的学习特点，按照不同学段的课程目标，抓住关键，突出重点，采用合适方式，提高评价效率。小学语文综合性学习的评价应该遵循语文课程评价的规律，结合语文综合性学习的特点，按照以下七点建议，积极开展评价活动。

1.评价必须充分发挥语文课程评价的多种功能

语文课程评价具有检查、诊断、反馈、激励、甄别和选拔等多种功能，其目的是为了考察学生实现课程目标的程度，检验和改进学生的学习和教师的教学，改善课程设计，完善教学过程。语文综合性学习的评价，也应发挥语文课程评价的多种功能，尤其应注意发挥其诊断、反馈和激励的功能，有效地促进小学生的发展。

开展语文综合性学习评价的目的不是用来衡量学生的优劣，分出等级，而是给小学生发展个性、展示潜能提供机会和舞台。所以对语文综合性学习的评价，主要是发现和发掘小学生的“闪光点”，并给予表扬和激励，小学生特别容易受到教师评价的影响，教师的正面表扬、肯定性和激励性评价，既可以帮助小学生认识到自己的学习潜能，提高自信心，激励他们学习的内驱力，又可以激发小学生参与活动的热情和积极性，使其在积极主动的状态下学习。

2.评价要恰当运用多种评价方式

形成性评价关注学习过程，有利于及时揭示问题、及时反馈、及时改进。终结性评价关注学习结果，有利于对教学活动做出总结性的结论。形成性评价和终结性评价都是必要的。语文综合性学习应加强形成性评价，注意收集、积累能够反映学生语文学习与发展的资料，可采用成长记录袋等各种方式，记录小学生综合性学习的过程。对小学生语文综合性学习的日常表现，应以表扬、鼓励等积极的评价为主，采用激励性的评语，从正面加以引导。

要坚持定性评价和定量评价相结合，全面反映学生语文综合性学习的状态及水平。评价方法除了纸笔测试以外，还有平时的行为观察与记录、问卷调查、面谈讨论等各种方法。语文综合性学习具有重情感体验和感悟的特点，更应重视定性评价。学校和教师要对学生的成长记录和考试结果进行分析，评价结果的呈现方式除了等级或分数以外，还可用小学生代表性的作品，或者采用老师或家长有代表性的客观描述来评价小学生语文综合性学习的情况。

3. 评价要注重全面评价与差异评价相结合

全面评价是针对全体学生而言，针对全程而言的。小学生是有个性的，是千差万别的。因此，对小学生的评价，在坚持全面性的同时，也要坚持差异性,以此来鼓励学生在基本素养全面发展的基础上发展特长,发展个性。加德纳的多元智力理论认为,人的智力是多元的,人除了有言语—语言智力和逻辑—数理智力,还有视觉—空间智力、音乐—节奏智力、身体—运动智力、人际交往智力、自我反省智力、自然观察者智力和存在智力。这个理论提醒我们:每个学生都有自己的智力强项和独特价值,对所有的小学生都采取相同的评价标准是不公平的。因此,我们应该充分考虑小学生发展的多样性和个体发展的差异性,以差异性的评价来引导,帮助学生的个性发展。评价着眼点上,由注重结果转变为注重过程。语文综合性学习是通过一个个项目来展开的,评价应侧重于学生在学习过程中形成语文素养,而不是通过学习所获得的结果。因此,对语文综合性学习的评价应把着力点放在过程上,既要看项目的确立是否有价值,内容设计是否具有可探索性,探究的方法是否科学,又要看实践活动是否做到全员参与和全程体验,还要看学生在活动中的合作态度和合作能力,以及在活动中主动发现问题和探索问题的能力。

4.评价要注重评价主体的多元与互动

应注意将教师的评价、学生的自我评价及学生同伴之间的相互评价相结合,加强学生的自我评价和相互评价,促进学生主动学习,自我反思。评价要理解和尊重学生的自我评价与相互评价。要尊重学生的个体差异,有利于每个学生的健康发展。根据需要,可让学生家长、社区、专业人员等适当参与评价活动,争取社会对学生语文学习的更多关注和支持。

5.评价要突出语文课程评价的整体性和综合性

语文课程评价要体现语文课程目标的整体性和综合性,全面考察学生的语文素养。应注意识字与写字、阅读、写作、口语交际和综合性学习五个方面的有机联系,注意知识与能力、过程与方法、情感态度与价值观的交融、整合,避免只从知识、技能方面进行评价。

6.评价要着重考察语文综合运用能力、探究精神与合作态度

主要着眼于学生在综合性学习过程中的表现,如是否能积极参与活动,是否能主动提出问题,还有搜集整理材料、综合运用语文知识探究问题、展

示与交流学习成果等方面的情况。第一、第二学段要较多地关注学生参与语文学习活动的兴趣与态度。第三学段要多关注学生在语文活动中提出问题、探究问题以及展示学习活动成果的能力。各个学段语文综合性学习的评价都要着眼于促进学生提高语文水平的效率,并有助于他们扩大视野,更好地掌握学习语文的方法。

7.评价要鼓励学生运用多种方法,从不同的角度进行探究

要充分注意小学生解决问题的思路和方法。对有新意的思路和表达以及有特点的展示方式,尤其要给予足够的重视,通过多元、互动、多样的评价方式,促进学生运用多种方法,从不同的角度进行探究。

8.评价要关注小学生语文综合性学习的六个方面

一是小学生在活动中的合作态度和参与程度;二是小学生能否在活动中主动地发现问题和探索问题;三是小学生能否积极地为解决问题去搜集信息和整理资料;四是小学生能否根据占有的课内外资料,形成自己的假设或观点;五是小学生语文知识和能力综合运用的表现;六是语文综合性学习成果的展示与交流情况。

《义务教育语文课程标准(2011 年版)》对语文综合性学习活动提出了四个侧重点:一是突出综合性学习应贴近生活,强调在实现语文学习目标的同时,追求积极、健康、和谐的生活方式,增强在与自然、社会和他人互动中的应对能力;二是强调了教师在综合性学习各环节中的指导作用;三是突出了开放、多元的综合性学习设计,明确倡导跨领域学习、跨学科学习;四是进一步强化了评价的整体性、过程性与多元化。因此,语文综合性学习活动的评价必须从课标的维度来展开。

9. 评价要融入游戏化评价

小学生语文综合性学习的评价不应总是以严肃和冷酷的面目出现,教师应努力结合小学生的学习兴趣开发出新型的评价方法,让评价不再是一种身心的折磨,而是小学生乐于参与,并能在其中得到快乐和成长的一种活动。游戏化评价就是这样的一种评价方法。所谓游戏化评价是指教师根据小学生的特点和评价目标,有意识地为小学生创设有问题设置的游戏情景,

并与小学生一起设定相应的游戏规则，让小学生参与游戏，并根据小学生在游戏中解决问题的表现，按照游戏规则给予学生相应的奖惩。在语文综合性学习中通常可以采用的游戏化评价方式有字谜游戏、对对子、成语接龙、故事接龙、填空高手等。游戏化评价有较强的趣味性和一定的竞争性，表现好了不但能获得成功的体验，而且还会得到相应的奖励，即使失败了，游戏的惩罚也大都是善意的，比如给大家表演一个节目，学生没有太沉重的心理负担。所以游戏性评价不仅能激发学生参与兴趣，更能让学生在游戏中得到善意的评价，在游戏中获得成长。

三、小学生语文综合性学习评价的方法

当下的语文教育，日常的期中期末测试的方法多半是平面的纸笔测试，这种方法能较好地测量学生在认知领域的学习情况，而对于立体的、多维的思维、能力、情感、意识等领域就难以考量评价。语文综合性学习的评价目标更看重考察学生的探究精神和创新意识，尊重和保护他们的学习自主性，鼓励他们进行个性化的探究，凸显语文综合性学习综合性、实践性、个体差异性、开放性等特点，我们只有综合运用多种评价方法，才能更好地贴合语文综合性学习的实际。语文综合性学习强调过程与结果并重，因此我们既需要终结性评价，也需要形成性评价、表现性评价。

（一）形成性评价

形成性评价是相对终结性评价而言的，又称过程评价。它主要针对教育过程中学习效果的评定。语文综合性学习与其他课程形态的不同是对学生过程绝对的重视。对语文综合性学习而言，参与过程往往就是目标。语文综合性学习主要由一系列的专题学习活动组成，关注学生在专题学习活动中的表现，重点考查学生在活动过程中的参与及投入的程度，学生之间的交流合作情况，是否具有提出问题、解决问题的主动精神，知识的综合运用及能力的综合表现，形成什么样的判断和观点，学习成果的展示方式及效果，获得什么样的体验和经验等……通过对活动的观察，学生的活动完成情况，和自评、互评等多种方式，收集学生语文综合性学习活动的反馈资料，及时掌握学生专题活动学习的效果，并将综合的信息及时反馈给学生。语文

综合性学习形成性评价的主要方法有学生自评与互动的评价，教师评价和档案评价法。

1.学生自评

除了综合性学习之外，语文教学中的评价都是由学校和老师主导的。学生只是被评价的人。评价什么内容？用什么方法评价？评价结果的评定标准又是如何设定的？这些决定权主要在教师和学校。只有在语文综合性学习的活动中，学生才被赋予更多的评价权，他们不再仅仅充当被动者的角色，可以评价他人，也可以评价自己，这是语文综合性学习的一个创新。建构主义理论启示我们，学习的实质是学习者主动形成认知结构，学生个体能动性在学习过程中十分重要，是学习者积极、主动地建构知识的过程。学生自评主要采取自我陈述评定和自我等级评定的方法。陈述法即学生自我陈述在语文综合性学习过程中的表现，并做出分析和评判。如自己在小组分工协作中如何与组员合作完成学习任务，过程是否顺利，存在哪些问题。而等级评定则是学生自己依据统一的评价内容和评价细则，对自我的表现给予等级的评定。如在活动的展示过程中若能条理分明、仪态大方、语言流畅、声音洪亮、表达清晰，就可以依据评判标准，自我评定“展示能力”为“优”等。在语文综合性学习评价中设置学生自评的环节，作为一项硬性要求，逼迫学生必须认真对待学习活动过程，鞭策他们积极投入活动，积极参与小组合作交流，促使他们对自己参加的综合性学习及时总结，及时反思，及时改进。

2.互动评价

在语文综合性学习过程的评价中，互动评价通常是以四人小组或六人小组为单位，对每个成员在活动过程中的表现由他人进行客观、公正的评价，互动评价在一定程度上提供了学生间相互沟通与学习的过程，培养了学生的合作探究意识。在这个过程中，教师会发现在学生心中没有表现出来或表现得并不充分的思想、看法、判断等；学生也会发现同伴身上的长处和闪光点。对于同一个问题，有的人能分析得头头是道，而有的人只能泛泛而谈。不同的表现也让学生近距离认识到了自己与同伴的差距。为了获得认可，他们会努力向更高标准看齐。同时，获得成功的体验，更好调控自己的学习。语文综合性学习的活动评价设定这一环节，创设了一种民主、轻松、开放的氛围，鼓励学生积极参与讨论与评价，通过交流，理清思路，达成共识，加深同学间的理解和友谊，也利于消除不同观点间的分歧，促使全体同学对评价的结果达成共识。这些既能提高学生的语文素养，又重拾了他们的学习兴趣。在互动评价环节，应鼓励小学生大胆说出真实想法，指出他人不足所在，但也应提醒他们，对同学的评价应以促进发展为目的，注意客观、语言文明。

3.教师评价

语文综合性学习提倡让学生做学习的主人，尊重他们学习的主体地位，亦将其列为评价的主体之一，但教师的评价是有效评价的前提和必要引导。教师的评价既包括对综合性学习活动开展过程中学生的活动表现，其中包括学生自评及互评的情况，包括对学习成果的评价，也包括每次专题活动结束后，或学期中、学期末阶段性学习完成后的总结性评定。从形式上分，教师在语文综合性学习中的评价方式主要包括话语评定、书面评定、等级或分数评定三种。话语评定主要是在日常的语文综合性学习活动过程中，教师对学生的活动表现及成果展示给予的言语性意见或建议。当然，也包括学生自评及互评过程中教师的肯定性话语和引导。在这一过程中，教师既要做好整个活动的推进者，又要转换角色，当好学生学习的合作者。同时应鼓励学生大胆充分表达自我的看法。书面评定没有固定的要求，但应针对学生的特点，保持理性客观的态度，主要原则还是以鼓励肯定为主。教师应充分肯定学生的优点和进步，也要点明学生有待完善和改进之处，书面评定切忌话语雷同，让学生觉得对谁都一样，没有针对性，这样的评定是收不到促进学生成长的作用的。分数或等级评定要求教师依照学生的表现，依据客观的评判标准，对全体学生进行分数或等级的确定。它是对话语评定和书面评定的有效补充。在进行等级或分数评定时一定要明确划分等级的评价内容和评定等级标准，力求客观公正。

教师的评价要掌握全局，但不一定贯穿整个语文综合性学习活动的全程，教师应根据每次语文综合性学习活动专题的需要，适当的、有选择的、有针对的进行评价。在语文综合性学习中，教师的评价应该为学生的评价作表率，示范给他们。

4.档案袋评价法

档案袋评价法，顾名思义即为小学生建立档案，收录他们在语文综合性学习中的表现和成果。它是根据一定的学习目标和计划安排，收集学生持久的学习表现信息。其记载内容应是真实的、有代表性的。档案袋是由学生自行制作完成，里面应记录有每次综合性学习活动中学生个体的表现评价：学习成果（习作、手抄报、手工作品、图片、照片、奖状等），语文基本能力的表现及精神品质方面的表现，还有每次专题活动中的表现，学生听、说、读、写综合技能的相关资料和记载，包括学生自评，互动评价及教师评价的文字记录等。这些资料应该能够全面、真实、客观反映出学生在每一次语文综合性学习活动中的投入程度、实际活动能力、情感态度价值等，并在对这些资料收集以后，认真总结分析，形成学生个人在专题学习活动中的成长发展记录报告。

档案袋评价法的优点在于，首先，它能长期地、持续地并且详尽地保存学生在每次语文综合性学习活动中的基本情况和表现成果，为了解学生在连续的阶段学习过程中的发展成长情况，以及分析评价学生的实际表现，提供了宝贵的第一手资料。其次，档案袋中保存了每一个学生在每次语文综合性学习专题活动中的选题、分工、表现及学习成果和相关的学生自评、互评等评价资料，这是学生在真实的、自然的活动中的实际表现，这样获得的资料更具有参考价值，它不同于我们以往通过严格紧张的标准化测试得到的分数成绩，那样的评价结果并不能反映学生真实学习水平，充其量只能反映出学生对知识的识记和积累情况，对全面提高学生的语文素养，培养他们能力和创新思维的目标意义不大。档案袋评价更侧重记载学生在每次语文综合性学习专题活动过程中的经历和表现，并且这种记载既面向老师，为他们提供评价学生的诊断信息，也面向学生。每个学生都参与建立整理自己的档案袋，并且直接面对关于自己在语文综合性学习专题活动中表现的各方面意见和指导，这是学生自我认知的不断建构过程，也是他们不断反思自我、改进自我、肯定自我、获得成长的过程。

（二）终结性评价

语文综合性学习独特的学习方式和特质，决定了对其评价的重点首先应是关注学生学习活动的过程，但由于形成性评价关注的学习表现和效果，以及能力、情感态度价值观等领域的评定结果，往往带有个人情感因素，由学生自评、互评、教师评、家长评都很难摆脱评价者的主观因素干扰，因此，很难做到在操作过程中，始终保持客观、公正。而且，评价过程耗时较长，在教学安排紧张的情况下，有效评价时间难以得到保证。因此，仍需要终结性评定方法作为必要的补充方法。

1.总结性评价

语文综合性学习评价的目的是为促进学生语文素养的全面发展，能力的实际提升。在实现评价的这种促进发展的功能过程中，总结性的评价必不可缺。总结性评价主要应由教师来实施。通过教师和学生的对话、书面交流对学生进行渗透引导，这种引导应是正面的、积极的、效度较高的，最重要的是能被学生接受的。语文学科人文思想内涵丰富，重视学生的情感体验与感悟。因此教师的评价应理性与感性兼而有之，才不缺失“语文味”。这种评价应富有人情味，利于促进学生与老师、学生与学生间的关系，使之更为融洽，向着更好方向发展。教师在对学生鼓励时应该抓住适当的时机和代表性事件，使学生感觉到老师的表扬是基于事实的，才能收到更佳的激励效果。在指出学生学习中存在的问题时，应切中要害，耐心与学生分析原因，并为其指明方向，让学生体会到老师发自内心的关怀和殷切的希望。总之，这种评价应客观、公正、富有针对性，同时又不失鼓励。

2.纸笔测试

标准化测试是现行的教育体制范围内，实施范围最广、时间最长、成熟度最高的评价方法。由于其在实施过程中出现一系列的问题而备受质疑，才有了“应试教育”这个词的诞生。因而在推行“素质教育”的今天，语文综合性学习的评价也排斥标准化测试。其实，任何方法本身没有好坏对错之分，只有适合不适合的问题，关键看用在哪儿，怎么用。不存在能解决所有问题的方法。我们拿标准化测试考查语文综合性学习的活动过程，肯定是不行的，但拿它来进行阶段总结性评价却是可以的。它的客观性、标准性，易于操作，省时省力，成本较低等特点正好弥补了形成性评价的短板，构成了形成性评价的必要补充。我们的各种方法即使再好，但如果由于时间、经费等问题而无法实施时，标准化测试的这些优点就体现出来了。这或许也是标准化测试广受指责，却仍无法被取代而沿用至今的原因吧！

如今的一些大型考试如中考、高考中，语文综合性学习的试题引起了师生的高度重视，其分值呈不断上升的趋势。这些试题类型大多较为新颖，多以主观题为主，模拟综合性学习活动场景设置问题，呈现实践化倾向，评分标准也日趋合理、完备。我们欣喜地看到，标准化测试也在“与时俱进”。相信如果运用得当，标准化测试也可以为语文综合性学习所用。

第四节　小学生语文综合性学习素养评价实践探索

一、小学生语文综合性学习成长记录袋评价简介

（一）语文综合性学习成长记录袋评价特点

成长记录袋来源于意大利语，有文件夹、公事包或代表作选集等多重含义，也有人将其译为档案袋、学习档案、档案录或成长记录。语文综合性学习成长记录袋评价就是运用成长记录袋评价的原理让学生、教师、家长共同收集学生一定时期内有关某一个或几个语文综合性学习活动过程，记录学生自己、同学、教师、父母等做出评价的有关材料，如小学生参与语文综合性学习活动记录表、参与各种语文综合性学习活动的照片、参加各种综合性学习活动获奖的奖状或荣誉证书、语文综合性学习阶段性评分表等，以此来记录学生语文综合性学习的过程，评价学生语文综合性学习的状况，促进学生语文综合能力、探究精神和实践能力的提升。其主要特点

是有以下五点。

1.及时性

小学生语文综合性学习成长记录袋和综合素质成长记录袋的基本情况是一样的,及时记录小学生语文综合性学习发展的点点滴滴,随着时间的推移,记录袋中的内容越来越丰富,能够看到学生不断的进步和存在的不足。老师及时地将这些信息反馈给学生,促使其不断反思、改进,最终实现激发学生积极性、提高综合性学习水平的目的。因此语文综合性学习记录袋创建过程中,必须不断设计语文综合性学习的活动场景、情境和具体活动,并多鼓励小学生参与。小学生参与语文综合性学习活动多,积累的材料就多,获得的进步也就越大。可见,活动内容更新及时是语文综合性学习成长记录袋评价区别于其他传统评价方法的一大特点。

2.主体性

在语文综合性学习成长记录袋中,挑选和收集学生语文综合性学习的资料、制订评分规则、总结及反馈等过程都需要学生参与,在这个过程中,学生自我评价是促进学生积极反思、自主提高的动力。也就是说,学生自始至终都在参与评价,他(她)们既是被评价者也是评价者,在整个成长记录袋评价中,学生自我评价的主体性十分突出。学生因为积极地参与到评价自己的活动中,可以享受到获取知识、发现并解决问题的愉悦,在把自己的成长记录袋与他人互评及家长、老师的评价过程中,能自我明确自己的语文综合素养发展状态,学会更关注自己的学习,养成自评的良好习惯。

3.过程性

随着新课程的改革步伐,评价的方式已从关注结果的评价转为注重成长过程的评价,语文综合性学习成长记录袋评价就是在对语文综合性学习过程性评价中,忠实地记录下学生学习、生活中语言交流的场景、美好的展示瞬间、获得的荣誉等等,能够挖掘学生的闪光点,展现学生的成绩与不足,从而反省目前的能力水平及其计划未来发展的方式。

4.激励性

在实施记录袋评价的过程中,我们常用这样一句话激励学生:“我努力,我进步,我快乐!”每个学生都有展示自我的愿望,当学生和同伴、老师或家长一道欣赏记录袋时,学生会自豪地夸奖自己获得的每颗星,欣赏自己一次次精彩瞬间的真实记录……学生会自觉地把自己的现在和过去比较,清楚地看到自己每一点每一滴进步,那种成就感是美妙的、无可言状的。

5.趣味性

在日常学习生活中,教师可以指导学生,根据自己的个性特长,选择参加有趣的语文综合性学习活动,选用多彩的有趣的呈现方式,展示自己取得的进步和成绩。孩子天生喜欢新奇,当发现自己可以作主在成长记录袋里放进许多有趣的活动材料,自己平时表现的许多好玩的镜头被保存了下来,借助交流的平台可以互相交流各自的得失,看到彼此的长处和不足,充满趣味的操作方式会极大调动学生参与语文综合性学习的积极性。

(二)语文综合性学习成长记录袋评价的意义

1.记录小学生语文综合性学习的过程

传统的教学评价,学生只能获得自己在学科学习上的最终等级或分数,家长能够了解到的,也只是孩子的学期或学年的学习成绩,即报告单上语文的等级或分数,不可能知道孩子在语文综合性学习发展过程中的具体变化,更不知道自己孩子在语文综合性学习方面是否得到锻炼,参加了哪些活动,结果怎样,当教师用语文综合性学习成长记录袋来对学生进行评价时,把学生平时的语文综合性学习痕迹都保留下来,学生对自己参加的有意义的语文综合性学习活动场景可以通过记录袋再现,孩子会无形中增加幸福感和自豪感。经常使用成长记录袋评价,教师、学生、家长对于“学习成绩等于学生发展”的错误看法也会产生根本性的变化。

2.诊断语文综合性学习领域的问题

每一个孩子都是有差异的,如何寻找他们的差异,以及在“差异”的基础上提供“差异”的教学与指导,一直是“因材施教”努力的方向。

成长记录袋评价中,基于语文综合性学习评价的需要,要收集反映每个学生语文综合性学习现状和发展的过程性真实材料,这些材料会有个性化的特征。因此,加强记录袋中资料的分析,可以让教师深入地了解学生的实际情况，诊断存在的问题，包括背后的动因。比如一个班级在记录袋中设有“夺星擂台”这一空间，有分类阅读之星和信心指数等自我评价，教师根据不同孩子形象化记录，就会知道他们在语文综合性学习中的优势或不足，从而帮助教师把握学情调整教学，也可以有针对性地指导孩子的语文综合性学习发展。

3.激发小学生的主体意识和反思意识

学生参与是成长记录袋评价的重要特征，在建设过程中，学生收集什么材料，存放哪些活动留下的美好瞬间，具有绝对的选择权，学生还可以参与记录袋的评价标准的制订，可以主动与他人分享自己的学习经历与收获，这样能有效激发学生学习主动性与内在动机。

学生反思意识是成长记录袋评价的重要关注点，在记录袋评价中，教师和学生共同讨论评价标准，教师引导学生回顾和分析里面存放内容的过程，都有助于引发学生的自我评价和反思，有时候，记录袋的内容也可以包含反思，比如在记录袋中设有“我的回味卡”这一空间，学生对于自己每次活动中倾听、表达、交流等能力就会进行反思，明确以后努力的方向。因此，记录袋评价对学生的主体意识的激发贡献很大。

4.有效引导小学生语文综合性学习素养的发展

记录袋因其内容的具体性、连续性，对学生发展的引导会起到积极作用。有一位老师在使用了一个学期的记录袋后说：“在这一阶段的研究中，我是摸索着前进的，但我确实感受了学生的变化。以前我们在班级里也做了许多语文综合性学习的活动，比如课堂上的同桌讨论、小组汇报展示、交际课中的情景表演、小小故事会等等，但是随着时间的推移，很多就淡忘了，在语文综合性学习能力发展中只是凭印象说谁谁进步了，到底哪方面进步了，没有事实可以说话。现在不同了，孩子们争相参加各种交流的平台，希望自己的美好瞬间能被老师拍下来存入记录袋中，所以遇到语文综合性学习的任何一次机会都会努力做好。”记录袋特别能帮助那些能力弱的学生，每个人都希望自己的记录袋内容不是空空的，而且可以清楚知道自己哪方面薄弱需要努力。

5.有利于教师提高语文综合性学习的教学水平

语文综合性学习成长记录袋的评价过程中，教师通过评价记录袋中的内容来了解学生的语文综合性学习发展状态，发现班级学生的共性与个性问题，总结以往教学中的成功经验，也分析和判断既往的教学在哪些地方有所忽视，以便帮助查找原因，有助于教师的专业发展。

总之，小学生语文综合性学习成长记录袋的建立和使用，使学生通过参与，学会反思和对自己的进步与努力进行判断，为教师最大程度地提供了有关学生语文综合性学习发展的重要信息，有助于教师将评价与教育、教学融合在一起，与课程和学生的发展保持一致，提高了评价的效度。同时语文综合性学习成长记录袋展示了小学生在各项活动和学习领域中所取得的语文综合性学习的效果，使学生比较全面地了解自己，由此培养学生的自信，激发学生学习的兴趣，促进学生不断进步。帮助家长和教师充分了解学生在某一时期内所取得的语文综合性学习成就及个性特长，引导家长和教师从单纯学生考试名次转向关注学生全面发展，发现孩子闪光点。

（三）语文综合性学习成长记录袋评价方法及原则

《基础教育课程改革纲要（试行）》指出："评价不仅要关注学生的学业成绩，而且要发现和发展学生多方面的潜能，了解学生发展中的要求，帮助学生认识自我，建立自信。发挥评价的教育功能，促进学生在原有水平上得到发展。"

"小学生成长记录袋"的实施着眼于"立足过程，促进发展"的课程评价要求，注重评价主体的多元化，注重对学生学习和发展过程的评价，重视评价内容的多样性，通过真实、深入地再现小学生的发展过程去引导、鼓励和促进小学生的发展，为小学生的成长提供良好的条件。

1.评价的主要方法

（1）小学生自我评价。小学生收集成长记录袋的资料不是目的，而促进小学生的进步与发展才是其主要用意。因此，教师不但要经常为小学生提供展示、交流成长记录袋的机会，还要尽量和他们一起回顾成长的历程。让小学生把各自的成长记录袋带到教室里互相看一看，评一评，展示自己的收获,体验成功的快乐。每到这时,小学生的成就感都会得到极大的满足。也可以让家长参与到孩子展示、交流成长记录袋的活动之中,使家长不仅能了解自己子女的成长状况,也能展开比较,学习别人好的做法,同时提高家庭教育的水平。

> **案例:**H 市 B 区某小学自孩子一入校就给每个孩子准备一个语文综合性学习成长记录袋,语文老师每半个学期会请孩子对成长记录袋进行班级分享,大家先在自己的小组里把自己的记录袋打开,看看半个学期里,每个人参加了哪些活动,谁的成长记录袋整理得最漂亮,大家都取得了哪些进步,然后在小组里选出最佳记录袋拿到班级交流分享,几个组选出的最佳记录袋在班级里漂流,每个同学针对自己的记录袋谈谈感想,说说下一阶段自己在哪些方面还需要努力,班级里好的记录袋会到年级漂流,成为年级学习的榜样,甚至会放进学校的图书馆进行展览,调动参与热情与学习兴趣。

(2)同伴互助评价。同伴参与主要体现在对语文综合性学习过程的评价上,这种评价的重要作用在于作为评价者与被评价者两个方面。同伴作为评价者,通过对他人语文综合性学习发展过程的评价,不仅能够学习他人长处,还可以不断地提高自身的鉴赏能力与批判性思维能力。从被评价者角度看,同伴对自我改进起到有效的促进作用;另外,与教师或家长相比,同伴与同伴之间不仅有更多的时间进行交流,而且这种平等的交流能够促进他们学会与人合作或进行合理的竞争,指导他们学会正确看待他人的进步与不足等。当然学生的评价能力是有限的,老师也要在这方面作相关的指导。

(3)家长参与评价。特别是低年级的孩子,动手操作能力较差,更需要家长的参与。要指导家长留意孩子在家庭或社会上的语文综合性学习内容,帮助孩子收集语文综合性学习的过程性资料,定时对孩子的语文综合性学习的表现进行评价。引导家长经常与自己的孩子一起欣赏“成长记录袋”内容,看到自己孩子的每一点进步与不足,及时进行鼓励或指导。引导家长在家庭教育中能针对孩子的语言实际有的放矢,帮助孩子成长,记录孩子的进步。

> **案例:**在H市B区某小学有一道奇异的风景线,家长来学校参加任何一项活动都拿着相机,他们已养成习惯,把自己孩子在各种活动中的场景拍下来,用以丰富成长记录袋的内容。利用成长记录袋对孩子进行过程性评价,光靠学校的努力是远远不够的,就拿语文综合性学习成长记录袋来说,孩子在校园里参加语文综合性学习活动只是学习的一部分内容,孩子在家庭里、社会上往往更放松,语文综合性学习的环境更真实,适合孩子锻炼语文综合性学习能力,所以让家长用相机记录下一些镜头,经常参与到语文综合性学习评价之中,对孩子的促进作用会很大。

(4)教师指导评价。成长记录袋创建后,可以由学生自己保管,也可以由教师保管,还可以委托家长保管。教师可用文件架将全班同学的记录袋陈列出来放在教室或办公室里,学生随时可以添加新内容,教师可定期对学生进行指导,反馈资料收集情况,充分肯定长处,分析诊断问题,提出激励性的改进建议。为保持学生的兴趣与积极性,老师可利用一切可利用的时间和途径,组织学生进行交流分享,给每一个学生以展露才华和向别人学习的机会。可以先小组交流,再全班汇报。每个组员先介绍记录袋中自己最精彩的、最有价值的或值得反思的内容,然后由各小组选出代表在全班交流。有时还可以举办班级成长记录袋展览,把家长请来,让家长听孩子们的介绍,观看学生的记录袋,增强家长与家长之间、家长与学生之间、家长与老师之间的交流沟通,形成齐抓共管、协作共进的评价方略。

(5)利用网络评价。利用网络,给每个学生建立空间,在空间中建立《语文综合性学习成长电子记录袋》,引导每个学生及时上传语文综合性学习评价实证材料,组织家长、学生和老师通过网络对学生语文综合运用能力、探究精神与合作态度的现状给予客观评价。

总之,我们所进行的成长记录袋评价,将评价伴随孩子学习、生活的全过程,采用观察、记录、表格、网络等灵活、多元、开放的评价方式,将分项测评和阶段综合评价相结合,全面评价学生语文综合性学习的过程,使学生发现自己的闪光点和特长,体会到解决问题、提升语文素养的成功与喜悦。

2.评价遵循的原则

(1)过程性原则。注重学生成长发展的过程,将评价与记录贯穿于日常的教育教学行为中,渗透于每个孩子每天的生活全过程,使学生成长记录袋评价真正成为过程评价。

(2)反馈性原则。要将评价的结果以科学的、恰当的、具有建设性的方式反馈给学生本人,促使其最大限度地接受,从而对自身建立更为客观、全面的认识,促进其进一步的发展。

(3)激励性原则。学生成长记录袋所要求进行的评价活动和过程为学生提供了一个自我展示的平台和机会。要鼓励学生积极参与并展示自己的才能和成绩,在活动和过程中获得成功的愉悦,为自己的进一步发展提供动力。

(4)互动性原则。本项评价与记录是教师、学生、家长共同参与的交互活动。要在评价活动过程中指导学生学会合作与交流,学会悦纳自己和他人,使学生在情感体验等方面得到进一步发展。

(5)创新性原则。随着孩子使用记录袋时间的加长,记录袋的外形及内容要发生变化,免得孩子产生审美疲劳,对一成不变的样式产生厌倦,所以根据孩子的兴趣、爱好、特长,材料的收集越来越个性化。

二、小学生语文综合性学习成长记录袋实践探索

成长记录袋的建设是记录袋评价的核心,它关系着评价的方向,评价的准则以及评价最终目标的实现。

记录袋里能装什么?一般来说,小学生认为最能反映他语文综合性学习成绩以及能够标识其成长重要足迹的材料都可以装进去,也会装进老师、家长、同学对其语文综合性学习方面进行的阶段性评价和鼓励。记录袋里既会包含学生优势的具体表现,又包含其不足的表现和反思,因此利用好记录袋中的材料和内容,可以极大地发挥每一个学生的积极性和主动性。

语文综合性学习成长记录袋里装什么

记录袋中装些什么是有学问的。它既要记录学生的成长过程,还要激发学生的兴趣,更要避浮华而就真实,体现学生的真实自我。

当你走进某某小学的班级时，你会发现美丽的书架下面专门有一格放着花花绿绿封面的袋子，拿起来一看，原来是“语文综合性学习成长记录袋”，它记录了每个班几十个孩子每个学期口语交际活动的美好记忆，他是老师创新评价改革的一个举措，他使家长、老师、学生更加关注孩子语文综合性学习情况。“成长记录袋”各班级各有创新，总体包括以下内容：

1.封面：“学生成长记录袋”的封面各班可以统一格式，也可以让学生发挥各自的聪明才智设计封面，可以把自己最满意的照片贴在上面，爱绘画的同学可以在封面上画自画像，并根据自己的特点写上姓名，如：爱唱爱跳的×××等。还可以给自己的记录袋取一个富有诗意的名字，如：“成长的足迹”“小手在变大”等。这一空间主要是向别人介绍自己。

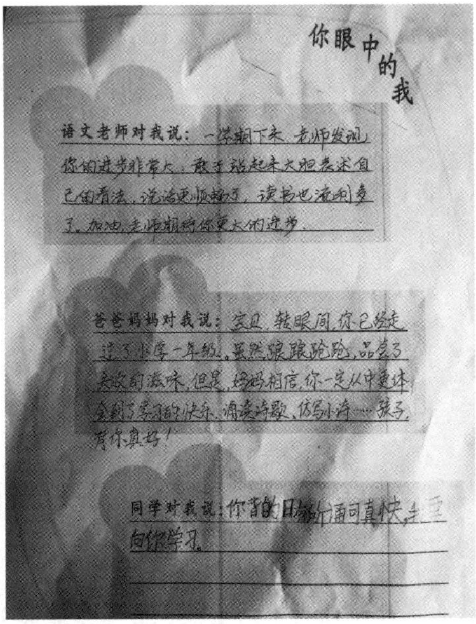

2. 目录：根据后面具体内容设置。

3.具体内容：

（1）“你眼中的我”：这个空间是交流的空间，可以装好友对自己的评价，老师对自己的评语，家长对自己的看法，从中看出自己是否进步，听取别人的批评，接受别人的夸奖，感受自己在别人眼中的形象。

（2）“我的夺星擂台”：主要将孩子们在讲述故事、朗读比赛、辩论赛中的表现用评星的方式动态地展示出来，“夺星擂台”的内容可以结合日常教学根据班级实际和教学要求，有计划地设计和安排一些展示活动，在活动中进行评价。

（3）“我的精彩瞬间”：把学生在家里、学校、社会中语文综合性学习过程中的精彩瞬间记录下来，可以放多张照片，在照片下附上文字说明，说明自己在什么场合，做什么事那么开心。

（4）“我的自豪”：这个空间是释放学生个性光芒，建立自信的地方。包括各种奖状以及参加各项语文综合性学习活动的成绩记录。引导学生寻找点滴成功,哪怕是一点星光。在这个空间里,从大到小的成功可以一并装入,不要小看小的成功,几年后回头看,它可能已经改变了孩子的发展状态。

(5)“我的真心话”: 孩子对于自己每次活动中倾听、表达、交流等情况进行反思, 和其他同学比一比有哪些成功与不足,对孩子下一步努力有方向性作用。也可以是自我释放的空间,有点像日记,但比它简短,记录自己的喜、怒、哀、乐,表达自己的见解与诉求,对同学、老师、家长在自己语文综合性学习成长中希望得到什么样的帮助等等。

(6)“语文综合性学习阶段性评价记录表”:包括参与度、合作探究、解决问题等方面,记录小学生阶段性语文综合性学习状况,在这项评价中注重评价主体的多元化,囊括了同学、家长、老师和自我的四方评价,确保评价的真实性和全面性,并使小学生在多方肯定中获得自信。

(7)期末语文综合性素养报告单:根据各年级、各学段孩子在语文综合性学习活动中的表现,要求老师在学期末进行等级报告,并写上赠言。

(二)使用语文综合性学习成长记录袋注意事项

记录袋使用注意事项:

①确定具体收集的材料。当设计好记录袋的形式后,要向学生明确到底存放哪些材料,尤其是当记录袋主要部分设计成不同栏目后,教师要向学生说明每个栏目的具体主题是什么,在某个主题下,学生自己选择存放的具体内容,比如在前面记录袋的建设中案例呈现的那样,内页的安排相对具体,学生会根据自己的能力合理选择存放。

②给出具体的评分方法。为了促进被评价者对记录袋评价的重视,应教给学生成长记录袋评分方法。记录袋的评分方法有两种,一种是给记录袋总体打分,一种是分项打分。显然第二种方法比较适合。因为可以借此将我们教师最希望学生重视的内容逐一明确。

③及时反馈评价结果。通过分析记录袋中材料,对学生的发展状况作出判断后,要把评价结果及时反馈给学生、家长。只有学生及时了解评价结果,他们才会知道自己的不足和存在的问题,并且纠正。记录袋评价是一种关注过程性的评价,因此,记录袋评价不应该是一次性评价,而是多阶段评

价，对其结果的反馈也应该贯穿于连续性的评价中，把评价过程作为教师、学生以及家长之间的双向信息交流过程，发挥记录袋的激励作用。

一个理想的成长记录袋，能够为学生保留学习和发展的重要信息，能够为我们描绘出一个动态的、完整的、立体的学生发展的轨迹图，它将给学生整个学习生涯留下深深的痕迹，能够让每一位学生在成长记录中获得快乐、享受成功。

（三）H市B区某校小学生语文综合性学习成长记录袋

2015~2016学年度第1学期

班　级：二（2）

姓　名：

班主任：

内容目录：

（1）我的小小展示台（活动足迹记录）

（2）我的荣誉榜

（3）倾听爱的声音

（4）我的回味记录卡

☆我的小小展示台：

展示台主要将小学生语文综合性学习过程动态地展现在这个园地里，把小学生发展轨迹中最好的地方展示出来，也为班级学生互相评价语文综合性学习水平提供竞争的直观环境。

设置展示台，主要基于几方面的考虑：一是调动小学生的积极主动性，使其成为评价的主人。二是让小学生在展示中体验成功、树立自信。三是让小学生在交流中相互启发，在竞争中相互激励，在合作中共同发展。四是在活动中评价，发挥真实情境的作用，广泛采用表现性评价的方法，使语文综合性学习评价与学习过程结合，与小学生的生活相结合。

展示台的内容可以结合日常教学，根据班级实际情况有计划地设计和安排一些展示活动，在活动中进行评价。

记录表：

夺星擂台		
活动项目	星星等级	信心指数
朗诵之星		
故事之星		
交际之星		
表演之星		
……		

☆我的荣誉榜

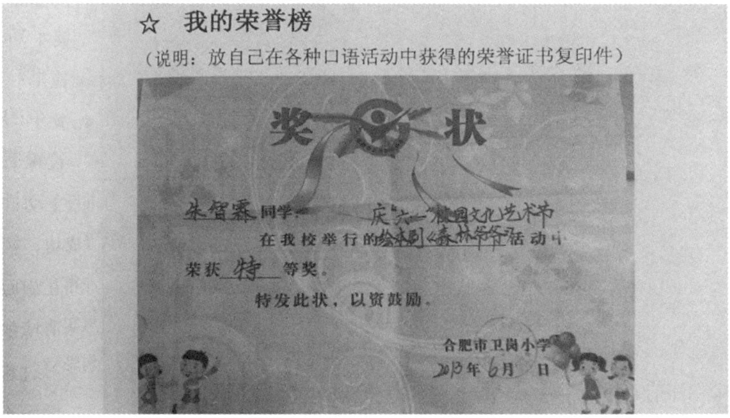
☆ 我的荣誉榜

（说明：放自己在各种口语活动中获得的荣誉证书复印件）

奖状

朱智霖同学：庆"六一"校园文化艺术节

在我校举行的绘本剧《森林爷爷》活动中

荣获特等奖。

特发此状，以资鼓励。

合肥市卫岗小学

2013年6月 日

☆倾听爱的声音

老师、家长、同学对于某个孩子语文综合性学习阶段性评价与鼓励。

☆ 倾听爱的声音

盛老师对我说：

朱智霖同学本学期口语交际进步很多，表现非常不错，希望他可以继续努力，不要骄傲，在以后可以做的更好，建立自己的信心，传递更多的故事给大家。

爸爸妈妈对我说：

这个学期你很棒，爸爸妈妈看到了你的进步，你爱讲故事了，你爱对我们倾诉学校的事情了，同样爸爸妈妈希望你要把爱看书这样的习惯继续保持下去，在看的同时把你觉得很好的故事传递下去，和大家一起分享你的快乐。

同学对我说：

我们都很喜欢和朱智霖分在一组，一起阅读，每次他都会很耐心的读给我们听，和我们一起分享每个故事的道理，从而我们学到很多知识，他还可以扮演很多角色去朗读故事。他是一位非常风趣的小伙伴。

说明：老师、家长、同学对于某个孩子口语交际方面进行阶段性评价和鼓励。

☆我的回味记录卡：

孩子对于自己每一次精彩的表现进行反思，明确以后在倾听、表达、交流等方面努力的方向。

☆ 我的回味记录卡（一）

我对“口语交际”非常感兴趣，我最喜欢“学会转述”这项，把一个人的话语转述给另一个人，通过这样的学习我知道要像背课文一样，不能改变原本的意思。

通过阅读交流，和讲故事比赛我懂得了分享与学习。

我觉得在这么多次交流当中我有很多不足之处，比如说缺乏自信，有时候不敢上台去给大家讲故事，在讲故事时候有时候会遇到不认识的字，就会中途停顿，我想这可能是因为我把故事读得还不够透彻，在下学期中我应该努力改进自己，在家里要把不会读的地方多读几遍，在家里给爸爸妈妈讲故事锻炼自己的自信，争取下学期这方面会做的更好。

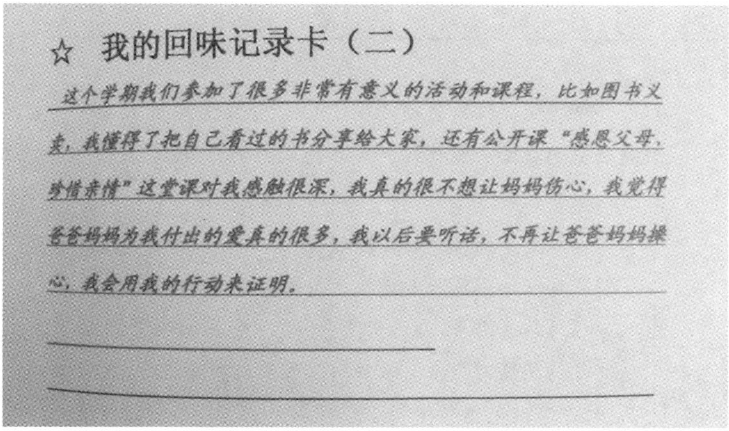

☆ 我的回味记录卡（二）

这个学期我们参加了很多非常有意义的活动和课程，比如图书义卖，我懂得了把自己看过的书分享给大家，还有公开课“感恩父母、珍惜亲情”这堂课对我感触很深，我真的很不想让妈妈伤心，我觉得爸爸妈妈为我付出的爱真的很多，我以后要听话，不再让爸爸妈妈操心，我会用我的行动来证明。

三、H 市 B 区某小学语文综合性项目学习方案与评价

“我心里的端午”

一年级组语文综合性学习主题研习活动方案

研习主题	“我心里的端午”		
申请人姓名	核心成员:一年级全体语文教师 参与成员:一年级组其他老师		
涉及学科	语文,同时整合道德与法制 、美术、英语、音乐、体育等学科		
参与学生年级及人数	一年级学生 352 人		
计划开始时间	5 月 10 日	预计完成时间	6 月 1 日成果展示,6 月 11 日至 18 日成果运用
研习背景	端午节是中华优秀传统文化教育的有效载体,“端午节食粽”蕴含着人们对屈原所代表的一种中华民族高尚人格的追求,“端午节龙舟竞渡”展现出一种昂扬向上的运动精神和力争上游的民族豪情;而端午节插菖蒲、插艾蒿、喝雄黄酒等习俗则表达了一个民族国家全民防疫祛病、避瘟驱毒、祈求健康长寿的愿景,也彰显出一种热爱自然、天人合一的情怀。一年级组借助主题研习“我心里的端午”,让学生由粗浅认识到详细了解端午节的文化和习俗,进而崇尚自然,强身健体,培养“自由舒展”的健康儿童!		

续表

研习主题	"我心里的端午"
研习计划	年级组会议协商确定研习主题，语文老师与相关学科老师协商主题研习的分工及制作详实的方案；共同制订量规及评价量表及"告家长的一封信"。 设置驱动问题，通过对学生研习前的调查，了解学生对端午节的了解程度及他们还想知道端午节的哪些知识。 通过认真思考，筛选出有价值、可研究的问题。引导学生把自己感兴趣的问题写下来。教师引导学生对问题进行归类，如端午节的来历，端午节的习俗等等。 4.语文与相关学科有效整合，利用图书馆资源浸润式阅读。交流研究活动方案，并提出修改意见。学生分组对自己感兴趣的端午知识进行探究，展示阶段性成果。 5.入项活动：一下语文课文《端午粽》学习，学生知道端午节吃粽子纪念爱国诗人屈原。 6.各学科利用课堂时间让学生进行端午系列文化探究。 7.形成特色成果进行汇报展示。6 月 1 日开展"第六届 DIY 创意创业大赛"，学生销售自己的产品。 8.及时反思修正，利用 6 月 18 日端午节这天很好地运用学习成果。
阶段目标	第一阶段 1.知道端午节的日期，了解端午节的来历及风俗。 2.了解不同粽子制作方法，感受食粽包含的文化意味和民俗风情。 3.通过调查访问、查阅资料、动手实践等方式，主动查找、合作研究。 4.对端午节有全新认识，培养学生热爱传统节日的情感。 第二阶段 学生学习制作相关端午的食品和饰品，充分了解这些物品的纪念意义。团队合作玩"划旱船"的游戏，唱端午主题的歌曲。对端午文化有详细了解。 第三阶段 成果展示，对端午的物品进行销售，根据市场观察，再次反思修正。

续表

研习主题	“我心里的端午”
研习成果（有市场流通价值的产品）	学生在家长的指导下做粽子、绿豆糕等美食；动手制作香包、五彩环等物品；提供端午主题游戏体验服务。
所需资源支持（物力人力）	物：有关端午主题的图书、端午食文化的素材及端午饰品。 提供素材人：家长

与“我心里的端午”主题相关的各学科知识链接表

学科	教材内容及目标	评价标准		
		合格	良好	优秀
语文	通过学习课文《端午粽》，初步了解端午节包粽子、吃粽子的习俗、来历；进而推动学生去阅读与端午相关的主题书籍，了解端午节其他相关知识。	知道端午节的来历和习俗。	能对端午节提出自己的问题，并通过网络或书籍寻找答案。	能够运用笔记方格表对自己的问题进行归纳整理，并对研究成果进行展示（PPT、实物制作等）。
道德与法制	知道端午节的来历，人物故事，相关名俗文化，激发爱国热情。	知道端午的来历能说出和端午有关的民俗故事。	能和同学、家人分享端午背后的文化，从中陶冶自己，知道做事认真有责任、努力学习就是爱国。	演绎心中的端午文化剧。
美术	对学生进行端午相关知识的教育，制作以端午节为主题的书签。	围绕端午主题，能制作一张简单的书签。	围绕该主题制作一张较为生动、有意义的书签。	书签制作精美，绘画形象生动，并能说明其中的内涵和意义。
英语	在孩子对端午节的了解基础上，初步认识和端午相关内容的英文表述。	能在老师的帮助下完成手工作品“赛龙舟”。	能配上精美图片或英文单词，制作出精美的手工作品。	能够准确表述端午节相关内容，作品精美，内容丰富。

续表

学科	教材内容及目标	评价标准		
		合格	良好	优秀
体育	通过“赛龙舟”普及端午小知识，利用体育课时间组织学生进行“赛龙舟”游戏。增强学生体质，提升学生团结合作精神，促进集体荣誉感。	学生能够参与到游戏中，完成游戏。	学生积极参与游戏，竞争意识强。	学生积极参与游戏，能够组织队友团队合作，相互鼓励完成游戏。
音乐	结合第七课《巧巧手》，学唱童谣《过端午》，用五谷杂粮自制沙锤为音乐伴奏。	能用轻松愉快的声音演唱《过端午》。	学会并探索沙锤演奏方法，记住音色特点，举一反三自制沙锤并为歌曲伴奏。	仿写《过端午》歌词，用自制的沙锤伴奏表演唱。
礼仪	与礼仪课中的问候礼仪相结合，了解端午节与其他节日不同的问候方式；了解端午饮食传统方式，如吃粽。	知道端午节用“端午安康”问候对方。	知道端午节饮食规范，并能在家中与家人一起尝试去做。	与同学家人在端午时能够正确互相问候，并记录端午饮食过程，以实物资料呈现，让更多人了解（如PPT、视频等）。
生存技能课程	通过学习包粽子、做绿豆糕或五彩环、香包等有关端午食品和饰品，培养孩子整理、热爱生活的能力。	学生知道做端午食品和饰品的流程。	学生会在大人协助下自己做出简单的食品或饰品，体验自己动手的快乐。	学生能够独自完成做端午的饰品或食品，还会协助班级同学，懂得这些物品的来历及纪念意义。

基于“我心里的端午”主题研习量规

	需要避免的错误和行为	合格水平	优秀水平
主题阅读	没有认真阅读，将端午知识与其他传统节日混淆。	每人至少阅读三本有关端午的书籍。	简单说出读后感受，或配有与图书相符的图画；父母读后感感情真挚，能对孩子的教育产生共鸣。
作品制作	做出的食品或饰品与端午不相符，作品无命名、起拍价，宣传海报或起拍价不合理。	制作的产品要有命名、起拍价和宣传海报。	作品命名巧妙，起拍价的设置很合理，宣传海报制作精美。
推销作品或提供体验服务	没有宣传海报。	端午相关的食品或饰品。	端午相关的食品或饰品非常精美。
	宣传词没有说服力。	作品宣传海报。	宣传词非常生动。
	作品或服务没有市场价值。	作品或服务在校园市场上售卖，获得阿福童币。	作品或服务销售火爆。
小组协助	没有学会分工，没有为所有成员创造分享想法的机会。	倾听并尊重每个人的观点。	整个过程中保持富有成效的合作关系。
	不会合理地分配工作。	相对公平地分配工作。	在合适的情况下，考虑到每个人的需求。
	没能充分利用组员的优势委派任务。	根据成员各自强项委派任务。	团队协作所创造的成果远远超过任何个人所创造的成果。

后　记

核心素养是学生应该具备的适应个人终身发展和社会发展需要的必备品质和关键能力。小学生语文学科核心素养是少年儿童在积极的语言实践活动中积累与构建起来,并在真实的语言运用情境中表现出来的语言能力和关键品质;是小学生在语文学习中获得的语言知识与语言能力、思维方法与思维品质、情感态度与价值观的综合体现。

那么,小学生语文学科核心素养如何培养又怎样评价呢?笔者结合多年来小学语文评价改革实践和专题研究,从识字写字素养、阅读素养、口语交际素养、习作素养、语文综合性学习素养等方面撰写了《小学生语文核心素养评价》一书。该书旨在引导广大小学语文教师和小学生,在小学语文教和学的过程中,强化语言建构与运用,注重思维发展与提升,关注审美体验与创造,重视文化传承和理解。

本书共分六章,第一章围绕小学生语文学科核心素养与评价改革,笔者从小学生语文核心素养内涵、小学生语文核心素养评价问题透视、实践指南和实践探索等四方面来编撰行文。第二章至第六章,分别围绕识字写字素养评价、阅读素养评价、口语交际素养评价、习作素养评价和语文综合性学习素养评价等五个专题设置章节,每章都有"评价理论引航""评价问题透视""评价实践指南"和"评价实践探索"四个小节。每章既具有前瞻性的理论阐述,又有大量的评价典型案例和便于操作的评价工具,更有大量扎实而有实效的行动研究,希望能给广大一线教师、学科教研组和学校带来些许的启迪和借鉴。

在撰写书稿过程中,笔者得到了许许多多语文教育同仁的支持和帮助。借此衷心感谢安徽省教科院吴福雷老师的真切鼓励和悉心指导;感谢冯璐、张超伟、胡昕等老师提供了宝贵的实践案例;感谢黄山书社领导和编辑们的热忱帮助,尤其要感谢编辑高杨老师的精心编校和热心指导。

小学生语文核心素养评价是一项艰巨而又复杂的系统工程,也是一项意义深远的学术研究。但由于笔者本人能力有限,深感小学生语文核心素养评价实践研究还任重道远,该书肯定存在许多不足,希望广大教育同仁批评指正,叩谢!

2018 年 6 月 30 日